和歌山大学経済学部研究叢書 21
Faculty of Economics
Wakayama University

交通基本法時代の
地域交通政策と持続可能な発展

過疎地域・地方小都市を中心に

辻本 勝久【著】

●

Regional Transport Policy under the Transport Basic Act and
Sustainable Development

TSUJIMOTO Katsuhisa

東京 白桃書房 神田

序

　筆者は，和歌山大学着任後，交通システムの改善を通じた持続可能な地域づくりに関して，理論・実践の両面から研究活動を進め，多数の成果をあげてきた。その集大成の一つとして刊行するのが本書である。

　本書が主対象とする過疎地域や地方小都市では，高齢化や人口分散の度合いが大・中規模の都市圏のそれらよりも高く，鉄道やバスを採算ベースに乗せるだけの交通需要の確保がきわめて困難となっている。各地域では民営路線バスへの補助や，コミュニティバスやスクールバスの運行，DRT（Demand Responsible Transport：予約運行）化，住民等によるボランティア輸送の実施，タクシー券の配布，鉄道の活性化といった様々な交通政策が展開されており，成功事例も見られるものの，鉄道やバスがいわゆる「空気輸送状態」で走行し，財政負担がいたずらに膨らんでいる事例や，広大な公共交通空白地域が残されている事例も見受けられる。このように，過疎地域や地方小都市には，大・中規模の都市圏とは別個の交通課題があり，早急な対策が求められている。

　このような中，わが国では「交通基本法」の制定に向けた動きが活発化している。同法は，交通機能の確保・向上を通じた豊かな国民生活の実現や国際競争力の強化及び地域活力の向上（第3条），交通による環境負荷の低減（第4条），交通の安全の確保（第7条），国の責務（第8条），地方公共団体の責務（第9条）などを主たる内容とするものであり，2011年通常国会に提出され，継続審議となった。

　筆者は「交通基本法時代」の到来を前に，過疎市町村や地方小都市における交通政策のあり方について，理論・実践の両面から研究し，数本の論文や報告書を執筆してきた。これらに適宜加筆修正と重複整理を行い，書き下ろ

し原稿を加えて 1 冊の書物としたものが本書である。なお，筆者は 2009 年 4 月に『地方都市圏の交通とまちづくり　―持続可能な社会をめざして―』（学芸出版社）を刊行しているが，同書の主たる対象は人口数十万～百万人規模の中規模都市圏であり，本書との分担関係は明確である。

　本書は，次のような構成をとっている。
　1 章「地域交通政策と持続可能な発展」（初出は「過疎市町村における交通政策と持続可能な発展」『公営企業』2010 年 8 月号，pp.9–22）は，過疎地域や地方小都市における持続可能な地域づくりに向けた公共交通の維持・活用方策を，社会・環境・経済の 3 側面から概説したもので，本書の導入部分にふさわしい内容となっている。
　2 章「地域交通政策の視点から見た交通基本法と対応のあり方」（『運輸と経済』第 70 巻第 8 号，2010 年 8 月，pp.35–43 の同名論文を 2011 年 3 月に閣議決定された交通基本法案をふまえて修正）では，交通基本法案について概説した上で，交通基本法の理念を具体化するために求められる対応について，「公」の役割，民間力の活用，住民参画の推進，総合的・戦略的な施策展開，そして地域における合意形成の順に論じている。
　3 章から 6 章にかけては，地域交通政策の策定にかかわるトピックを取り上げている。
　3 章「地域交通政策における目標の明確化と戦略的取り組み」（初出は「地域公共交通総合連携計画における目標の明確化」『交通権』第 27 号，2010 年 3 月，pp.40–46）では，数値目標の設定を通じた戦略的取り組みの重要性について論じている。
　4 章「地域総合交通戦略の策定　―英国 LTP のアクセシビリティ指標と数値目標を中心に―」（初出は『交通学研究』Vol.52，2009 年 3 月，pp.21–30 の論文）では，イギリスの LTP（Local Transport Plan：地域交通計画）における，アクセシビリティ指標と数値目標の設定について論じている。
　5 章「地域公共交通における財政負担と財源」（初出は『都市問題』

Vol.100, No.10, 2009年10月, pp.62-71の同名論文）は, 地域交通確保のための財政負担状況や, 国・都道府県・市町村の財源について論じたものである。2011年度に開始された地域公共交通確保維持改善事業（生活交通サバイバル戦略）についても触れている。

6章「地域公共交通の社会的価値の計測 ―費用対効果分析の実例―」[初出は辻本勝久編著・WCAN貴志川線分科会著『貴志川線存続に向けた市民報告書 ～費用対効果分析と再生プラン～』（和歌山大学経済学部『Working Paper Series』No.05-01, 2005年1月）4章のうち, 辻本が執筆した節]では, 地域公共交通の存続に関する費用対効果分析の実例を詳細に示している。貴志川線の費用対効果分析の概略については上述の『地方都市圏の交通とまちづくり ―持続可能な発展をめざして―』でも触れているが, 本章には各種便益の算定方法等を含めた詳細な内容を盛り込んでいる。過疎地域や地方小都市においても, 例えば高知県が2010年度に土佐くろしお鉄道中村・宿毛線を対象とした費用対効果分析を実施したように, この分析手法の活用による社会的価値の適切な把握と施策展開が期待される。

7章, 8章では和歌山電鐵貴志川線の事例を詳細に取り上げ, 民産官学の連携や住民参画について論じる。貴志川線の事例は, 過疎地域や地方小都市の地域公共交通確保においても大いに参考になるものと考えられる。

7章「ささえあう地域と交通事業者 ―貴志川線の事例を中心に―」（初出は『都市計画』281号, 2009年10月, pp.40-43の論文）では, 地域公共交通の確保に向けた交通事業者と地域住民, 行政, 大学の連携のあり方について論ずる。

8章「地域公共交通における合意形成と住民参画」（初出は「地方鉄道における合意形成と住民参画：和歌山電鐵貴志川線の事例」『運輸と経済』第69巻第12号, 2009年12月, pp.29-37）では, 和歌山電鐵貴志川線に設置されている「貴志川線運営委員会」の事例をもとに, 地方鉄道の維持・活性化に向けた地域の合意形成プロセスと, その中での住民参画の意義, および今後の課題について論じている。

最後に，9章から11章で，地域交通政策にかかわる比較的新しいトピックを個別的に取り上げ，紹介する。

　9章「DRTの現状と課題」（書き下ろし）は，STS（Special Transport Service），過疎地有償運送，DRT，乗合タクシー，コミュニティバス，路線バスといった，需要の比較的小さな地域に適用可能な交通手段について概説した上で，低需要地域等における公共交通問題解決の切り札として期待され導入が進められているDRTについて，導入事例や長所・短所，運行費用，契約方法などを論じたものである。

　10章「福祉有償運送の現状と課題」（辻本勝久・西川一弘「過疎地域における住民参加型公共生活交通の実現に向けた課題　〜和歌山県本宮町をフィールドとして〜」『交通学研究』第48号，2005年3月，pp111-120のうち，辻本執筆部分の一部に最新情報を大幅加筆）では，住民参画型公共交通手段の一つである福祉有償運送について，その意義や現状，課題を論じている。

　11章「強毒性新型インフルエンザと交通事業の持続可能性　―鉄軌道における伝播防止策のあり方を中心に―」（初出は平成20年度オンリーワン創成プロジェクト経費「持続可能な都市と交通システムに関する研究　―鉄軌道における新型インフルエンザ伝播防止策のあり方を中心に―」報告書，2009年5月）では，持続可能な地域づくりの観点から，鉄軌道における強毒性新型インフルエンザ伝播防止策のあり方を提示した。地域公共交通事業の持続可能性向上の観点から，また地域社会そのものの持続可能性の観点からも，強毒性新型インフルエンザ対策が急がれる。

　本書をまとめるにあたっては，各地の交通政策や交通事業，住民活動の現場で活躍されている方々に，ヒアリング調査や資料提供など，様々な場面で大いにご助力を頂くことができた。筆者は地域に育てられてきたのであり，今後もしっかりと恩返しをしていかねばならない。本書執筆後もさらに研鑽を積んで，地域交通政策分野における頼りがいある「主治医」としての活躍の場を拡げていきたく思う。

また，大学院生時代の恩師である広島大学大学院教授戸田常一先生と，のびのびとした研究環境を与えて下さった和歌山大学経済学部の先生方にも心より感謝を申し上げたい。恩師の背中は未だはるか彼方にある。クロールと犬かきほどの泳力差があってとても追いつくことなどできないが，今後も海闊天空な和歌山大学の中でひと書きひと書き，努力して参る所存である。

　研究に集中したい著者にとって，研究室事務補佐員の西山明美さんは不可欠な人材であった。西山さんに研究補助業務を担当頂くようになってから，筆者の研究業績数は目に見えて向上しており，大いに感謝する次第である。

　厳しい出版事情の中にもかかわらず，研究叢書として刊行する機会を与えて下さった財団法人和歌山大学経済学部後援会，和歌山大学経済学部研究叢書刊行委員会にも深く感謝したい。また，白桃書房編集部の平千枝子さんと藤縄歓子さんには入念な編集と校正をして頂き，心より御礼を申し上げる。

　筆者が交通政策研究の分野に身を置いているのは，優秀な国鉄職員であった父と，そんな父を支え続けた母の影響が極めて大きい。伊賀鉄道で第二の鉄道マン人生を送っている父と，足腰に不安を抱える母に本書を贈呈したい。

　最後になったが，著者が最大限に感謝しているのは，もちろん愛妻である。妻は研究者としての独り立ちを目指して修行中の身であるが，今後も家庭・研究の両面において手を携え頑張っていきましょう。

　なお，本書の一部は科学研究費補助金基盤（B）「社会基盤としての地域公共交通システムの計画方法論」（研究代表者：喜多秀行）を受けて執筆したものである。

　東日本大震災からの早期復興を心より願い，研究者としての貢献策を模索しつつ筆を置く。

2011年初秋

辻　本　勝　久

目　次

序

1章　地域交通政策と持続可能な発展 ─── 1
1. はじめに ……………………………………………… 1
2. 厳しい経営状況のもとにある地域公共交通 ………… 1
3. 過疎地域や地方小都市の持続可能な発展に向けた
   交通課題 …………………………………………… 4
4. 社会環境の安定的維持と地域交通政策 ……………… 5
5. 地球環境の保全 ……………………………………… 14
6. 経済活力の維持・向上 ……………………………… 17
7. おわりに …………………………………………… 21

2章　地域交通政策の視点から見た交通基本法と対応のあり方 ── 23
1. はじめに …………………………………………… 23
2. 交通基本法と「公」の役割 ………………………… 24
3. 交通基本法と民間活力 ……………………………… 28
4. 交通基本法と住民参画 ……………………………… 30
5. 交通基本法と戦略的・総合的な施策展開 ………… 33
6. 交通基本法と合意形成 ……………………………… 34
7. おわりに …………………………………………… 37

3章　地域交通政策における
　　　目標の明確化と戦略的取り組み ─── 41
1. はじめに …………………………………………… 41

2. 目標明確化と地域公共交通の活性化 42
3. 連携計画における「計画の目標」の明確さ
　　─近畿地方内の連携計画を例に─ 46
4. おわりに 50

4章　地域総合交通戦略の策定
　　─英国LTPのアクセシビリティ指標と数値目標を中心に─ ─── 55

1. はじめに 55
2. 英国LTP制度の概要 56
3. LTPのアクセシビリティ指標と数値目標 58
4. おわりに 65

5章　地域公共交通における財政負担と財源 ─── 69

1. はじめに 69
2. バス等における財政負担と財源 70
3. 和歌山県橋本市の事例 80
4. おわりに 86

6章　地域公共交通の社会的価値の計測
　　─費用対効果分析の実例─ ─── 89

1. 費用対効果分析とは 89
2. 貴志川線存続による効果項目 90
3. 貴志川線存続の便益 95
4. 貴志川線存続の費用便益分析の結果 114
5. 貴志川線存続の費用対効果分析 117
6. 費用対効果分析のまとめに代えて　─便益の帰着先─ 119

7章　ささえあう地域と交通事業者
　　─貴志川線の事例を中心に─ ─── 127

1. はじめに 127

2. 地域をささえてきた貴志川線 ……………………………… 128
　3. 地域がふりむき，抱きしめた貴志川線 …………………… 130
　4. ささえあう地域と貴志川線 ………………………………… 132
　5. 民産官学連携と持続可能な交通まちづくり ……………… 135

8章　地域公共交通における合意形成と住民参画
―貴志川線の事例を中心に― ────────── 137
　1. はじめに …………………………………………………… 137
　2. 貴志川線運営委員会の概要 ……………………………… 137
　3. 貴志川線運営委員会の設置過程における住民参画 …… 139
　4. 貴志川線運営委員会の活動 ……………………………… 142
　5. 貴志川線と沿線地域の発展に向けた課題と住民の役割 … 148

9章　DRTの現状と課題 ──────────────── 151
　1. 様々な地域公共交通手段と特徴 ………………………… 151
　2. DRTの現状と課題 ………………………………………… 157
　3. 地域公共交通と運行委託 ………………………………… 170
　4. おわりに …………………………………………………… 170

10章　福祉有償運送の現状と課題 ─────────── 173
　1. 高齢化と移動手段 ………………………………………… 173
　2. 様々な個別輸送手段と福祉有償運送の特徴 …………… 175
　3. 福祉有償運送の現状と課題 ……………………………… 182
　4. 今後の展望 ………………………………………………… 184

11章　強毒性新型インフルエンザと交通事業の持続可能性
―鉄軌道における伝播防止策のあり方を中心に― ─── 187
　1. はじめに …………………………………………………… 187
　2. 新型インフルエンザとは ………………………………… 188
　3. 新型インフルエンザ対策 ………………………………… 192

4. 新型インフルエンザの一般的な感染予防策 195
5. 鉄軌道における感染対策 203
6. 鉄軌道における新型インフルエンザ対策の現状 207
7. おわりに 218

索　引

1章
地域交通政策と持続可能な発展

1. はじめに

　過疎地域や地方小都市には，中・大規模の都市圏とは別個の交通課題が存在する[1]。公共交通は，活用の仕方によっては環境と社会に優しく，経済活力を生み出す「地域の宝」となり得る。本章では，過疎市町村や地方小都市における地域公共交通の現状，そして持続可能な地域づくりに向けた公共交通の維持・活用方策について概観したい。

2. 厳しい経営状況のもとにある地域公共交通

　地域公共交通は鉄軌道，バス，タクシー，STS（Special Transport Service）や船舶など様々な輸送手段で構成されている。図1.1は，わが国における路線バス[2]利用者数の推移を示したものである。直近の2005年度

1　全国過疎地域自立促進連盟（http://www.kaso-net.or.jp/index.htm）によると，2010年4月1日現在，全国には776の過疎市町村が存在し，それらの面積は全国の57.3％を占めている（過疎地域市町村と過疎みなし市町村および過疎地域とみなされる区域のある市町村の合計）。
2　路線バス（乗合バス）とは，路線と時刻をあらかじめ決めて定期的に運行するもので，正式名は「一般乗合旅客自動車運送事業」である。貸切バスは，法的には乗合バスやタクシー以外の旅客自動車運送事業をいい，正式名は「一般貸切旅客自動車運送事業」という。これらの他に，従業員送迎用のバスなどの自家用バスがある。

I

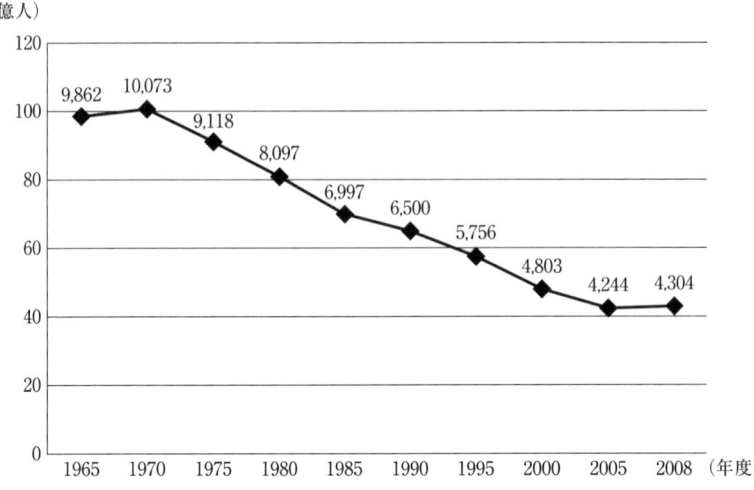

出典：国土交通省自動車交通局監修（2010）より作成。
図1.1　わが国における路線バス利用者の推移

から 2008 年度にかけて下げ止まりを見せているものの，2005 年度まではほぼ一本調子で利用客数を減らしてきた。1970 年度を 100 とした輸送人員は，2008 年度には 28.9（地方圏），59.4（三大都市圏）となっており，地方圏での衰退傾向が顕著である。なお，ハイヤーやタクシーの輸送人員も，1970 年度を 100 とすると 2008 年度は 47.2 にまで減少している[3]。

　このような中で，バス事業やタクシー事業について定めた道路運送法が 2000 年 5 月に改正され，これを受けて 2002 年 2 月にはバス事業の大幅な規制緩和が行われた。この規制緩和ではバス事業への参入が免許制から許可制へ，退出が許可制から事前届出制へと改められるなど，バス路線の廃止・開設や運賃設定面の自由度が高められている。これによって不採算路線からの撤退が促進される結果となり，廃止路線数は規制緩和が行われた 2001 年度が 254 路線，翌 02 年度が 488 路線，03 年度が 453 路線，04 年度が 473 路

3　国土交通省自動車交通局監修（2010）。

表1.1 地方鉄道・路面電車の輸送密度と営業黒字（2008年度）

輸送密度（人／1日）	～1000	～2000	～3000	～4000	～5000	5000～	計	輸送密度（人／1日）	～3000	3000～
事業者例	紀州,北条	近江,えちぜん	福井,岡電	伊賀,和歌山	水間,阪堺	叡山,神戸				
事業者数（社局）	28	21	11	11	5	33	109	事業者数（社局）	60	49
黒字事業者数（社局）	1	2	5	4	3	26	41	黒字事業者数（社局）	8	33
黒字事業者の割合(%)	4	10	45	36	60	79	38	黒字の事業者の割合(%)	13	67

出典：国土交通省鉄道局監修（2010）より作成。

線，05年度が555路線と推移した[4]。バス事業者の撤退を受け，市町村がコミュニティバスを導入するケースが増え，2005年4月時点で全国の914市区町村でコミュニティバスが運行されている[5]。

STSも厳しい経営状況の中にある。STSは，身体的な理由や経済的理由，地理的理由など何らかの理由があるために通常の交通機関や自動車が使えない人に対する輸送サービスであり，わが国では福祉タクシー，介護タクシー，福祉有償運送などが該当する。高齢化が進行する中，STSの役割は拡大傾向にあるが，その輸送は短距離かつ細切れとなりがちで，迎車回送のロスもあり，採算的には厳しいケースも多い。

表1.1は，わが国で地方旅客鉄道や路面電車を運営する事業者[6]における，輸送密度（1km・1日あたりの利用者数）と鉄軌道業営業黒字の関係を示したものである。この表から，2008年度において営業黒字の事業者は約38％に過ぎず，輸送密度3000人未満では約13％であることがわかる。

なお，2000年3月の鉄道の需給調整規制撤廃から2009年11月までに廃止された鉄軌道の延長は，629km（東京駅から東海道・山陽線の兵庫県・加

---

4 国土交通省自動車交通局（2007）。
5 国土交通省自動車交通局（2006）。
6 ここでは国土交通省鉄道局監修（2010）の「地方交通の概況」に掲載されている事業者のうち，輸送密度と営業収益，営業費用のデータのある109事業者を対象とした。

古川駅までの距離に相当）である（貨物鉄道や未開業線の廃止を除く）。

3. 過疎地域や地方小都市の持続可能な発展に向けた交通課題

持続可能な発展について，宇沢[7]は「持続可能な経済発展は，自然環境を保全し，社会環境を安定的に維持しながら，経済発展を続けること」として

表1.2　過疎地域と地方小都市の持続可能な発展に向けた交通課題

	交通政策上の課題	課題解決に向けた視点
社会環境の安定的維持	移動の安全性向上	・交通事故の撲滅 ・通学の安全性向上 ・駅やバス停まで（から）の歩行環境の改善 ・駅やバス停の安全性と快適性の向上
	健康の増進	・医療機関や新鮮な食料品を扱う店までの交通手段の提供 ・過度な自動車利用から適度な自動車利用への転換 ・社会参加の可能性増大による健康増進と介護予防 ・交通由来の騒音や汚染の抑制
	社会的阻害の解消	・自家用車利用を前提としないまちづくり ・高齢者と障がい者を重視したまちづくり
	住民参画と合意形成	・多様な住民参画 ・公共心に基づく対話と合意形成
	大規模災害への対応	・発災前，発災直後，中長期的な復興過程の各段階ごとの対応
地球環境の保全	地球温暖化の防止	・過度な自動車利用から適度な自動車利用への転換 ・省エネルギー車両の導入やエコロジカルな運転 ・公共交通の効率的運行
	生物多様性への配慮	・大気汚染，水質汚染，土壌汚染の排除 ・生物多様性に配慮した交通施設の整備 ・エコツーリズムの企画
経済活力の維持・向上	財政負担の最適化	・公共交通の効率的運行によるコストの抑制 ・社会参加の促進を通じた医療費・介護費負担の抑制 ・収入の確保 ・国や都道府県からの公的資金の確保 ・戦略的取り組みとスパイラルPDCA
	家計への優しさ	・自家用車の取得費と維持費，燃料費の抑制
	活気あるまちづくり	・公共交通整備による市街地や観光地の活性化 ・雇用の場としての公共交通

7　宇沢（1995）pp.204-205。

いる。また，世界銀行は，持続可能な交通のためには環境，経済，社会の3側面への配慮が必要としている[8]。次章で詳しく述べるように，2011年3月に閣議決定され，2011年通常国会に提出されて継続審議となった交通基本法案においても，社会，環境，経済の3つの柱が立てられている。

これらのことから，過疎地域や地方小都市の交通体系を考えるにあたっても，今後は環境への優しさと，人への優しさ（安全，健康，バリアフリー等），そして経済活力（財政負担の軽さ，家計負担の小ささ，市街地の活性化等）の3側面への目配りが，これまで以上に求められることとなる。表1.2は，過疎地域の持続可能な発展に向けた交通課題を社会・環境・経済の3側面において整理したものである。次からは，これらの課題について順に説明していく。

4. 社会環境の安定的維持と地域交通政策

4.1 移動の安全性向上

1) 交通事故の撲滅

警察庁の交通事故統計によると，わが国の交通事故死者数は1970年を第一のピークとして減少したが，1981年から再び増加し，第二のピークである1992年以降は再び減少傾向にある。死傷者数と事故発生件数は1969～1970年をピークにしていったん減少し，1970年代後半から再び増加，その後2004年に過去最高を記録したあと再び減少に転じている。2010年における交通事故死者数は4863人，死傷者数は90.1万人，事故発生件数は72.6万件である。

このようにわが国の交通の安全性は近年高まりを見せているが，一方で高齢者が引き起こす交通事故の増加が社会問題化している。運転免許保有者

---

[8] 山中・小谷・新田（2010），p.16。原典はThe World Bank（1996）"Sustainable Transport : Priorities for Policy Sector Reform"。

10万人あたりの交通死亡事故件数（第一当事者）を年齢層別に見てみよう。つまり，「運転免許保有者が10万人いるとすれば，彼らが1年間に引き起こす交通死亡事故は何件か」ということである。2010年の警察庁「平成22年中の交通死亡事故の特徴及び道路交通法違反取締状況について」および「運転免許統計」によると，16～19歳が15.3件で最も危険であるが，20～24歳が8.0件，30～64歳は4.4～4.9件と低下し，65～74歳が5.3件，75歳以上は12.6件へと急増する。

したがって，過疎地域や地方小都市においても，自家用車利用から公共交通利用への転換を促したり，免許返納を呼びかける，危険箇所に関する情報を提供する，安全運転講習を実施するといった方法により，交通事故を撲滅することが求められる。とりわけ，高齢者と若者への対策が急がれる。

2）通学の安全性向上

過疎地域や地方小都市においては学校の統廃合が進み，生徒の通学距離が延びている。このような中を，自転車や徒歩で片道数km～十数kmの距離を通う生徒もいる。わが国では，2009年4月現在の一般道路の歩道設置率は13.9％であり，国道と都道府県道だけに限っても44.0％にとどまっている[9]。通学の安全性向上のためには徒歩や自転車での通行環境の改善や，公共交通通学の促進が課題となる。和歌山県那智勝浦町では，従来，湯川地区から那智中学校までの数kmの峠道（国道42号）を，女子中学生が自転車で通学していたが，この区間には長さ約400mの暗いトンネルもあるため，町営コミュニティバスのダイヤを始業時間に間に合うように変更してバス利用へと誘導し，通学の安全性を高めた[10]。バスや鉄道のない集落では，通学手段としてのタクシー利用も考慮されてよいだろう。

文部科学省は2006年2月17日に，各都道府県教育委員会教育長らに対して，「登下校時における児童生徒の安全確保のための路線バス等の活用につ

---

[9] 一般国道，都道府県道，市町村道の実延長に占める歩道設置道実延長で算出。全国道路利用者会議（2011）による。
[10] 那智勝浦町総務課企画財政係へのヒアリングと現地調査（2009年9月24日）。

いて」という通知を行った。この通知の狙いは、登下校時の児童・生徒の安全確保のために路線バス等の積極的活用を促すというものであり、警察庁、総務省、国土交通省も同日付けで同様の通知を出している[11]。

3）駅やバス停まで（から）の歩行環境の改善

移動の安全性は、自宅などの出発地から学校や医院などの目的地まで、連続的に確保されなければならない。駅やバス停まで（から）の主要経路の安全性向上も重要な課題である。歩道の設置などの物理的な対策と、通学安全指導員の配置などのソフト面の対策を組み合わせることが考えられる。

4）駅やバス停の安全性と快適性の向上

過疎市町村では、多くの駅が無人化されているが、そのような駅は若者のたまり場になるなど治安面での課題を抱えている所がある。安全・快適に鉄道やバスを待つことのできる環境の整備が求められる。地域住民も、美化活動に参加するなどの方法により、駅やバス停の安全性向上に貢献できる。

4.2 健康の増進

1）医療機関や新鮮な食料品を扱う店までの交通手段の提供

猪井[12]は、「移動ができないことが意味すること」というコラムにおいて、路線バスの通っていない中山間地域に住む自動車を運転できない年金暮らしの高齢女性の実例を紹介している。この女性は、町中心部のかかりつけ医へ1ヶ月に1度タクシーで通い、その際に1ヶ月分の食料として即席麺を買いだめするという生活を繰り返しているという。安価な交通手段がないことにより、この高齢女性は、満足な医療サービスを受けることにも、新鮮で偏りのない食料品を入手することにも支障をきたし、生活の質を制約されているのである。地域住民の生活の質を向上させるためには、比較的安価な公共交通手段で一定時間以内に医療機関や主な食料品店まで到達できる住民の割合を把握し、改善目標を立てて取り組むことが求められる。その際には、移動

11　中部地域公共交通研究会編著（2009）p.40。
12　秋山・吉田編著（2009）p.64。

出典:「紀伊民報」2009年1月22日付記事。
図 1.2　ドクターカーの配備を報じる記事

販売車への公的支援や，ドクターカーやドクターヘリの配置といった施策も重要な検討対象となる（図1.2）。

2）過度な自動車利用から適度な自動車利用への転換

　地域の交通システムのあり方は，住民の健康状況に影響を及ぼす。地方小都市や過疎地域では，「どこに行くときにも自家用車で」というライフスタイルが定着し，住民の運動不足が懸念される。厚生労働省は，生活習慣病の予防のために，週23単位（エクササイズ）の「活発な身体活動」を行うことを推奨しているが，自家用車の運転は1単位の運動にもならないのである。一方で分速80mの歩行なら1時間で3.3単位，時速20kmでの自転車運転なら同8.0単位の運動になる[13]。例えば通勤時に自宅からA駅まで1km（片道15分）と，B駅から職場まで1km（片道15分）を5日間歩けば約17単位の運動になり，休日にテニスなどで残り6単位分の汗を流せば生活習慣病の恐れが遠のくことになる。

　米国の予防医学専門誌に最近掲載された研究[14]によると，米国ノースカロ

13　国立健康・栄養研究所「身体活動のメッツ表」（2007年12月12日更新分）。
14　MacDonald, J. M. et al.（2010）。

ライナ州シャーロットにLRT（次世代型路面電車）が完成する前（2006年7月～2007年2月）と後（2008年3月～2008年7月）において，住民500人を対象に調査を実施したところ，通勤にLRTを利用する人はLRT開業前後でBMIが平均1.18減り，LRTを利用しない人に比べて肥満リスクが81％低かったという。この論文の著者は，近隣環境の向上とLRTシステムの利用増加が多数の住民の健康増進をもたらすであろうと結論している。

過疎市町村においても，公共交通の整備や徒歩・自転車通行環境の充実，職場や家庭，学校での啓発活動の実施等により，自家用車と徒歩，自転車，公共交通を適度に組み合わせて使う健康的なライフスタイルへの転換が求められる。

3) 社会参加の可能性増大による健康増進と介護予防

誰もが気兼ねなく安心して外出できる交通環境の整備によって，運動不足が軽減されれば，肥満や高血圧などのリスクが下がり，個々人の生活の質が高まる。また，住民1人ひとりが健康になれば，医療や介護に伴う社会的な負担が削減されることになろう。国民の医療費は1965年度に約1兆円であったものが1985年度には約16兆円，2005年度が約32.4兆円，そして2009年度には約35.3兆円と推移している[15]。また，介護保険の年間給付総額は2002年度の約4.6兆円から2005年度には約5.7兆円，2008年度には約6.1兆円へと増加している[16]。過疎市町村においても，住民の健康増進と，それを通じた医療費・介護費削減の観点から，外出を促進する交通政策を展開することが望まれる。

4) 交通由来の騒音や汚染の抑制

過疎地域においても，交通由来の騒音や汚染を最小限に抑制することで，地域住民の生活環境を守ることが必要である。

---

15 厚生労働省「医療費の動向」（http://www.mhlw.go.jp/bunya/iryouhoken/database/zenpan/iryou_doukou.html）。
16 厚生労働省「介護保険事業状況報告」（http://www.mhlw.go.jp/topics/kaigo/toukei/joukyou.html）。

4.3 社会的阻害の解消

1) 自家用車利用を前提としないまちづくり

　過疎地域での生活において，自家用車は重要な役割を果たしている。また，自動車関連産業は，製造部門のほか，道路貨物運送業や駐車場業，ガソリンスタンドや金融・保険業，販売・整備部門等に広がっており，わが国の経済を支えている。しかしながら，自家用車利用を前提としたまちづくりのもとでは，運転免許を持っていない人や，経済的余裕のない人，運転に自信が持てなくなったお年寄りなどが社会から阻害されることとなる。

　青森県平賀町での調査事例を示した喜多[17]によると，買い物トリップと通院トリップの全トリップに占める割合が「マイカー族」では約40％であるのに対し，「公共交通族」では約71％となっており，「公共交通族」が買い物や通院以外の外出行動，すなわち社交や娯楽のための外出機会を奪われているという。また，山中・小谷・新田[18]は，徳島都市圏パーソントリップ調査の結果をもとに，自由車を持たない高齢者のうち外出していない人の割合は，自由車を持つ高齢者の2倍以上に上ることを指摘している。

　運転免許を持たない人は，家族や知人に送迎を依頼することもできるが，度重なると気兼ねを生じる[19]。過疎市町村においても，高齢者や障がい者をはじめ，誰もがいつでも気兼ねなく行動できるよう，地域公共交通の改善を図ったり，各種の施設をなるべく駅やバスターミナルの周辺に集めるなどの方法により，自家用車の利用を前提としないまちづくりを進めることが課題となる。

　藤山[20]は，「中山間地域の基礎的な生活圏や地方都市の中心エリアにおいては，分野横断型の複合的な結節点を，広場的な空間として近接して整備することが重要」と指摘している。こういった複合結節点の整備により，住民

17　喜多（2009）pp.17-18。
18　山中・小谷・新田（2010）p.15。
19　辻本・西川（2005）。
20　藤山（2009）p.69。

が一度に1ヶ所で多くの生活拠点機能を効率よく利用できるほか，コミュニティバスの路線が各エリアからこの複合結節点をつなぐ形に単純化されたり，人材・資源・駐車場等の空間を各施設が共用することで整備や運営時のコストを抑制できたり，観光客と地域住民の自然な交流が生まれたりといった効果が期待できる。過疎市町村内の各所からコミュニティバスをはじめとする公共交通でこのような広場へと集まり，買い物をした後，美しい風景を肴に楽しく食事をし，公共交通で安全に帰宅するといったライフスタイルを描くことができるだろう。

2) 高齢者と障がい者を重視したまちづくり

わが国の高齢化率は，1990年の12.1％から2000年には17.4％，2010年には23.1％と推移しており，2015年には26.9％，2025年には30.5％にまで高まると予測されている[21]。過疎地域においては，高齢化率40％以上の市町村が多数存在するなど，さらに先行的な状況となっている。

また，わが国の障がい者数（身体・知的・精神の各障がいの合計。施設入所者を含む）はおよそ744万人であり，5年間で約88万人増加した[22]。

わが国では今後，人口が減少する中で高齢者や障がい者の割合がさらに高まるものと考えられる。そのような中で交通施設や都市施設（かたち），交通をとりまく計画制度や法体系（しくみ），そして人々のこころを，高齢者や障がい者を重視したものへと転換する必要性が高まっている。

高齢者と障がい者の外出機会増のために有用と考えられるのが，10章で取り上げる福祉有償運送の導入である。福祉有償運送は，NPO法人等が，障がい者や要介護者・要支援者など，1人での外出が困難な人を，定員11人未満の自家用車を用いて，非営利の範囲の対価（おおむねタクシー運賃の半額以下）をとって運送する会員制のサービスである。

現在，わが国の各地で介護タクシーが運行されており，要介護認定を受け

---

21 国立社会保障・人口問題研究所（2011）「人口統計資料集2011年版」。
22 内閣府（2011）「障害者白書平成23年度版」，同（2006）「障害者白書平成18年度版」。元データは厚生労働省の「身体障害児・者実態調査」，「社会福祉施設等調査」，「知的障害児（者）基礎調査」，「患者調査」等である。

ている人が通院する場合，ケアマネージャーを通じて利用すれば介護保険の適用となり，往復数百円程度の自己負担で利用できる。しかしながら，介護タクシーを介護保険適用で利用できる人や場合は限定的である。例えば，要介護の認定を受けている人が日常生活関連以外の買い物をする時や，趣味の教室へ通う時，あるいはちょっとお洒落をしてレストランへ行く時には，介護保険の適用とはならない。しかし，バスの便数や路線は限られており，知人や家族，親戚に送迎を頼むと気兼ねする。要介護認定は受けていないが，身体や精神，内部などに障がいを持つ人が，通院，買い物，レジャーなどをする時や，要支援の認定を受けているなど1人では外出が困難な人が通院，買い物，レジャーなどをする時も同様である。

　このような場合に，福祉有償運送を使えば，会員制や予約制などの制約はあるものの，一般的なタクシーの半額以下で，買い物やレジャーを含め様々な外出活動に利用することが可能となる。現在までに，全国のほぼ3分の2の地域で，福祉有償運送実施の前提となる運営協議会[23]が設置されており，そのもとで2327のNPO法人や社会福祉法人などがサービスを行っている[24]。残りの3分の1の地域では，運営協議会の設置には至っていない。例えば2010年12月時点において，大阪府全域や三重県全域では福祉有償運送運営協議会が設置済みとなっている一方，隣接する和歌山県では橋本市，田辺市，紀美野町，すさみ町，久度山町，北山村での設置にとどまっている。タクシー業界等との兼ね合いもあろうが，このような地域格差は一刻も早く是正し，全国のあらゆる地域において，誰でも，どこへでも，気兼ねなく外出できる状況を作っていくことが望まれる。

23　原則として市町村が主宰する。
24　「日本経済新聞」2010年2月26日付朝刊記事。

4.4 住民参画と合意形成

1) 多様な住民参画

地域の交通は地域で考え，よりよい状況の実現に向けて自ら率先して行動すべき時代である．過疎地域の交通計画を策定・実施するに際しても，地域住民の参画が重要である．

その際には，市町村全域や都市圏全域を対象とする場と，コミュニティ単位やモード単位の場を設けることで，総合性・戦略性と，地域実情への密着性の双方を獲得することが望まれる．具体的には全域単位の親協議会において理念やいくつかの主要な目標を定め，個別単位の子協議会において具体的な施策を検討するといった姿が考えられる．

また，住民による駅・バス停の美化活動やイベントの企画・運営などを促進することも重要な課題となる．

2) 公共心に基づく対話と合意形成

様々な交通事業者や地域住民，経済界など，過疎地域にも多様な主体が存在している．それゆえに，地域交通政策の現場においては，いわゆる「総論賛成，各論反対」の状態が発生することがある．このような状況を克服するためには，地域公共交通に関わる各主体が，よりよい地域を皆で形成するのだという公益重視の姿勢を保ち，私益を抑え，適切な場において個別的な利害調整を含めた丁寧な議論を重ねる中で全員が尊厳を持って受け入れられる結果を導き出していくことが重要であると考えられる．

住民参画や合意形成について，詳しくは7章や8章を参照願いたい．

4.5 大規模災害への対応

大規模災害をもたらす自然現象には，大地震，大津波，豪雨・豪雪，致死率の高い感染症の大流行など様々なものがある．また，テロ，原子力事故などがもたらす人為的な大規模災害もある．それらへの交通面からの対策もまた，持続可能な発展のためには欠かせないものである．

大規模災害への対応は，被害軽減に向けた発災前の取り組み（事業継続計画の策定，防災訓練の実施等），発災直後の緊急的・暫定的な対応，中長期的な復興過程におけるまちづくりと連携した取り組みなど，それぞれのステージ毎に異なってくるであろう。2011年3月11日に発生した東日本大震災においては，鉄道が壊滅的な被害を受け，在来幹線の復旧率が90%を超えたのは4月中旬となったが，機動性の高いバスがその穴を埋めた。また，災害直後のガソリン供給不足時において，燃料不足解消が早かったのはLPGを燃料とするタクシーであった。一方で走行中・停車中の鉄道では死傷乗客がまったく発生せず，復旧後には大量輸送の性能を発揮している。東南海・南海地震などの来たるべき大規模災害に向けて，このような各交通モードごとの特性をふまえつつ，それぞれが各復興段階で果たすべき役割について議論を深めておく必要がある[25]。その際には，被害規模が阪神淡路大震災の5〜10倍，広大な被災地域，津波による壊滅的な被害，原発災害の同時発生といった東日本大震災自体の特性や，情報技術の発達，モータリゼーションの進展といった時代背景もふまえておかねばならない。また，大規模災害からの交通事業者の復興を支えるための制度についても，今後大いなる検討が求められる。

強毒性新型インフルエンザへの対応については11章を参照願いたい。

5. 地球環境の保全

5.1 地球温暖化の防止

1) **過度な自動車利用から適度な自動車利用への転換**

鳩山元首相は2009年9月の国連気候変動首脳会合において，2020年まで

---

[25] 第43回土木計画学研究発表会の震災調査特別セッション（2011年5月28日開催）における，兵藤哲朗「陸上交通施設・ライフラインの被災と復旧」および中村文彦・秋元伸裕「バス等公共交通機関の状況」を参照した。

に1990年比で温室効果ガスの25％削減を目指すことを表明し，これが事実上の国際公約となっている．その達成に向けては，わが国の二酸化炭素排出量の約17％を占めている道路交通対策が鍵となってくる．

2009年度現在でハイブリッド自動車が約98.4万台（対2004年度比で約5.8倍），天然ガス自動車が約3.9万台（同約1.6倍），電気自動車が約0.8万台（同約1.0倍）[26]となるなど，わが国でも低公害車が普及してきている．しかしながら，それでもなお，自家用車の単位あたり二酸化炭素排出量は鉄道やバスよりもはるかに高い水準にある．わが国の旅客輸送機関の二酸化炭素排出原単位（1人を1km運ぶ毎に発生する二酸化炭素）は，タクシー等の営業用乗用車が$384g-CO_2$，自家用車が$164g-CO_2$，航空が$108g-CO_2$，バスが$48g-CO_2$，鉄道が$19g-CO_2$である（2008年度）[27]．例えば5km離れた学校へ1人の子どもを自家用車で送迎すれば，往復で$164g-CO_2×5km×6$人[28]$=4920g$の二酸化炭素を排出することになる．ここで，通学手段をバスにすれば，往復の二酸化炭素排出量は$48g-CO_2×5km×2=480g$と，10分の1以下の水準となる．

過疎市町村においても，いつどこに行くにも自家用車といった20世紀型のライフスタイルから，地球環境や健康などを考えて移動手段を適切に選択する21世紀型のライフスタイルへと，地域住民個々の意識や行動を変えていくと同時に，自家用車に依存せずとも暮らしが成り立つ地域づくりを進めていかねばならない．

2）省エネルギー車両の導入やエコロジカルな運転

先述のように，公共交通は，単位あたりの二酸化炭素排出量において自家用車よりも優れている．しかしながら，過疎市町村においては，自家用車に比べて大型のバスが，常にガラガラの状態で走行しているケースも散見される．また，タクシーの単位あたり二酸化炭素排出量は自家用車よりも高い水

26　環境省・経済産業省・国土交通省（2011）．
27　国土交通省鉄道局監修（2010）．
28　送り時は2人で行って1人で帰り，迎え時には1人で行って2人で帰るため計6人である．

準にある。

したがって，過疎市町村の公共交通においても，省エネルギー車両の導入や，アイドリングストップの徹底などエコロジカルな運転，後述の効率的運行といった環境対策を促進することが求められる。交通施設や車両の照明を省エネルギーで長寿命な LED に順次置き換えることも考えられる。

3) 公共交通の効率的運行

公共交通の DRT（Demand Responsible Transport：予約運行）化，スクールバス等との統合，車両規模の適正化といった効率的運行は，交通由来の二酸化炭素削減につながる。具体的手法については後述する。

5.2 生物多様性への配慮

生物多様性は，地球温暖化問題と並ぶ環境上の重要課題である。

地球上には，様々な環境に適応して進化した 3000 万種ともいわれる多様な生物が存在している。このような多様性は，酸素の供給等の点ですべての生命の存立基盤であるとともに，食材・木材の提供等を通じて地域の暮らしや文化の基盤ともなっている。生物多様性は，開発等による生息地の減少や，里山の手入れ不足による自然の質の低下，外来種の持込による生態系のかく乱といった問題に直面しており[29]，過疎地域の交通政策においても配慮が求められる。大気汚染や水質汚染，土壌汚染の排除はいうまでもなく重要であるが，これらの他にも次のような方策が考えられる。

例えば駅舎やバス停，車両の内装などに国産木材を活用することで，カーボンオフセットが達成されると共に，過疎地域の再生にも貢献できるだろう。図 1.3 は，地元産の木材をふんだんに活用した駅舎の例である。住宅業界では，先進的な環境技術を導入した「ゼロエミッションハウス」の開発が進んでいる。ゼロエミッションステーションや，ゼロエミッションな道の駅，ゼロエミッション型バスターミナルの開発も可能ではないだろうか。交

---

29 環境省生物多様性センター（http://www.biodic.go.jp/）。

図1.3　地元産木材を活用した駅舎（高知県四万十市　中村駅）

通事業者にとっても，CSR（企業の社会的責任）を果たすことができるといったメリットがあるし，持続可能な地域づくりに向けて住民や行政もそのような交通事業者を積極的に支援すべきである。

過疎地域は，自然環境が豊かであり，エコツーリズムの対象地としての可能性に富んでいる。エコツーリズムの一種であるボランティアツーリズムを企画し，都市部の人が過疎地域の交通施設の補修に参加したり，バイオ燃料の原料となる作物の収穫を手伝ったり，企画乗車券やグッズ開発のアイデア提供で貢献するといったことも考えられる。

6. 経済活力の維持・向上

6.1　財政負担の最適化

1）公共交通の効率的運行によるコストの抑制

過疎地域の公共交通の維持に向けては，効率的運行によるコストの削減を通じて，公費投入を最適化することが必要となる。

コストの抑制策としては，まず組織体制の見直しや，人件費，設備費，維持修繕費などの見直しが考えられる。すなわちワンマン化や駅の無人化などによる要員削減，総務管理部門の効率化，給与の見直し，車両定期検査周期

図1.4 スクールバスを兼ねた村営バス（奈良県十津川村）

図1.5 支線的位置づけのコミュニティバス（左）から路線バス（右）への便利な乗り継ぎ（和歌山県紀美野町）

の見直し，資材調達における競争入札，外注の見直しと内製化，重軌条化による修繕費削減，省力運転といった対策である。安全性や信頼性を確保しつつ，このような努力を継続することが求められる。ただし，何でもかんでも削減すべきではない。いわて銀河鉄道は，医療の知識を有するアテンダントを乗務させることで，安心な通院列車としての評判を獲得している。このように費用対効果の大きな取り組みについては積極的な経費増額が必要となろう。

　次に，運行経路や多機能化によるコスト削減が考えられる。バスにおいては，DRT化，コミュニティバスとスクールバス等との統合（図1.4），人流と物流の統合，幹線と支線の役割分担の明確化（図1.5），車両規模の適正化，乗合タクシー化，有償・無償のボランティアの参画などが考えられる。

　これらのうち，DRT化には，コース全体をDRT化し，予約がなければその便自体を運行しないものや，基本ルート以外にデマンド対応の迂回ルートを持つ方式，起点終点や出発時間などは決まっているが，経路は自由という「フレックス方式」，予約のあったポイントだけを結んで起終点を往復する方式（例：帯広市），起終点もダイヤも定めず，経路も自由とする「フルデマンド方式」（例：四万十市）といった様々な方式がある。また，朝夕は

ダイヤに沿って決まった経路を運行する「定時定路線」とし，昼間はDRT化する，あるいは平日と土休日で分けるといった方式もあり得る。

　DRT化は，需要密度の低い地域にも導入の可能性が広がる，燃料費の節約につながる可能性がある，といった利点を有する。一方で，システム構築費や維持費がかさむ場合がある，予約にわずらわしさを感ずる住民がいる，ルートが複雑になりがちであるといった欠点がある。また，運行委託契約の内容によっては，DRT化したとしても財政負担が不変となる場合もある。

　また，ボランティアの参画については，先述の福祉有償運送への参画のほか，過疎地有償運送への参画等が考えられる。過疎地有償運送とは，バスやタクシーの利用が困難な地域において，NPO法人等が，当該地域の住民・親族等の会員に対して，非営利の対価（おおむねタクシーの2分の1以下の運賃）によって運送を行う制度であり，徳島県上勝町や神戸市北区淡河地区等に事例がある。

2）社会参加の促進を通じた医療費・介護費負担の抑制

　先述のように，社会参加の促進によって地域住民が健康になれば，医療費や介護費負担を抑制できる。この点で，財政負担の最適化につながることが期待される。

3）収入の確保

　過疎地域や地方小都市においても，交通事業者には経営努力が求められる。安全性や信頼性，効率的運行といった点で，交通事業者としての基礎力を高めるとともに，増収のために創意工夫することが求められる。過疎地域において，交通という本業だけで収支均衡を図ることは困難であり，グッズ販売，他業種への参入，広告収入等により，副収入である営業外収入の確保を図ることが必要となる。地域住民や行政等と協力してイベントを開催すれば，営業収入や営業外収入が見込めると同時に，住民・行政・事業者が一つの目的に向かって協働する機会が生まれる。

　協賛金や寄附金の受け入れも課題となる。鉄道やバスの恩恵は地域社会全体に及ぶが，協賛金はそういった開発利益を交通事業者に還元する仕組みの

一つに位置づけることができる。

4) 国や都道府県からの公的資金の確保

国や都道府県には各種の補助金等のメニューを持っており，これらの上手な活用も課題となる。詳細は5章で述べる。

5) 戦略的取り組みとスパイラルPDCA

地域の交通課題の解決に向けた戦略的な取り組みは，財政負担の最適化をもたらすものと考えられる。まず地域づくりの理念を明確にし，その実現に向けた交通体系のあり方を議論し，これをふまえて目標を明確化し，具体的な施策体系を構築していくことが望まれる。また，計画（P）→ 総力をあげた施策展開（D）→ 点検・評価（C）→ 見直し・改善（A）のPDCAサイクルを通じて，よりよい方向へと継続的に改善していくことも重要である。

6.2　家計への優しさ

自家用車は，燃料代などその都度の費用においては公共交通利用よりも安上がりとなる場合がある。ただし，購入費や修繕費，車庫代，保険代などを勘案すると決して安い移動手段とはいえない。したがって，自家用車を一家に3台，4台と保有するよりも，自家用車の保有は1台，2台にとどめ，公共交通や自転車，徒歩を上手に活用するほうが家計にも優しいであろう。

6.3　活気あるまちづくり

1) 公共交通整備と市街地や観光地の活性化の連動

全国津々浦々で人影のないまちが増えている。公共交通の整備により，人々に外出の機会を提供するとともに，駅や主要バス停の周辺に様々な機能を集約すれば，そこににぎわいが生まれるのではないだろうか。鉄道駅と道の駅や，観光客や住民向けの情報提供機能，コミュニティセンター等の合築といった多機能化が期待される（図1.6，図1.7）。

過疎市町村の商工会や農協，漁協などにも，公共交通と連動した施策展開を求めたい。

図1.6 駅に併設された産直市場やベーカリー（高知県安芸市　安芸駅）

図1.7 まちの情報提供機能の充実（高知県香美市のいち駅）

　また，生活交通需要を補完する交通需要を創出するためにも，公共交通そのものを観光資源化するという発想も重要である。

2）雇用の場としての公共交通

　地域の交通事業者に運行委託をすることは，地域の雇用を守ることでもある。過疎市町村においてはこの視点も重要であろう。

7．おわりに

　本章では，過疎地域や地方小都市における持続可能な地域づくりに向けた公共交通の維持・活用方策について，社会・環境・経済の3側面から考察した。民主党政権のもと，地域交通の確保を国や地方自治体の責務とする「交通基本法」が閣議決定された。同法の制定を契機として，過疎地域や地方小都市において，社会・環境・経済が鼎立する持続可能な地域の形成に向けた交通面からの取り組みが一層盛んになることを期待したい。

　交通基本法とそれに対応する地域交通政策のあり方ついては次章で説明する。

参考文献

秋山哲男・吉田樹編著，猪井博登・竹内龍介著（2009）『生活支援の地域公共交通　―路線バス・コミュニティバス・STサービス・デマンド型交通―』学芸出版社

宇沢弘文（1995）『地球温暖化を考える』岩波書店

環境省・経済産業省・国土交通省（2011）『低公害車ガイドブック2010』環境省・経済産業省・国土交通省

喜多秀行（2009）「高齢社会と地域公共交通計画」『運輸と経済』2009年9月号，pp.15-24

国土交通省（2010）「交通基本法の制定と関連施策の充実に向けて　―中間整理―　～人々が交わり，心の通う社会をめざして～」

国土交通省自動車交通局（2006）「コミュニティバス等地域住民協働型輸送サービス検討小委員会報告書」（http://www.mlit.go.jp/jidosha/iinkai/tiikikoutu.pdf）

国土交通省自動車交通局（2007）「バスの運行形態等に関する調査報告書」（http://www.mlit.go.jp/jidosha/sesaku/jigyo/bus/houkoku/chousa.pdf）

国土交通省自動車交通局監修（2010）『数字でみる自動車2010』日本自動車会議所

国土交通省鉄道局監修（2010）『数字でみる鉄道2010』㈶運輸政策研究機構

全国道路利用者会議（2011）『道路統計年報2011』全国道路利用者会議

中部地域公共交通研究会編著（2009）『成功するコミュニティバス　―みんなで創り，守り，育てる地域公共交通―』学芸出版社

辻本勝久（2009）『地方都市圏の交通とまちづくり　―持続可能な社会をめざして―』学芸出版社

辻本勝久・西川一弘（2005）「過疎地域における住民参加型公共生活交通の実現に向けた課題　―和歌山県本宮町をフィールドとして―」『交通学研究』第48号，pp.111-120

藤山浩（2009）「高齢化が進む中山間地域における公共交通マネジメントの方向性」『運輸と経済』2009年9月号，pp.62-71

まちづくりと交通プランニング研究会編著（2004）『高齢社会と都市のモビリティ』学芸出版社

山中英生・小谷通泰・新田保次（2010）『改訂版　まちづくりのための交通戦略　―パッケージ・アプローチのすすめ―』学芸出版社

MacDonald, J. M. et al. (2010) "The Effect of Light Rail Transit on Body Mass Index and Physical Activity," *American Journal of Preventive Medicine*, Vol. 39, Issue 2, pp.105-112

2章
地域交通政策の視点から見た交通基本法と対応のあり方

1. はじめに

　前原元国土交通大臣は，再任直後の会見において，重点施策の一つとして「地域住民の移動手段確保や総合交通体系を考える中での地域公共交通の維持・再生」をあげ，交通基本法案の成立に強い意欲を示した[1]。同法案[2]は2011年3月8日に閣議決定された。難産[3]であった交通基本法も，ついに日の目を見る時が到来しようとしている。

　既述のように，持続可能な発展とは，環境・社会・経済の3側面に目配りをした発展である。閣議決定された法案には，交通機能の確保・向上を通じた豊かな国民生活の実現や国際競争力の強化及び地域活力の向上（第3条），交通による環境負荷の低減（第4条），交通の安全の確保（第7条），国の責務（第8条），地方公共団体の責務（第9条）が盛り込まれており，環境・社会・経済の三つの柱が立てられているものと考えることができる。交通基

1　「交通新聞」2010年6月10日付記事。
2　交通基本法案（http:///www.mlit.go.jp/common/000136846.pdf）。
3　交通基本法案は，2001年の第154通常国会で民主党・社会党が提出したものの，審議未了で廃案となった。その後，2006年の第165臨時国会において，地方分権や貨物モーダルシフト等について加筆の上で再提出されたものの，2009年の第171国会で衆議院解散となったため再び廃案となった。そして，2011年の第177通常国会に提出されたが，継続審議とされた。

本法時代のわが国の地域交通政策は、社会、環境、経済の3側面への目配りを明確に意識した上で、持続可能な地域づくりの一環として策定・実施されることになるものと考えられる。

本章では、交通基本法の理念を具体化するために求められる対応、すなわち交通基本法時代における「公」の役割や、民間活力の発揮、地域住民の参画、総合的・戦略的な施策展開と、地域における合意の形成について述べる。

本書の執筆時点において交通基本法は未成立となっている。そこで、以下では2011年3月8日に閣議決定された交通基本法案を念頭に置きながら、議論を進めることとしたい。なお、各種の公共交通や自動車、自転車、徒歩などで構成される地域の総合的な交通体系を指す際には「地域交通」と表記し、地域の公共交通のみを指す場合には「地域公共交通」と記すこととする。

2. 交通基本法と「公」の役割

地域公共交通は、地域社会全体に環境、社会、経済の3側面において幅広い便益をもたらす。しかしながら、地域公共交通サービスの、社会的にみて望ましい供給水準は、市場システムのもとでは達成されない場合がある。このことについて、外部効果と最適供給量に関する藤井・中条[4]の議論を参考にしながら考察しよう。

図2.1は、ある平均的な市の地域公共交通に関する様々な需要曲線と限界費用曲線（MC：利潤最大化行動を前提とすれば供給曲線に等しくなる）を描いたものである。簡便化のために、MCを水平（規模に関する収穫一定）と仮定している。

さて、この地域公共交通の需要曲線（最高支払意思額曲線）をD_aとす

---

4 藤井・中条（1992）pp.47-50。

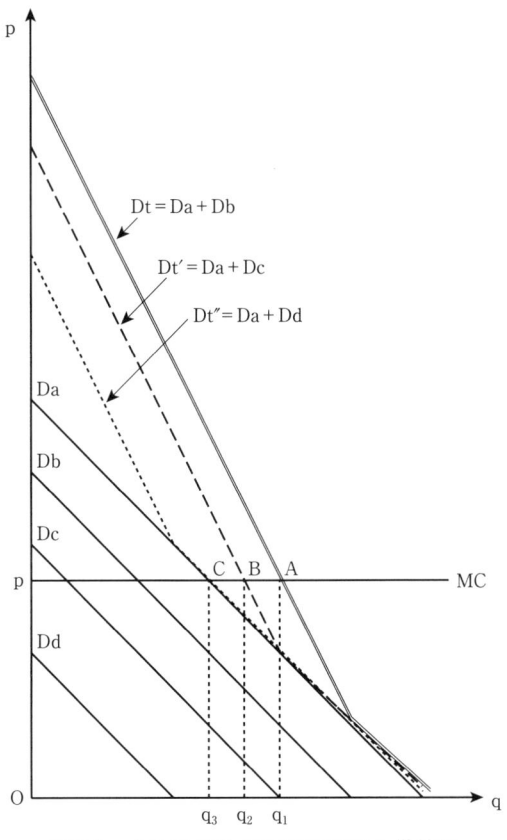

図2.1 ある地域公共交通の需要と供給量

る。また、この地域公共交通がもたらす様々な技術的外部効果のうち、持続可能な地域づくりに向けて本来は最低限考慮されるべきものへの需要曲線（限界評価曲線）がDcであったとしよう。技術的外部効果とは、市場を経ずして他の経済主体に影響を及ぼす効果のことであり、例えばこの地域公共交通の存在による社会参加の可能性の拡大や、移動の安全性の向上、潜在需要者への利用可能性の提供、二酸化炭素排出量の抑制、並行道路の渋滞緩和、市街地のにぎわい向上などである。Dcは、ナショナル・ミニマムな技術的外部効果に対する需要曲線と考えることができる。

ここで，市場システムに任せた場合，この地域公共交通のサービス供給量は，MC と Da の交点 C に対応する量，すなわち q_3 となる。わが国では公共交通事業の独立採算を原則としてきたが，そのもとで達成されるのはこの水準である。

　一方，持続可能な地域づくりに向けて最低限考慮されるべき技術的外部効果を勘案した場合の望ましいサービス供給量は，Da と Dc を垂直に足しあわせた需要曲線 Dt' と MC の交点 B に対応する量，すなわち q_2 である。市民が健康で文化的な生活を送るために必要な最低限の社会参加の機会を確保したり，交通由来の二酸化炭素排出量の最低限の抑制を行うためには，q_2 に相当する地域公共交通サービスが必要なのである。しかしながら，q_2 の実現のためには，四角形 q_2BCq_3 に相当する赤字の埋め合わせをしなければならない。その際には，一般的には税金の投入などにおいて「公」に一定の役割が求められることになろう。あるいは，地域住民の寄附や協賛金といった形で私の集合としての「共」が役割を果たすことも考えられる[5]。

　次に，この地域が，技術的外部効果をさらに積極的に捉えた場合の需要曲線（限界評価曲線）が Db であったとしよう。このケースでは，地域にとって望ましいサービス供給量は Da と Db を垂直に足しあわせた需要曲線 Dt と MC の交点 A に対応する量，すなわち q_1 となる。しかし，q_1 の達成のためには，何らかの方法によって四角形 q_1ACq_3 分の赤字を補填することが必要となる。

　これとは逆に，この地域が，公共交通の技術的外部効果を消極的に捉えている場合はどうであろうか。このケースの需要曲線（限界評価曲線）を Dd としよう。そうすると，この地域にとって望ましいサービス供給量は Da と Dd を垂直に足しあわせた需要曲線 Dt″ と MC の交点 C に対応する量，すなわち q_3 となる。つまり，技術的外部効果を勘案しても，達成すべきサービス供給量は q_3 のまま変わらないことになる。このケースでは，埋め合わせ

5　藤井（2008）。

るべき赤字は存在しない。

　ここで，技術的外部効果に対する需要曲線を Dc と考えるか，Db とするか，それとも Dd なのかについては地域が決めるという点に注意したい。持続可能な地域づくりに向けて最低限考慮すべき技術的外部効果を適度に認識している地域は，ナショナル・ミニマムに等しい Dc を選び，地域公共交通に対してさらに積極的な価値を見いだした地域は Db を選ぶだろう。また，地域公共交通の社会的な価値を十分には認識できていない地域は，Dd を選択することになる。

　交通基本法案は，第8条で「国は，第2条から第6条までに定める交通に関する施策ついての基本理念（以下「基本理念」という。）にのっとり，交通に関する施策を総合的に策定し，及び実施する責務を有する」，また第9条で「地方公共団体は，基本理念にのっとり，交通に関し，国との適切な役割分担を踏まえて，その地方公共団体の区域の自然的経済的社会的諸条件に応じた施策を策定し，及び実施する責務を有する」としている。地方公共団体には，地域交通が環境・社会・経済に及ぼす様々なメリット・デメリットを適切に理解し，責務感を持って政策を打ち出していくことが求められる。

　また，「公」のうち，国の役割としては，ナショナル・ミニマムの確保ができていない地域（図2.1の Dd を選択している地域）に対して，交通に関する分権化に逆行しない範囲において，適切なアドバイス等の支援を行うことが考えられる。また，よりよい地域交通システムの形成に向けて精力的に取り組もうとする地域（図2.1の Db を選択する地域）に対して，図2.1の四角形 q_1ABq_2（すなわち，q_1ACq_3 から q_2BCq_3 を差し引いた部分）に相当する追加的な国庫補助を出すなどの方法によって，インセンティブを付与することも考えられる。ナショナル・ミニマムの水準に関する指針の提示や，分析ツールの開発・提供なども国の課題となる。

3. 交通基本法と民間活力

　交通基本法案は，国や地方公共団体には先述のような責務を課す一方，交通関連事業者と交通施設管理者には「基本理念の実現に重要な役割を有していることに鑑み，その業務を適切に行うよう努めるとともに，国又は地方公共団体が実施する交通に関する施策に協力するよう努めるものとする」（第10条）という努力義務を課し，また国民にも「基本理念についての理解を深め，その実現に向けて自ら取り組むことができる活動に主体的に取り組むよう努めるとともに，国又は地方公共団体が実施する交通に関する施策に協力するよう努めるものとする」（第11条）という努力義務を課している。このように，交通基本法案では国や地方公共団体の責務を強調する一方で，事業者や国民にも努力義務レベルの責務が課されているのである。

　図 2.1 と図 2.2，図 2.3 を用いて，事業者の努力の重要性について議論しよう。地域公共交通事業者が様々な需要喚起を行った結果，需要曲線が Da から Da^* へと右上にシフトしたとする（図 2.2）。この場合，国や地方公共団体の財政負担なくして，供給量 q_2 が達成されることになる。この時，最低限考慮されるべき技術的外部効果に対する需要曲線（限界評価曲線）Dc と Da^* を垂直に足しあわせた曲線は $Dt^{*\prime}$ であり，これと MC の交点から導かれる供給量は $q_2{'}$ となる。沿線地域が $q_2{'}$ の実現を目指す場合には，四角形 $q_2BB'q_2{'}$ に相当する額について，税金などで赤字の補填を行うこととなるが，その額は図 2.1 の四角形 q_2BCq_3 よりも小さくなる。q_2BCq_3 から $q_2BB'q_2{'}$ を差し引いた部分の一部でも事業者側に還元する仕組みを構築しておけば，経営努力へのインセンティブを与えることもできるだろう[6]。

　次に，この地域公共交通事業者が，様々な効率改善の努力をした結果，生産性が上がり，供給曲線が MC から MC' へ変化したとする（図 2.3）。この

---

[6] 国土交通省の第 11 回交通基本法検討会においては，私鉄代表より，一律型の支援ではなく，利用促進やサービス改善に実績を上げた事業者を優先的に助成するなどインセンティブを設け，事業者の投資意欲向上につながるような仕組みとすることが求められた。「交通新聞」2010 年 6月 7 日付記事。

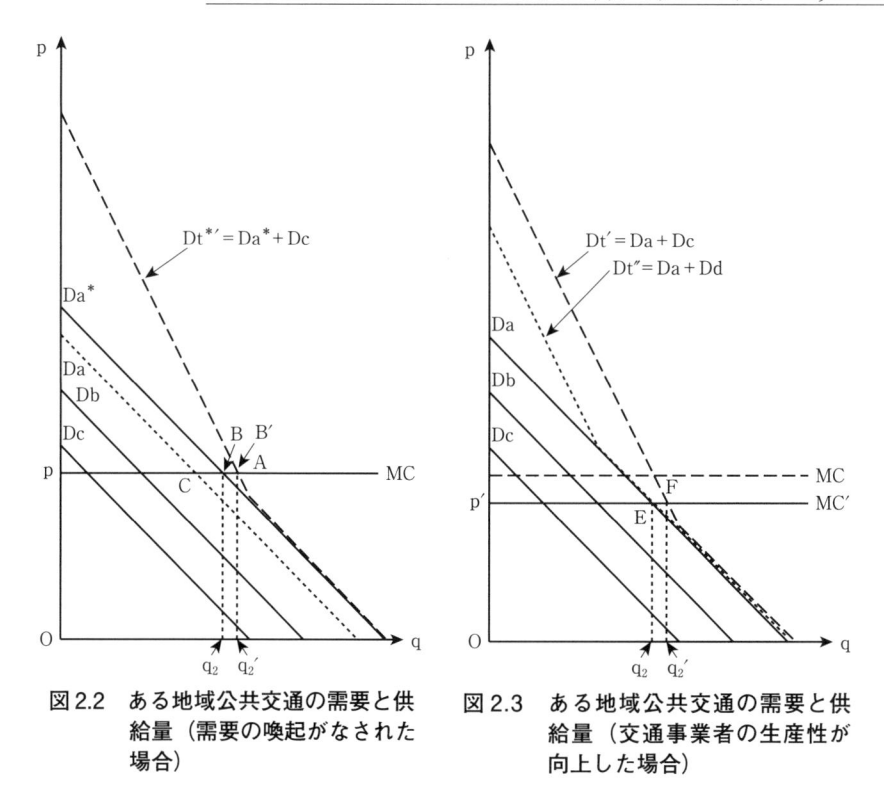

図2.2 ある地域公共交通の需要と供給量（需要の喚起がなされた場合）

図2.3 ある地域公共交通の需要と供給量（交通事業者の生産性が向上した場合）

場合，均衡点は E であり，その時の供給量は q_2 となる。また，最低限考慮されるべき技術的外部効果に対する需要曲線（限界評価曲線）Dc と Da を垂直に足しあわせた曲線は Dt' であり，これと MC' の交点から導かれる供給量は q_2' である。沿線地域が q_2' の実現を目指す場合には，四角形 $q_2 E F q_2'$ に相当する赤字を税金などで補填することになるが，その額は図2.1の四角形 $q_2 B C q_3$ よりも小さくなる。このケースでも，$q_2 B C q_3$ から $q_2 E F q_2'$ を差し引いた部分の一部でも事業者側に還元することにより，経営効率改善へのヤル気を喚起することにつながるだろう。

　図2.2と図2.3の合わせ技，すなわち需要の喚起（需要曲線 Da を Da^* へと右上シフト）と，生産性の向上（供給曲線を MC から MC' へ）が同時に

達成されれば、赤字の補填をせずとも図2.1でいう q_1 が達成できる。

　地域公共交通を取り巻く経営環境は厳しく、独力での需要喚起や生産性向上の余地は限られている。しかし、何から何まで税金投入で解決しようとすれば、経営努力へのインセンティブが削がれ、効率性の面で問題が生じる可能性がある。交通基本法が制定され、国や地方公共団体に様々な責務が求められる時代になったとしても、引き続き民間の活力をうまく活用することで、地域公共交通を効率的に確保していくことが課題となる。

　交通基本法時代のわが国においては、市町村や地域住民が、地域と交通のあり方を自ら考え、率先して行動することが引き続き重要であるとともに、交通事業者も基礎力向上と創意工夫で地域の期待に応えることが求められる。地域住民や行政、経済界、大学と、「鉄道魂」「バス魂」「タクシー魂」を持った交通事業者が連携して、人や環境に優しく活気あふれる地域を形成していくことが必要である。安全・確実な運行やコスト削減、利便性の向上といった鉄道業の基本を固めつつ、地域との連携のもとで創意工夫あふれる取り組みを展開している和歌山電鐵の事例は大いに参考になるであろう[7]。

4. 交通基本法と住民参画

4.1　住民参画の重要性

　2007年10月に施行された「地域公共交通の活性化及び再生に関する法律」の特徴は、バス、鉄道など様々な交通モードを含む一体的な交通戦略の、地域住民参画型協議会のもとでの策定・実施を推進している点にある。交通基本法案は、第12条において、「国、地方公共団体、交通関連事業者、交通施設管理者、住民その他関係者は、基本理念の実現に向けて、相互に連携を図りながら協力するよう努めるものとする」としており、地域住民参画

---

[7]　辻本（2009）。

による地域公共交通確保という基本的な流れを引き継ぐものと考えられる。

太田[8]は，これまでわが国の地域交通政策の問題点として，①理念が欠落しており，このため地域交通政策の評価ができない，②縦割り行政のもと，地域交通政策が個別具体的に立案されてきた，③交通政策において中央集権的な意思決定が一般的であった，④行政主導での地域交通政策の策定が，あるべき地域交通の実現に結びついていない可能性がある，⑤規制緩和のもと，行政が責任を放棄し，市場に地域公共交通を放り出した，の5点をあげた上で，地域住民や国民のニーズに適切に対応する地域交通政策を実現するためには住民参画の積極的導入が必要であるとしている。このような観点からも，交通基本法における住民参画規定の重要性を指摘することができる。

4.2　移動権と住民参画

交通基本法の策定過程では，国民の移動権の明記が大きな論点となっていたが，閣議決定された法案に移動権は盛り込まれなかった。国や地方自治体の責務が強調され，その上国民の移動権も明記されれば，地域公共交通の安定的な維持が実現したかもしれない。ただし，移動権の明記は，地域住民の姿勢を「お上依存」へと退行させる危険をはらむものでもある。国や地方自治体の責務や国民の移動の権利が強調され過ぎると，地域住民から「自分たちの鉄道やバス」であるという意識が薄れ，その結果利用者の減少や赤字額の増加に歯止めがかからず，財政負担額が増える一方に，というシナリオに陥る恐れがある。

住民が地域公共交通を空気のごとく「あって当たり前」の存在だと認識すれば，図2.1の限界評価曲線はDdの方向へと左下にシフトすることになる。もしもそうなれば，地域公共交通への財政投入の根拠が失われることにもなりかねない。

地域社会全体に幅広い便益をもたらす地域公共交通を国や地方自治体が支

8　太田（2009）pp.14-15。

えていくことは重要である。しかし地域住民には，交通基本法のもとにおいても，「地域の交通は地域で考え率先して行動する」という姿勢を取ることが求められる。地域住民，行政，事業者等が一体となってよりよい地域公共交通の形成に向けて取り組んだ場合には，国からの補助金が増額されるといった，何らかのインセンティブシステムを導入することも一考に値しよう。モビリティ・マネジメントによって地域住民や沿線事業所等に働きかけることで，意識向上や行動転換を図っていくことも重要となる。

4.3 求められる二層の住民参画型検討体制

十分な住民参画のもとで，地域の実情を的確に反映した地域公共交通サービスを実現するためには，検討の場の対象範囲を市町村や都市圏全域とするよりも，参加者にとって身近なコミュニティ単位や沿線単位，あるいは個別モード単位とすることが望ましい[9]。

一方で，コミュニティ単位や沿線単位，個別モード単位の検討の場だけを設置していたのでは，市町村全域や，都市圏全域の視点に立った総合的な議論を期待し難い。

このようなことから，地域においては，市町村（または都市圏）単位と，コミュニティ（または沿線，あるいは個別モード）単位からなる二層の住民参画型検討体制を構築することが望ましいものと考えられる。例えば，市町村（ないし都市圏）交通基本計画協議会（親協議会）において，交通とまちづくりの基本的な方向性（理念やいくつかの数値目標）を共有した上で，具体的な検討を各コミュニティや沿線単位の部会で行うという方法が考えられる。コミュニティ（または沿線，あるいは個別モード）ベースの検討の場や，バリアフリー基本構想の策定・推進に関する協議会，福祉有償運送運営協議会といった個別目的色の強い協議会等を部会として位置づけ，それらを束ねる形で親協議会を設置することで，市町村や都市圏全体としての総合性

---

9 山崎・伊豆原（2009）p.65。

を確保することができるのではないだろうか。

5. 交通基本法と戦略的・総合的な施策展開

　わが国では「地域公共交通の活性化及び再生に関する法律」に基づき，数多くの市町村において，「地域公共交通の活性化及び再生を総合的かつ一体的に推進するための計画（地域公共交通総合連携計画）」の策定がなされてきた。この連携計画のもとで一定の成果もあげられてきたが，一方で「総合連携計画」といいながら，コミュニティバスなど個別のモードの活性化・再生に関する緊急避難的な計画が多数を占めており，また目標の明確さや，目標実現に向けた取り組みの戦略性の点，そして市町村の交通政策担当体制などにおいて課題を指摘することができる[10]。公共交通の独立採算を原則としてきたわが国ではこれまで，交通サービスの供給水準は事業者の経営判断に委ねられてきた。そのため，社会基盤としての地域公共交通サービス確保のための体系的な方法論は確立されておらず[11]，また地域公共交通のシビルミニマム水準の導出方法を論じた研究はほとんどないといった状況であり[12]，このような中，多くの市町村が，総合連携計画の策定・実施を半ば手探り状態で行ったものと考えられる。

　また，山﨑・伊豆原[13]は，「現状の地方都市における地域公共交通会議の実態を眺めてみると，『お墨付き』を与える場として形骸化しつつあるのではないか」と懸念し，法制度に則って会議を開催すればよいだろうという安易な姿勢に陥ることなく，法制度を活かして独自の取り組みを進める姿勢が重要と指摘している。

　交通基本法案の第9条により，同法の成立後は，各地方公共団体がそれぞれの自然的，経済的，社会的な諸条件を踏まえて，施策を策定し，実施する

10　辻本（2010）p.42。
11　喜多（2009）p.20。
12　谷本・森山（2009）p.3。
13　山﨑・伊豆原（2009）p.66。

責務を負うこととなる[14]。交通基本法時代の各地方公共団体には，交通課題の解決に向けて，地域の現状を見据え，あるべき姿を認識した上で，明確な目標を立て，その達成に向けた具体的事業を，関係者が一丸となって戦略的かつ総力をあげて展開し，継続的に見直していくことが求められる。

そのためには，まず，市町村ないし都市圏の協議の場において，明確な理念を設定することが必要である。続いて，アウトカム指標や数値目標を設定し，その実現に向けた事業や実施主体を検討するという手順になるものと考えられる。地域交通計画における目標の明確化については3章を参照されたい。

また，第15条で政府に策定が義務づけられる「交通基本計画」とは，交通システムのあり方のみを規定する「交通の基本計画」ではなく，交通システムの改善を通じて，社会，環境，経済の3面に配慮した持続可能な国やまちを創る「交通と国やまちづくりの基本計画」であると理解すべきであろう。第28条では，「地方公共団体は，その地方公共団体の区域の自然的経済的社会的諸条件に応じた交通に関する施策を，まちづくりその他の観点を踏まえながら，当該施等相互間の連携及びこれと関連する施策との連携を図りつつ，総合的かつ計画的に実施するものとする」と定められている。わが国ではこれまで，縦割り行政のもとで政策分野ごとにバラバラの施策が展開されてきたが，このような状態を改め，環境，社会（福祉，健康，交通安全など），経済（にぎわい，観光など）といった政策分野が連携した総合的な交通まちづくり戦略の策定・実施へと大きく舵を切ることが求められる。

6．交通基本法と合意形成

地域は，多様な主体で構成されている。それゆえに，人と環境に優しい地

14　国土交通省の「バスネットワークの将来像に関する研究会」（杉山雅洋座長）は，具体的な方向性として，バスネットワークの維持やサービス継続の主体は市町村レベルの自治体であること，国は地方に対して人材育成や各種協議会の指導を行うこと，ユニバーサルサービスの観点で規制の緩和などを検討すること等を示している。「日刊自動車新聞」2010年6月8日付記事。

域公共交通の重要性については皆が認識しているのに，いざ具体的な計画を立てる段階になると意見が対立し，「総論賛成，各論反対」の状態に陥ることがある。地域の関係者が多様化すればするほど，合意形成が困難となる恐れが強くなる。多数の事業者が存在する地域では，事業者間の調整に困難を極めることも考えられる。また，事業者数が少なくても，例えばバス会社Aのドル箱路線に沿って，B市によるLRTの敷設計画が持ち上がった場合には，深刻な利害対立の発生が予想される。

小林[15]は，「損得がはっきりした段階で合意を形成することは非常に難しい」とした上で，「それでも当事者の間で意思決定に対する合意を得なければならないときは，損をする人々の意思を最大限に尊重しつつ，必要な時には補償を講じることにより，損をする人々が尊厳をもって意思決定の結果を受け入れることができる状況をつくりだすように当事者全員が努力する以外には方法はない」としている。また，矢嶋[16]は，合意形成のために必要なのは参加者間の信頼の醸成であるとし，参加者同士が対峙するような状況ではなく，共通の問題について対話するような状況を作ることで，皆が勝者となり得る解決策（win-win situation）を見いだしていくことが重要であると述べている。

また，渡部[17]は，信頼醸成そのものや，眼前の事業遂行を目的とするのではなく，長期的視野に立って，「時間をかけて住民の暮らしを理解し，彼らの悩みや苦しみに共感し，彼らの暮らしをより良くすることを本気になって考える，そんなアプローチが必要ではないか」としている。

富山市におけるLRT導入と関連するまちづくり施策の実現に至る政策プロセスを論じた深山ら[18]は，同市には技術・地勢・財源において比較的恵まれた条件のもとにあったが，このような好条件を活用してLRT導入等の実現に結びつけた背景には，課題のフレーミング，議論の場のマネジメント，

15　小林（2004）p.12。
16　矢嶋（2004）pp.100-102。
17　渡部（2004）p.60。
18　深山・加藤・城山（2007）。

制約条件の活用，個別的な利害調整による対応といった適切な政策プロセスマネジメントがあったのではないかと述べている。

これらの議論から，「総論賛成・各論反対」の状況を乗り越えるためには，地域公共交通にかかわる各主体が，よりよい地域を皆で形成するのだという公益重視の姿勢を保ち，私益を抑え，適切な場において個別的な利害調整を含めた丁寧な議論を重ねる中で全員が尊厳を持って受け入れられる結果を導き出していくことが重要であると考えられる。交通基本法時代の総合的な地域交通政策においては，サッカーや野球といった団体競技における「フォア・ザ・チーム」の精神が求められるのである。

例えば，ある市の住民が，貨物線を活用した新旅客線の敷設を求めているとしよう。これによって沿道の渋滞が緩和され，二酸化炭素排出量の削減や，にぎわいの創出にもつながることが予想されるとする。ただし，この新旅客線計画は，バス会社のドル箱路線と競合しており，開業した場合にはバス会社には相当の減収が予想され，その結果バス会社は市内の不採算路線の廃止を進めることになるかもしれないとしよう。このような場合にはまず（対峙ではなく）対話のテーブルを設け，持続可能な地域づくりのためには地域公共交通ネットワークの改善が求められることや，鉄道・バスなどの交通事業者が連携して利便性を高めることで公共交通需要のパイそのものを拡大できる可能性があることなどの総論において，関係各者の認識を一致させることが必要となる。その上で，「皆が勝者となり得る解決策」を模索する。例えば新旅客線の整備によって得られる運賃収入の一部や，にぎわい創出に伴う税収増の一部などをバス会社の減収分の補填に充当することで，バスネットワークを維持しながら，新旅客線を実現に導く等の方向を丁寧な対話の中で探っていく，といった方向が考えられる。

今後は，合意形成へと導く技術の発達と浸透や，ファシリテータ等の人材育成も課題となってこよう。

7. おわりに

　本章では，交通基本法の理念を具体化するために求められる対応について，「公」の役割，民間力の活用，住民参画の推進，総合的・戦略的な施策展開，そして地域における合意形成の順に論じた。

　地域公共交通サービスの望ましい供給水準を確保するためには，「公」の役割が重要となる。公共交通の社会的価値を適切に評価し財政投入等を行う地域と，そうでない地域では，公共交通サービスの供給水準に違いが出てくることが考えられる。交通基本法時代の地方公共団体には，地域公共交通が社会・環境・経済に及ぼす様々なメリット・デメリットを適切に理解した上で，交通政策を打ち出すことが求められる。また，国には，地域の独自性を尊重しつつ，ナショナル・ミニマム確保に向けた支援や，よりよい地域交通システムの形成に向けたインセンティブの付与，ナショナル・ミニマムの水準に関する指針の提示，分析ツールの開発・提供などにおける貢献が期待される。

　また，第3節で論じたように，交通基本法時代においても民間の力の活用による地域公共交通の効率的確保は引き続き重要な課題である。交通事業者には，基礎力向上と創意工夫で地域の期待に応え，住民や行政，経済界，大学などと連携しながら持続可能な地域の形成に貢献することが求められる。また，インセンティブシステムの導入によって，事業者の経営努力を促すことも考えられる。

　次に，交通基本法のもとでは国や地方公共団体の責務が強調されるが，そうであっても地域住民には「地域の交通は地域で考え率先して行動する」という姿勢が求められる。また，市町村や都市圏レベルの総合性と，地域の実情の的確な反映とを両立させるためには，市町村全域や都市圏全域単位の交通基本計画協議会のもとに，コミュニティ単位や沿線単位，個別モード単位などの部会を置き，二層の住民参画を推進することが考えられる。

　「地域公共交通の活性化及び再生に関する法律」に基づく地域公共交通総

合連携計画は，必ずしも総合的，戦略的な計画とはなっておらず，法制度を活かした地域独自の施策展開の点でも課題が見受けられる。こういった反省の上に立ち，交通基本法のもとでは，各地方公共団体が明確な目標を立て，関係者が一丸となって戦略的かつ総力をあげて施策展開し，継続的に見直していくことが求められる。その際には，地域の交通基本計画は，すなわち「交通とまちづくりの基本計画」であると理解し，関連分野と連携した総合的な交通まちづくり戦略の策定・実施を志向するのがよい。

　最後に，第6節で述べたように，地域公共交通の確保においても「総論賛成，各論反対」問題の発生が予想される。これを乗り越えるためには，各主体が公益重視の姿勢を保ち，私益を抑え，丁寧な議論を重ねる中で全員が尊厳を持って受け入れられる結果を導き出していくことが重要である。

　交通基本法の制定を契機として，社会・環境・経済が鼎立する持続可能な地域の形成に向けた交通面からの取り組みが一層盛んになることを期待する。

参考文献
宇沢弘文（1995）『地球温暖化を考える』岩波書店
太田和博（2009）「地域交通政策の意思決定における住民参画の意義と課題」『運輸と経済』2009年12月号，pp.13-19
喜多秀行（2009）「高齢社会と地域公共交通計画」『運輸と経済』2009年9月号，pp.15-24
国土交通省（2010）「交通基本法の制定と関連施策の充実に向けて　―中間整理―　～人々が交わり，心の通う社会をめざして～」
小林潔司（2004）「21世紀における合意形成の課題」，土木学会誌編集委員会編『合意形成論　―総論賛成・各論反対のジレンマ―』丸善，pp.12-15
谷本圭志・森山昌幸（2009）「公共交通サービスのミニマム水準の検討のための一考察　―生活環境への認知的な適応に着目した導出手法―」『運輸政策研究』第12巻第1号，pp.2-10
辻本勝久（2009）「ささえあう地域と交通事業者」『都市計画』第281号，pp.40-43
辻本勝久（2010）「地域公共交通総合連携計画における目標の明確化」『交通権』第27号，pp.40-46
藤井彌太郎（2008）「交通における『公・共・私』」，竹内健蔵・中条潮編著『挑戦日本再生　―「公」「私」の境界を越えて―』NTT出版，pp.187-220

藤井彌太郎・中条潮（1992）『現代交通政策』東京大学出版会
深山剛・加藤浩徳・城山英明（2007）「なぜ富山市ではLRT導入に成功したのか？」『運輸政策研究』第10巻第1号，pp.22-37
矢嶋宏光（2004）「参加型意思決定プロセスとその技術」，土木学会『合意形成論 ―総論賛成・各論反対のジレンマ―』丸善，pp.97-113
山﨑基浩・伊豆原浩二（2009）「地域公共交通確保の検討プロセスにおける地方自治体および地域住民の役割 ―愛知県豊田市を事例として―」『運輸と経済』2009年12月号，pp.59-66
山中英生・小谷道泰・新田保次（2010）『改訂版 まちづくりのための交通戦略 ―パッケージ・アプローチのすすめ―』学芸出版社
渡部幹（2004）「アキレスと亀と信頼の醸成」，土木学会『合意形成論 ―総論賛成・各論反対のジレンマ―』丸善，pp.46-63

3章
地域交通政策における目標の明確化と戦略的取り組み[1]

1. はじめに

　これまで述べてきたように，持続可能な地域とは，社会と環境，経済が鼎立する地域である。もしも，適切な地域公共交通システムの整備や他の対策を通じて，環境に優しく，安全で，誰もが気兼ねなく自由に外出でき，なおかつ財政や家計への負担が軽い地域が実現できれば，さぞ素晴らしいことであろう。しかしながら，言うは易し行うは難しであり，各市町村は財政難，担当者不足，ノウハウ不足の中で，山積する課題を前に四苦八苦しているのではないだろうか。

　地域公共交通に関する課題が重要かつ困難であればこそ，地域住民を含めた関係者が情報を共有し，解決に向けて様々な人の知識と知恵を結集できる体制を整え，基本的な方針を立て，明確な目標を定め，目標達成のための事業や実施主体を決め，戦略的かつ地域の総力をあげて取り組むことが求められる。「地域公共交通の活性化及び再生に関する法律」（以下，活性化・再生

---

[1] 本章は，2009年7月19日に関西大学で開催された交通権学会2009年度研究大会における統一論題報告の内容をもとに執筆した。報告において貴重なご質問やご意見を下さった方々に厚く御礼申し上げる。

法)は，まさにこのような認識のもとで立てられたものと考えることができる[2]。

活性化・再生法の施行により，全国の市町村が「地域公共交通総合連携計画」(以下，連携計画)を策定し，地域公共交通の課題解決に向けて戦略的に取り組めば，「国民の交通する権利」である交通権の実現が一歩また一歩と近づくことになるかもしれない。ただしそれは，自地域の現状をしっかり認識し，あるべき将来像を見定めた上で，明確な目標つきの連携計画を定め，関係者が一体となって戦略的かつ総力をあげて取り組んだ場合に限られるのではないだろうか。国の地域公共交通活性化・再生総合事業の補助期間は「調査事業」が原則1年，実証運行などを伴う「事業計画事業」が最大3年となっているが，補助期間終了後に地域が自立的・持続的な取り組みを進めるためにも，目標を明確化した戦略的な取り組みが不可欠であろう[3]。

本章では，明確な目標設定の重要性について述べた上で，近畿地方で策定された地域公共交通総合連携計画を例に，目標の明確さを検証し，改善に向けた提言を行いたい。なお，目標の明確化や戦略的な取り組みは，2011年度に新設された地域公共交通確保維持事業 (5章参照) のもとでも引き続き重要である。

2. 目標明確化と地域公共交通の活性化

2.1 目標明確化の重要性

わが国では近年，バスの分野において地方自治体を政策の主体とするよう

---

[2] 市町村が作成することのできる「地域公共交通総合連携計画」には「基本的な方針」「計画の区域」「計画の目標」「目標を達成するために行う事業及びその実施主体」「計画期間」等を定めるものとされ(第5条)，また，連携計画策定に向けて市町村が組織できる協議会は，市町村，公共交通事業者，道路や港湾の管理者，公安委員会，利用者，学識経験者等で構成するものとされている(第6条)。なお，2011年度より「地域公共交通確保維持改善事業」(いわゆる生活交通サバイバル戦略)が創設され，そのもとで策定される計画は「生活交通ネットワーク計画」となる。
[3] 補助期間終了後は，「事業計画事業」の実証運行(航)等に関する国の補助額(事業経費の半額。政令市が設置する協議会の事業については1/3)がそっくりなくなってしまうのである。

な地方分権化が進んできた[4]。鉄道においても，和歌山電鐵貴志川線の再生理由の一つに沿線自治体による財政投入と地域住民の活発な活動があるように，自治体や地域住民の参画が活性化・再生の大きな鍵となっている。つまり，地域公共交通の運営や維持を事業者や国まかせにする時代は終わり，今や，地域の交通を市町村や地域住民が自ら考え，率先して行動する時代が到来したといえるであろう。

　このような，地域の交通は地域で考え，自ら率先して行動すべき時代にあって，特に重要と考えられるのは，地域の公共交通の現状に関する情報と，それを踏まえた明確な目標設定である。「自分たちの鉄道」「オラがバス」の現状を詳しく知ることで，活性化・再生に向けた明確な目標を立てることが可能となり，それが創意工夫にあふれた改善策の打ち出しと市民自らの率先行動につながり，スパイラルPDCAでもってよりよい地域公共交通へと継続的に改善するという活性化・再生サイクルが動きはじめるのではないだろうか。

　目標明確化の重要性を，私たち自身の健康管理に置き換えて考えてみよう。「どうも太り気味のように思うのでいくらか体重を減らしたい」という漫然とした現状認識と目標設定からは，「取りあえず朝食を抜いてみるか」といった場当たり的な対策しか出てこないだろう。これに対して，「平均体重に比べて○kg太っているので，彼女と海水浴に行く8月までに○kg減らす。ただし栄養不足で肌がかさかさになるような不健康的なダイエットはしたくないし，リバウンドの罠にも陥りたくないので，必要な栄養素を摂取しながら健康的に体重を減らす」というような，しっかりした現状認識と，それに基づく明確な目標設定をすれば，「そのために家計の許す範囲でこれとこれを実行し，成果を定期的にチェックして，必要に応じて見直していこう」といったように，健康管理を計画的に進めることができるのである。

4　寺田（2005）。

2.2 数値目標化の威力

わが国でも各地でモビリティ・マネジメント（MM）の取り組みが進められ，一定の成果があがっている．交通需要管理（TDM）とMMとの最大の相違点は，「想いを伝える努力」の度合いであろう．いうまでもなくコミュニケーション重視型の施策であるMMのほうが，「想いを伝える努力」は大きい．そして，そのようなMMにおいて重要なのは，交通手段と環境や健康，家計などとの関係を具体的数値でもっていかにわかりやすく伝え，意識や行動の変容に結びつけていくかということである．「自動車通勤によってあなたが排出する二酸化炭素は○gですが，公共交通通勤に変えると○g減り，これは蛍光灯○本を○時間消灯するのと同じくらい環境に優しい行為ですよ」といった具体的な数値を提供することで，気づきが促され，「毎日は無理でも，週に1回は鉄道と自転車で通おう」という行動につながるのである．

また，わが国でも貴志川線の再生事例のように，費用対効果分析や費用便益分析の実施が自治体による存続決断の一つの決め手となる場合がある．これらは，並行道路の渋滞緩和や二酸化炭素排出量削減，騒音軽減といった様々な社会的価値を科学的方法でもって可能な限り数値化し，そのプロジェクトが社会的に見て黒字なのかどうかを分析するという方法であるが，詳しくは6章を参照頂きたい．

このように，MMにせよ，費用対効果分析や費用便益分析にせよ，数値による提示が市民の意識や行動を変え，あるいは関係者を巻き込んだ議論において重要な役割を果たすのである．数値目標化の威力はまことに大きいといえよう．

2.3 数値目標化の欠点

一方で，数値目標化には欠点もある[5]．それらを要約すれば，「目標値の選定と数値設定には困難が伴うため，数値化にこだわりすぎると，設定しやす

い目標のみが、それが本質的かどうかを軽視した形で用いられるのではないか。言い換えればミッション（使命）やビジョン（将来像）を踏まえない単なる数値目標として用いられる恐れがあり、そうすると、数値目標設定の狙いに関する合意がおろそかになったり、都合の良い数値目標がひとり歩きしたり、数値向上のための施策が総合性を無視した形で実施されるといった状況に陥りかねないのではないか」ということになる。

わが国の市町村には、交通政策を専門的に担当する課や係が置かれていないことが多い。また、福祉有償運送等のSTS（Special Transport Service）やバリアフリー化は福祉部局、スクールバスは教育部局、コミュニティバスは総務部局や企画部局といったように、様々な部局が公共交通手段を分割して所管している市町村も数多く見られる[6]。このような中では、わが国の市町村のすべてが、総合的な視点に立った交通政策を立案し、機動力を持って実行できる体制を有しているとはいい難い。総合的な交通政策を機動力を持って立案・実施する体制を有しない地域が、地域公共交通に関する目標の選定や数値設定を拙速に行おうとすれば、ミッションやビジョンなき単なる数値の羅列となりかねず、それが様々な弊害をもたらすことも考えられる。

しかしながら、目標を明確化することの重要性は先に述べた通りであり、目標明確化の負の側面に十分な注意を払いつつ、正の効果を最大限に発揮する方向で取り組むことが求められる。そのためには、①連携計画の策定期間を十分に取ること、②地域住民を含む関係者としっかりコミュニケーションしながら、自地域の置かれた状況や地域のあるべき姿を把握すること、③その上で目標や達成度指標を定め、実現に向けた施策を打ち出し、よりよい状

---

5 交通権学会2009年度研究大会統一論題報告に際しては、この点に関する質問やコメントが3件寄せられた。貴重なご意見・ご質問を頂き心より感謝申し上げる。

6 例えば和歌山県内の全30市町村のうち、2009年4月末現在、交通政策に関する係レベル以上の組織を有しているのは和歌山市と紀の川市のみである。また、和歌山県橋本市では、コミュニティバスの運行や路線バス対策は総務部市民安全課の所管であるが、市民病院への無料送迎バスを同病院がまったく別個に企画運営しているほか、STSを健康福祉部いきいき長寿課が、バリアフリー化を企画部企画経営室が、そして小中学校への通学用のタクシー借り上げ等を教育委員会が所管している。辻本（2009c）。

況に向けて継続的に改善してゆくこと，が望まれる。また，交通政策を専門的に担当する組織を設置したり，活性化・再生法に基づく協議会（以下，法定協議会）に福祉，教育などの関連分野からの参画を得たりなどして，総合的かつ機動力を持って地域課題に交通面から取り組む体制を作ることが望まれる。

3．連携計画における「計画の目標」の明確さ
　　―近畿地方内の連携計画を例に―

　さて，これまでに策定された連携計画では，明確な目標設定がなされているのだろうか。

　2009年4月22日現在，近畿地方（滋賀県，京都府，大阪府，兵庫県，奈良県，和歌山県）では35本の地域公共交通総合連携計画が策定されている[7]。これらのうち33本を入手したが，「計画の目標」に数値目標を設定しているものはそのうち11本であった。残りの22本には数値目標が設けられておらず，この意味でやや不明確な目標設定となっているといわざるを得ない。

　例えば，ある連携計画では，「基本的な方針」と「計画の目標」とが表3.1のように設定されている。これらのうち「基本的な方針」については，①公共交通空白地域の解消という使命が明示されている点，②ターゲットが住民，特に児童生徒や高齢者であることが明記されている点，③手段（関係者が一体となって効率的な代替交通手段を構築）が示されている点，の3点か

7　滋賀県7件，京都府4件，奈良県7件，兵庫県11件，大阪府1件，和歌山県5件（http://www.mlit.go.jp/report/press/sogo12_hh_000007.html）。これらのうち，入手できたものは次の33本である（○は「計画の目標」に数値目標を設定しているもの）。大津市○，彦根市○，余呉町，高月町，近江八幡市，木津川市○，宮津市・京丹後市・伊根町・与謝野町，舞鶴市○，長岡京市，和泉市，加西市○，豊岡市○，篠山市，養父市，佐用町，多可町，香美町，西脇市，淡路市，西宮市○，吉野町，王寺町・河合町・上牧町・斑鳩町・三郷町，宇陀市，五條市，大和郡山市，川上村，天理市○，日高川町，和歌山市・紀の川市，有田市，岩出市○，紀の川市。

　連携計画に関する情報提供等において，各自治体の担当者や和歌山運輸支局，和歌山県庁総合交通政策課の皆さんには大変お世話になった。記して感謝申し上げる。

3章　地域交通政策における目標の明確化と戦略的取り組み

表 3.1　ある連携計画における「基本的な方針」と「計画の目標」の設定状況

基本的な方針	計画の目標
1. 公共交通空白地域の解消を図るため，住民の日常交通，特に児童生徒の通学や高齢者の通院等に必要な交通手段を最低限確保することを基本に，効率的な代替交通手段を構築する。 2. 公共交通の再生のために地域公共交通活性化再生協議会等の開催により関係者が一体となった公共交通対策を推進する。	1. 現行バス路線の利用実態を把握しながら必要な運行改善についてバス事業者へ要請する。 2. 継続運行を確保するためバス事業者に対し適切な財政的支援を行う。 3. 市町村民バスの運行により，最低限，住民生活に必要な代替交通を確保する。

出典：某市町村の連携計画より，該当部分を箇条書き形式等に編集の上で引用。

ら，おおむねこのような設定の仕方でよいものと考えられる。

　しかし，「計画の目標」については，改善の余地がある。行政評価の分野では，優れた達成目標の条件を，①明確に記述されていてわかりやすいこと，②一般的でなく具体的であること（例えば「良好な公共交通サービスを提供する」といった目標よりも「公共交通サービスの満足度を〇％上げる」が好ましい），③測定可能であること（例えば「交通事故を減らす」よりも「交通事故を〇年までに〇％減らす」が好ましい），④アウトカムを志向すること，⑤使命と目的に一致していること，そして⑥成果指向であって，プロセス指向ではないこと（例えば「A 地区に新しい公共交通手段を導入する」よりも「A 地区から医療機関までの公共交通による所要時間を〇分から〇分に短縮する」が好ましい）としている[8]。このような条件を踏まえて表 3.1 を見てみよう。まず，目標 1「現行バス路線の利用実態を把握しながら必要な運行改善についてバス事業者へ要請する」に関しては，「バス事業者へ要請する」というプロセスを通じた「運行改善」という成果達成が本来の目的であろうから，そのような形へと修正する必要があるだろう。そのためには現況のサービスレベルを把握した上で，望ましいサービスレベル（運行改善の程度）について法定協議会で議論することが望まれる。

　次に目標 2「継続運行を確保するためバス事業者に対し適切な財政的支援

8　米国行政学会・行政経営センター（2002）pp.25–26。

表 3.2 「計画の目標」を明確化した連携計画のイメージ

基本的な方針と手段，区域	計画の目標			目標達成のための事業と実施主体	計画期間
	目的	測定する指標	達成目標		
基本的な方針： 公共交通空白地域の解消。特に児童生徒の通学や高齢者の通院等に必要な交通手段を最低限確保する。 手段： 関係者が一体となった対策の推進により，効率的な代替交通手段を構築する。 計画の区域： 当該市町村全域	住民の最低限の日常交通の確保	駅・バス停カバー率	○m 以内に駅やバス停がある世帯の割合を○%から○%へ増やす	1. 代替バスの実証運行……。 2. 公共交通の改善と利用促進……。	平成○年度〜平成○年度
	児童生徒の通学に必要な最低限の交通手段の確保	公立校へ一定時間内に通学できる高校生や中学生の割合	公共交通や自転車・徒歩で○分以内に公立高校（あるいは公立中学校）へ通える生徒の割合を○%から○%に増やす		
	高齢者の通院に必要な最低限の交通手段の確保	病院・医院へ一定時間内に通院できる高齢者の割合	公共交通や自転車・徒歩で○分以内に総合病院（あるいは開業医）へ通える高齢者の割合を○%から○%へ増やす		
	効率的な代替交通手段の構築	住民1人あたりの財政投入額	代替交通手段に対する住民1人あたりの財政投入額を○円以下とする		

を行う」に関しては，法定協議会で「適切な財政的支援」の水準について議論した上で，例えば目標とする市町村民1人あたりの財政投入額や，利用者1人あたりの財政投入額について，数値目標化することが可能ではなかったか。また，目標3「市町村民バスの運行により，最低限，住民生活に必要な代替交通を確保する」に関しても，法定協議会で「最低限，住民生活に必要な」サービス水準について議論した上で，より具体的な数値目標を設定することが可能ではなかったか。以上をふまえてこの連携計画の方針や目標等を再構成すると，表3.2のようになる。

なお，「地域公共交通総合連携計画（法定計画）に定められた事業のうち，

3章 地域交通政策における目標の明確化と戦略的取り組み 49

表 3.3 事業計画の認定申請書における目標の記載欄

3．総合事業計画の全体事業計画
(1) 全体事業計画の目標
(目標) 法定計画の目標を引用しつつ設定する等，3年間の計画全体での事業の総合的目標を設定。
(評価事項) 例) ・公共交通の空白地域の解消 ・病院，学校等へのアクセス向上等住民の生活の質的向上 ・行政コストの抑制 ・鉄道，バスの活性化 ・住民の公共交通の利便性等に対する満足度の向上 ※複数の事業について，まとめて評価事項を記載することが可能。

出典：2009年度の認定申請書より該当部分を転載。

　計画の実行の立ち上げ段階で国の支援を受けて，協議会が取り組む事業をとりまとめたもの」[9]として地域公共交通活性化・再生総合事業計画（以下，事業計画）がある。事業計画の認定申請書には，「(1) 全体事業計画の目標」という欄があり（表3.3），「法定計画の目標を引用しつつ設定する等，3年間の計画全体での事業の総合的目標を設定」した上で，「目標の達成度等を評価するための評価事項」を「可能な限り具体的に」記載することとなっている。ただ，評価事項の例示として「公共交通の空白地域の解消，病院，学校等へのアクセス向上等住民の生活の質的向上，行政コストの抑制，鉄道，バスの活性化，住民の公共交通の利便性等に対する満足度の向上」があげられていることから，「可能な限り具体的に」とはいいながらも，必ずしも数値目標化までは求めていないことがわかる[10]。

　地域公共交通活性化に向けた取り組みの戦略性を高めるためにも，事業計画の認定申請書の「(1) 全体事業計画の目標」欄を，目標と評価事項のみを記載する現行の形式から，目的と評価事項，そして達成目標を記載する形式

9　国土交通省（http://www.mlit.go.jp/kisha/kisha08/01/010304_2_.html）。
10　これらの資料は，国土交通省総合政策局ホームページの公共交通活性化に関するページに掲載されている（http://www.mlit.go.jp/sogoseisaku/transport/sosei_transport_fr_000022.html）。

へと改める必要はないだろうか。

4. おわりに

4.1 緊急避難的措置からの脱却

　本章では地域交通政策における明確な目標設定の重要性や，近畿地方内の連携計画における目標の設定状況と改善策について論じた。

　本章第2節第3項で述べたように，目標明確化には負の側面もあるが，そのことに十分な注意を払いつつ，目標明確化の正の効果を最大限に発揮する方向で取り組むことが求められる。そのためには計画策定にあたって十分な時間と，体制づくりが必要である。また，本章第3節で述べたように，近畿地方内の連携計画を例にとると，「計画の目標」が明確に打ち出されていない計画が過半となっている。多くの市町村の交通政策担当体制がいまだ脆弱であることや，活性化・再生法のもとでの制度開始からの日が浅いことなどから，現段階では多くの市町村が目先の地域交通課題への緊急避難措置的対応で手一杯なのかもしれない。しかし，今後は地域の現状を見据え，あるべき姿を認識した上で，明確な目標を立て，その達成に向けた具体的事業を戦略的に展開し，継続的に見直していくという姿への移行が望まれる。

4.2 データ収集・分析における問題

　達成目標の明確化のためには，詳細なデータ収集が必要となるし，法定協議会では喧々囂々の議論がなされることになるだろう。市町村の担当者やコンサルタント業者にとっては少々頭の痛い話かも知れないが，持続可能な地域づくりに向けた地域公共交通の活性化のためには欠かせない作業であると考えられる。数値目標自体も重要であるが，それ以上に，数値目標を設定するに至るプロセスが重要なのである。ただし，市町村が少ない担当者と限られた予算や時間制約の中で，多くのデータを収集し分析することには，大き

な困難が伴う。したがって，既存の統計類等を活用するなどの方法によって，データ収集に要する時間や費用，労力をなるべく少なくすることが求められる。英国では，国が医療・教育・雇用・買い物等へのアクセシビリティの度合いを容易に分析できるソフトウェアを開発し，自治体等に無償で配付しているが，このようなデータ収集・分析面での国からの支援も必要ではないか。また，大学等の「学」にも，地域公共交通の現場へ積極的に出向き，地域貢献することが求められる。

4.3 総合的な交通まちづくり計画への発展

地域公共交通の活性化・再生は，持続可能な地域づくりに向けた一つの手段である。したがって，今後は地域公共交通と道路整備やメンテナンス，環境，福祉，教育，賑わい創出といった関連する政策分野が連携した，地域の総合的な交通まちづくり（あるいは交通むらづくり）計画の策定へと進むべきではないだろうか。

次章で説明するように，英国では2000年交通法により，イングランドのカウンティレベルの地方交通当局等にLTP（Local Transport Plan：地域交通計画）の策定が義務づけられている。LTPは公共交通，道路，資産管理，福祉，安心・安全，環境，健康，市街地活性化といった政策領域を統合した総合交通戦略かつ交通投資計画であるが，達成度（アウトカム）指標と数値目標によって業績管理を行い，国からの交付金と連動させる点が大きな特徴となっている。持続可能な地域づくりに向け，LTPのような政策分野統合型・業績管理型の制度のわが国への適用可能性について，もっと研究がなされてよいだろう。なお，英国のLTPについては4章で詳しく取り上げる。

そもそも，健康で文化的な最低限度の生活水準を保障するための行政サービスとしては，コミュニティバスの運行や路線バスへの補助金投入といった地域公共交通面からの対応だけではなく，医療施設の設置や移動販売車の導入，中心部への集落移転といった，より広い対応の選択肢があり得る[11]。このような幅広い選択肢を視野に入れるためには，地域住民の生活水準を議論

するにあたって，駅やバス停といった交通施設までの距離や所要時間をベースとするよりも，買い物，医療，教育，雇用，レジャーといった本源的目的へのアクセシビリティをベースとするほうが好ましいのではなかろうか。例えば各世帯からバス停への距離をベースとした議論から出てくる対策は，バスサービスの拡充といった交通面からのものが中心とならざるを得ない。一方，各世帯から買い物・医療・教育機会等へのアクセシビリティをベースとした議論では，交通を含む幅広い分野からの対策を並列的に扱うことができ，その中で交通面からの対策にどれだけの力点を置くべきかといった議論への展開が期待できる。

　また，都市圏を構成する複数の市町村が連携し，都市圏レベルの計画策定へと進むことも考えてよいだろう。各自治体にはそれぞれのまちづくりの方針があり，当然財政的にも分離しているが，人々の日常生活圏は市町村界を越えて大きく拡がっている。都市圏レベルでプラットフォームとなる組織を立ち上げ，交通まちづくりの理念や方向性について合意した上で，都市圏を構成する各自治体が個別に，財政面で裏付けされた計画を策定・実施するといった方向が考えられる。

参考文献
喜多秀行（2009）「高齢社会と地域公共交通計画」『運輸と経済』2009 年 9 月号，pp.15-24
コミュニティバス等評価プログラム策定調査検討会（2009）「コミュニティバスの事業評価の手引き」
辻本勝久（2008）「和歌山都市圏の地域交通計画における達成度指標と数値目標に関する研究」『土木計画学研究・講演集 Vol.38』（CD-ROM）
辻本勝久（2009a）『地方都市圏の交通とまちづくり　—持続可能な社会をめざして—』学芸出版社
辻本勝久（2009b）「地域総合交通戦略の策定と持続可能な社会の形成　—英国 LTP のアクセシビリティ指標と数値目標を中心に—」『交通学研究』第 52 号，pp.21-30
辻本勝久（2009c）「地域公共交通における財政負担と財源」『都市問題』第 100 巻第 10 号，pp.62-71

11　喜多（2009）。

寺田一薫（2005）『地方分権とバス交通 —規制緩和後のバス市場—』勁草書房
ハトリー，H.P. 著，上野宏・上野真城子訳（2004）『政策評価入門 —結果重視の業績測定—』東洋経済新報社
米国行政学会・行政経営センター著，上山信一監訳（2002）『行政評価の世界標準モデル —戦略計画と業績測定—』東京法令出版
近畿地方の各地で策定された地域公共交通総合連携計画

4章
地域総合交通戦略の策定
―英国LTPのアクセシビリティ指標と数値目標を中心に―

1. はじめに

　前章では，地域交通政策における目標の明確化の重要性と，数値目標化の有用性について述べてきた。しかしながら筆者が2008年に近畿地方2府4県の全市町村の交通政策担当部署を対象として行った調査によると，高校生の通学手段の確保について，自治体としての方針を持っている市町村は15.9％（N＝113）に過ぎない。通院や買い物などの足の確保については58.2％（N＝112），公共交通空白地帯の解消については47.7％（N＝109）となっている。また，たとえ何らかの方針を有していたとしても，そのほとんどは数値目標化されていない。この調査では市町村が財政難，人材難，ノウハウ不足の3重苦に悩んでいる実態が明らかとなったが，そうであったとしても，生活上不可欠なサービス等へのアクセシビリティ確保や，それを含む交通政策全般に関する明確な方針や達成目標なくして，どのような施策群を戦略的に展開できるのであろうか。

　これに対して英国では，2000年交通法により，イングランドのカウンティレベルの地方交通当局等にLTP（Local Transport Plan：地域交通計画）の策定が義務づけられた。LTPは公共交通，道路，資産管理，福祉，安

心・安全，環境，健康，市街地活性化といった政策領域を統合した総合交通戦略かつ交通投資計画であって，達成度指標と数値目標による業績管理を大きな特徴としている。2006年を初年度とする第2期LTP（LTP2）から，アクセシビリティ戦略も盛り込まれるようになった。いうまでもなく，英国の制度をそのままわが国に当てはめることはできないが，持続可能な社会づくりに向け，LTPに見習うべき点は多いものと考えられる。以上をふまえて本章では，LTPについて，アクセシビリティ関連の指標や数値目標の設定方法・設定状況に焦点を絞って議論した上で，わが国への応用について考えたい。

2. 英国LTP制度の概要

英国では，1997年に発足したブレア労働党政権のもと，1998年7月に交通政策白書"A New Deal for Transport : Better for Everyone"が発表され，「統合された交通」「官民協力・調整」「経済的交通需要マネジメント」および「地方分権」といった特徴を有する交通政策が展開された。この白書には，①異なるタイプの交通間の連携，②環境との連携，③土地利用計画との連携，④教育，健康及び富の創造のための施策との連携，という四つの連携が掲げられている。これらを実現し，地域の交通ニーズに応えるための総合的交通戦略を投資計画付きで示したものがLTPである[1]。2000年交通法を根拠法とするこの計画の期間は最長5年であり，2001年を初年度とする第1期LTP（LTP1）に続いて，2006年からは第2期LTP（LTP2）の期間に入っている。LTPの上位計画としてPPG（Planning Policy Guidance），RPG（Regional Planning Guidance），10ヶ年計画，交通政策白書やその関連計画がある[2]。

LTPの策定主体は，イングランドのカウンティレベルの地方自治体であ

1　加藤・村木・高橋（2003）p.245。
2　加藤・村木・高橋（2003）p.251。

る(ただしグレーターロンドンを除く)[3]。イングランドの地方行政区画は、上位からリージョンレベル(9リージョン)、カウンティレベル(都市カウンティが6、非都市カウンティが35、単一自治体が46、そしてグレーターロンドン)、ディストリクトレベル、パリッシュレベルで構成されている。LTPの策定を担う都市カウンティや非都市カウンティは、わが国の都道府県に相当する面積や人口を有している。単一自治体には、わが国の中核市の市街化区域部分を独立させて都道府県並の権限を与えたようなイメージのもの(ノッティンガム、ダービー、サウサンプトンなど)や、都道府県に匹敵する面積を有するもの(イースト・ライディング・オブ・ヨークシャーなど)まで様々なものがある。

　LTPの策定にあたっては、中央政府によってパフォーマンス指標と具体的目標の設定の義務づけ等の縛りが付けられている。例えば交通省は、LTP策定担当当局に対し、交通に関する9種類のBVPI(ベストバリュー業績指標)と、8種類(一部の当局は5種類でよい)のキーアウトカム指標について、モニタし、目標を設定し、進捗状況の計測と報告を行うことを求めている[4]。表4.1に示すように、LTP2の義務的指標は、道路やフットウェイのメンテナンス、交通安全、公共交通のサービス水準、アクセシビリティ、環境に優しい交通手段の選択など、環境と社会の両分野において幅広く設定されている。地方当局には、具体的な目標設定の他に、年次報告書の提出や公開なども義務づけられ、目標達成度が低い場合には国からの交付金が減額される。

　このように国は様々な義務づけと交付金によって地方をコントロールしているが、一方でLTP策定全般に関するガイダンスや、アクセシビリティ計画に関するガイドラインの提供、アクセシビリティ水準の把握やアクセシビリティ計画を支援するソフトウェア"Accession"の提供、サポート用webページの開設[5]といった手厚い支援体制を提供してもいる。

3　ウェールズのカウンティとバラもLTPを策定しているが、本章では取り上げない。
4　Department for Transport (2004) pp.68-72.

表 4.1 LTP2 の義務的指標

ベストバリュー業績指標		他の義務的指標	
略号	説明	略号	説明
BVPI96	一級道路の状態	LTP1	アクセシビリティ目標
BVPI97a	二級道路の状態	LTP2	道路交通量（マイル）の変化
BVPI97b	それ以外の道路の状態	LTP3	自転車交通量
BVPI99(x)	死亡者と重傷者数	LTP4	通学交通の機関分担率
BVPI99(y)	子どもの死亡者と重傷者数	LTP5	バスの定時性指標
BVPI99(z)	軽傷者数	LTP6	ピーク時都心方向交通量の変化
BVPI102	公共交通利用者数（バスが基本。他のモードの追加も可能）	LTP7	混雑（車の遅れ）
		LTP8	大気質目標
BVPI104	バスの満足度	LTP6 から LTP8 は，一部の当局にのみ義務づけられる	
BVPI187	フットウェイの状態		

出典：Department for Transport (2004) pp.68-72 より作成。

　このように中央政府の関与が大きい LTP であるが，1998 年の交通政策白書の柱の一つに地方への計画権限の委譲があったことから，指標の選定や数値目標の設定等においては地方の裁量の余地が大きくとられており，後述のようにアクセシビリティ指標や数値目標の構成一つとっても自治体間の差が非常に大きい。また，LTP の計画過程においては，交通事業者，市民らの参画を得て交通改善に向けた優先順位をつけたり，素案（プロビジョナル LTP）をもとに約 1 年をかけて公開討論会やインタビュー調査などによって住民の意見を広く収集し，本案（フル LTP）の策定へつなげるといった参画（パブリック・コンサルテーション）の仕組みが整えられている[6]。

3．LTP のアクセシビリティ指標と数値目標

　この節では，LTP2 のアクセシビリティ指標と数値目標設定に焦点を絞って議論する。

5　交通省，各リージョンの代表，カウンティの測量士社会と地方自治体協会，乗客輸送エグゼクティブおよびロンドン交通局が運営委員会となっている。
6　寺田（2007）p.42。

英国の副首相府の組織であるSEU（ソーシャル・エクスクルージョン・ユニット）がまとめた交通と社会的排除に関する報告書によると、「歴史的に、人々が必要不可欠なサービスや雇用の場にたどり着けるよう配慮することに誰も責任を負ってこなかった。このため、アクセシビリティに十分な注意が払われないまま、サービスが配置された」[7]。LTP2へのアクセシビリティ戦略の新規導入は、このようなSEUの議論をふまえて行われてたものである。

アクセシビリティ戦略において枢要な位置を占めるのが、アクセシビリティに関する指標と数値目標の設定である。指標にはコア指標とローカル指標があり、前者は交通省が推奨する指標（表4.1）であり、交通省によって計測・提供され、毎年更新される。後者は地域独自の指標である。

3.1 コア指標

表4.2に示すように、コア指標は四つの分野ごとに定められている。すなわち、雇用機会へのアクセシビリティに関する指標、医療へのアクセシビリティに関する指標、教育へのアクセシビリティに関する指標、そしてシティセンターやタウンセンターなど「まち」へのアクセシビリティに関する指標である。これらは、SEUによって、人生の機会に最も影響するものとして特定された分野である。4分野の中で、まち（主要なセンター）へのアクセシビリティ指標は、「広いベネフィットを有し、考えられるより広範囲な機会へのアクセスを可能にする」[8]とされ、一段階高い扱いがなされている。まちへのアクセシビリティの向上を促すことで、間接的に、住宅、教育、医療、商業、業務等の主要な都市機能を一定の地区に集積するコンパクトシティ化を推奨しているものと考えることもできるだろう。

雇用機会や成人教育へのアクセシビリティ指標が盛り込まれているところが英国の特色だが、このことについて寺田[9]は「英国の場合は政府による公

---

7 Social Exclusion Unit (2003) p.3.
8 Department for Transport (2006) p.60.

表 4.2 　LTP2 のコア・アクセシビリティ指標

分野	指標
雇用機会への アクセシビリティ	労働年齢（16-74 歳）人口のうち，雇用の場まで公共交通で 20 分以内と 40 分以内の者の割合
	求職者手当を受けている人のうち，雇用の場まで公共交通で 20 分以内と 40 分以内の者の割合
医療への アクセシビリティ	全世帯のうち病院まで公共交通で 15 分以内と 30 分以内の世帯の割合
	自動車を持たない世帯のうち，病院まで公共交通で 15 分以内と 30 分以内の世帯の割合
	全世帯のうち，かかりつけ医（general practitioner）まで公共交通で 15 分以内と 30 分以内の世帯の割合
	自動車を持たない世帯のうち，かかりつけ医まで公共交通で 15 分以内と 30 分以内の世帯の割合
教育への アクセシビリティ	義務教育年齢の生徒うち初等学校まで公共交通で 15 分以内と 30 分以内の生徒の割合
	義務教育年齢の生徒のうち中等学校まで公共交通で 20 分以内と 40 分以内の生徒の割合
	無料学校給食を受けている義務教育年齢の生徒のうち初等学校まで公共交通で 15 分以内と 30 分以内の生徒の割合
	無料学校給食を受けている義務教育年齢の生徒のうち中等学校まで公共交通で 20 分以内と 40 分以内の生徒の割合
	16-19 歳の者のうち，成人教育施設まで公共交通で 30 分以内と 60 分以内の者の割合
まちへの アクセシビリティ	全世帯のうち，主要なセンターまで公共交通で 15 分以内と 30 分以内の世帯の割合
	自動車を持たない世帯のうち，主要なセンターまで公共交通で 15 分以内と 30 分以内の世帯の割合

出典：Department for Transport（2006）p.60.

的扶助が大きく，最近は財政再建のためにこれを削減する方向にある働く能力のある人々に雇用や教育の場へのアクセスを提供することで，慢性的に公的扶助に依存しがちな生活環境からの脱却を促すというコンテキストであり，その手段の一つに公共交通が選ばれたという見方ができる」としている。わが国への応用を試みる場合には，コア指標の構成について十分な議論

9　寺田（2005）p.102。

が求められる。例えば防災施設や，役場や公民館などの行政施設，寺社へのアクセシビリティを盛り込む必要はないだろうか。この点については今後の研究課題としたい。

表4.2が「○○に○分以内の人の割合」といった表現で溢れていることからわかるように，コア・アクセシビリティ指標は「所要時間主義」である。

つまり，目的地までの公共交通による総旅行時間の水準をしきい値とする指標となっている。ここにいう公共交通には，登録されたバスサービスや，一般公衆が使えて運行エリアが定まっているフレキシブルなルートサービス，徒歩，そして場合によっては自転車交通も含まれる。

20分，40分のようなしきい値は，NTS（ナショナル・トラベル・サーベイ）に基づいて定められている。NTSは各種の移動目的別のトリップの総旅行時間データが提供されているが，アクセシビリティ戦略のしきい値のうち，低い方（例えば20分）は，その目的でのトリップのおおよその中央値であり，高い方（例えば40分）は低いしきい値の2倍に設定されている。

ただし，表4.2に示されたコア・アクセシビリティ指標は，しきい値も含めて，中央政府が示すたたき台に過ぎない。地方当局に義務づけられているのは，少なくとも一つのアクセシビリティ指標（コア指標でもローカル指標でもよい）を採用し，それに対応する目標を掲げて取り組むことである[10]。しきい値の設定についても，必ずしも所要時間による必要はない。このような地方の裁量の大きさは，アクセシビリティ問題と解決法が地域間で大きく相違することや，いくつかのエリアでは旅行時間がアクセシビリティを示す最も適切な尺度ではないかもしれないとの考えによるものである。

3.2　ローカル指標[11]

地方当局には，ローカルなアクセシビリティ問題の評価や優先づけに基づ

10　ただしローカル指標を用いる場合にはその指標に関する合理的な説明が求められる。Department for Transport（2006), p.59。
11　Department for Transport（2006) pp.62-64。

いた独自のローカルなアクセシビリティ指標を開発することが推奨されている。ローカルな指標についても，アウトカムベースの指標とすることが推奨されている。

ローカル指標は，地域にとって優先度の高いことについて，目標設定を行うものである。地域にとって優先度の高いものの例として，①特定のディスアドバンテージグループ——就業上の地位，モビリティ（車の所有者・ドライバー，物理的または知覚的な障がいまたは精神状況，健康），年齢，ジェンダーや，②特定のエリア——特定の基金イニシアチブに関連している指定地域などのような田舎のエリアや再生エリアなど，③地域にとって重要度の高い目的地——コア指標にはカバーされない小さなサービスセンター，食料品店，レジャー施設，高齢者デイセンター，精神障がいを有する高齢者のセンターなど，④地域のアクセシビリティにとって重要な交通サービス——コミュニティ・ボランタリ交通や患者輸送サービスなど，があげられている。

3.3　優秀なLTP2におけるアクセシビリティ指標と数値目標の設定

交通省は，水準の高いLTPを選定し，"Excellent" LTP2, Transport Pathfinder, "Excellent" Delivery Report, Centre of Excellence for Local Transport Deliveryの4種類の称号を与えている。これらのうち，"Excellent" LTP2には21の計画主体（都市カウンティ内の都市や区等を個別に数えれば34）が選ばれている。表4.3に，"Excellent" LTP2（優秀な第二期LTP）におけるアクセシビリティ指標と数値目標の設定状況を示す。

まず，アクセシビリティに関するコア指標を見ると，「雇用の場へ」「医療へ」「教育へ」「まちへ」のうち，「まちへ」のアクセシビリティ指標と数値目標を設定しているカウンティが最も多いことがわかる。この理由は，様々な機能が集積する「まち」へのアクセシビリティを改善することにより，医療や教育，買い物，雇用の場，レジャーなど，広範囲な機会へのアクセシビリティを改善できるとの判断によるものと考えられる。

次に，人口密度などの地域特性を踏まえて各計画を比較する。まず，人口

4章 地域総合交通戦略の策定　63

表 4.3　優秀な第二期 LTP におけるアクセシビリティ指標と数値目標の設定状況

計画主体					雇用へ		医療へ		教育へ		まちへ		その他			アクセシビリティに関するコア指標		アクセシビリティに関する主なローカル指標
名称	区分	人口 (千人)	面積 (km²)	人口密度 (人/km²)	対象	しきい値	対象	しきい値	対象	しきい値	対象	しきい値	分野	対象	しきい値	公共交通情報	障がい者配慮・交差点	駅・停・車両のバリアフリー化	その他
レスター	U	290	73	3,968	—	—	—	—	—	—	D	T	—	—	—	—	—	○	自転車
ノッティンガム	U	286	75	3,819	—	—	A	TW	—	TW	A	TW	—	—	—	○	○	—	—
レディング	U	143	40	3,577	—	—	A	T	—	T	A	O	—	—	—	○	○	○	—
ダービー	U	236	78	3,029	D	T	D	T	CF	T	D	T	—	—	—	○	○	○	自転車
ハルトン	U	133	63	2,114	—	—	—	—	—	—	A	T	交通空白	A	SW	—	○	○	—
ハルトン	U	120	79	1,513	—	—	D	T	F	T	A	T	—	—	—	—	○	○	ショップモビリティ
ウェスト・ミッドランズ	MC	2,604	2,888	902	D	N	A	T	F	T	A	T	—	—	—	—	—	—	—
ヨーク	U	192	272	705	A	T	AD	T	F	T	A	T	レジャーへ	B	T	—	—	—	—
マージーサイド	MC	1,366	2,118	645	D	T	A	T	—	—	A	T	—	—	—	—	—	—	—
ノッティンガムシャー	MC	1,055	2,160	489	A	T	—	—	—	—	—	—	—	—	—	—	—	—	—
ハンプシャー	NMC	1,691	3,769	449	—	—	—	—	—	—	A	O	複合	A	O	○	○	—	—
レスターシャー	NMC	925	2,156	429	D	T	D	T	—	T	A	T	—	—	—	—	—	—	—
ウェスト・サセックス	NMC	771	1,991	387	—	—	—	—	CF	N	—	—	—	—	—	—	—	—	—
バッキンガムシャー	NMC	712	1,874	380	—	—	—	—	—	—	A	TSW	—	—	—	—	—	—	—
ダービーシャー	NMC	990	2,625	377	—	—	A	T	—	—	—	—	—	—	—	○	○	—	自転車 定時性
イースト・ライディング・オブ・ヨークシャー	U	587	2,479	237	—	—	—	—	—	—	A	T	—	B	T	—	—	—	自転車
ケンブリッジシャー	NMC	753	3,389	222	—	—	—	—	—	—	A	T	—	—	—	—	○	—	—
ノーフォーク	NMC	833	5,371	155	—	—	—	—	—	—	—	—	複合	B	O	—	○	—	自転車
コーンウォル	NMC	526	3,563	148	—	—	—	—	—	—	—	—	複合	A	O	—	—	—	—
スロウクシャー	NMC	451	3,487	129	AD	TS	—	—	—	—	D	S	—	—	—	—	—	—	—
ノースヨークシャー	NMC	1,061	8,654	123	—	—	—	—	—	—	—	—	利用者数	A	O	—	—	—	—

注1：計画主体の区分のうち，MC は都市カウンティ，NMC は非都市カウンティ，U は単一自治体を示す．
注2：わが国の都道府県の平均人口は 2718 千人，平均面積は 7739km² である（H17 国勢調査）．わが国の中核市の平均人口は 420 千人，平均市街化区域面積は 65km² である（2008 年現在）．
注3：対象の A は，全住民ないし全世帯（成人教育対象者：ダッシュ付きは不利な立場にある者に限定）を対象とすることを示す．C は義務教育年齢者．F は 16-19 歳（成人教育対象者）．D は，不利な立場にある人や世帯（失業者や車のない世帯，ルーラル世帯等）を対象とする．C は義務教育年齢者．F は 16-19 歳（成人教育対象者）を対象とする．
注4：しきい値の T は「30 分以内」（数値目標）の設定であることを示す．S はしきい値であり，N はしきい値（数値目標）の設定がないことを示す．W は徒歩や停留所までの距離であることを示す．O はその他の基準によるしきい値である．
注5：ローカル指標のうち，○は，その指標を設定していることを示す．
出典：各計画主体の第二期 LTP より筆者作成．

密度が表4.3の中で最も低く，わが国の島根県（111人／km^2）や高知県（112人／km^2）並みの123人／km^{2}であるノースヨークシャーに着目すると，同州では仕事や医療，教育，まちへのアクセス時間に基づく数値目標を設定せず，コミュニティトランスポートの総トリップ数を指標として採用していることがわかる。交通省がコア指標として定めたものをあえて使っていない理由として同州は，面積の広大さと人口密度の低さや，生活必需サービスの低密な空間的分散をあげている。人口密度で下位4カウンティであるスロプシャー（129人／km^2），コーンウォル（148人／km^2），ノーフォーク（155人／km^2，青森県や福島県並み）も所要時間による数値目標設定を避けたり，複合的な指標を設けるなどしており，アクセシビリティに関する指標と目標の設定に苦心したようである。スロプシャーは雇用指標に所要時間目標を盛り込んでいるが，そのしきい値は一般的な30分ではなく，45分となっている。

　一方，人口密度の高いカウンティの中には，多彩なアクセシビリティ指標と数値目標を設定しているところがある。例えばノッティンガムでは所要時間に停留所までの徒歩による距離（400m以内）を組み合わせた指標を採用しているほか，ローカル指標として公共交通情報，障がい者に配慮した交差点，バス停のバリアフリー化でも数値目標を設定するなど非常に充実している。ヨークは雇用，医療，教育，まちに加え，レジャーへのアクセシビリティに関する指標も採用している。具体的には，公共交通で30分以内にスポーツセンターへ行ける世帯を90%から93%（車を持たない世帯は94%から97%）へ増やすという目標が設定されている。

　多くの計画において，所要時間のみに基づくしきい値が設定されていることにも注目すべきである。サービスの頻度や駅・バス停までの距離といった情報を組み合わせているのはバッキンガムシャー（まちへ），ノッティンガム（医療へ，まちへ），スロプシャー（雇用へ，まちへ），トーベイ（公共交通空白地帯の解消）にとどまっている。この点は，LTPやアクセシビリティ戦略のわが国への応用を試みる際に，大きな議論のポイントになり得る。

一部の計画においては，全世帯や全住民を対象とする指標に代えて，あるいは同時に，車のない世帯やルーラル世帯，失業者と行った弱い立場の住民や世帯のための特別な指標を設けることで，アクセシビリティ格差の解消が強く意図されている。

4. おわりに

本章では，LTPについて，アクセシビリティ関連の指標や数値目標の設定方法や設定状況に焦点を絞って議論し，わが国への応用について若干の考察を行った。

筆者が研究拠点を置く和歌山都市圏では，2003年秋に南海電気鉄道貴志川線（和歌山～貴志間14.3km）の存廃問題が持ち上がり，これを契機として拡散型・自動車依存型の都市圏形成を改め持続可能型都市圏を目指そうとの考えが共有されるようになった。この中で2007年度にはLTPを部分的に採り入れた「和歌山都市圏交通まちづくり基本計画」の素案が策定された。この素案（プロビジョナルプラン）では，賑わい創出，バリアの解消，都市環境の改善，健康増進，利用啓発，公共交通機能の向上の6政策領域にあわせて34の達成度指標と目標の設定がなされている[12]。現段階では素案策定にとどまっているが，今後，本案（ファイナルプラン）を策定することが期待されている。本場英国のLTPに比べれば，プライオリティに関する議論不足や，コンサルテーションの不足，そして何より法の裏付けも国によるモニタリングもガイドラインも交付金もないという要改善点がある。青森県平川市等でもLTP型の交通計画が策定されつつあるが，今後は各地で日本型LTP策定に向けた研究が進められ，環境・社会・経済の鼎立する持続可能な社会づくりに向けて前進することを期待したい。

---

12 辻本（2008）。

謝辞

本章は,大阪ガスグループ福祉財団の研究・調査助成(課題名「健康で文化的な最低限度の生活水準を確保するために必要な公共交通サービス水準に関する研究」)の成果の一端である。研究機会を与えて下さったことに対し,心より御礼申し上げる。また,貴重なご質問やご意見を下さった日本交通学会の先生方にも厚く御礼申し上げる。

参考文献

秋山哲男編著 (2001)『都市交通のユニバーサルデザイン ―移動しやすいまちづくり』学芸出版社

加藤浩徳・村木美貴・高橋清 (2003)「英国の新たな交通計画体系構築に向けた試みとその我が国への示唆」『土木計画学研究・論文集』第 20 巻第 1 号,pp.243-254

辻本勝久 (2008)「和歌山都市圏の地域交通計画における達成度指標と数値目標に関する研究」『土木計画学研究・講演集 Vol.38』(CD-ROM)

寺田英子 (2005)「住民参加による過疎地のバスサービス導入の課題 ―英国における需要応答型サービスの最近の事例―」『交通学研究』第 48 号,pp.101-110

寺田英子 (2007)「英国(イングランド)の需要応答型交通サービスと自治体の政策判断 ―過疎地域の生活交通をどのように維持すべきなのか―」『運輸と経済』第 67 巻第 11 号,pp.40-47

戸崎肇 (2003)「日本における総合交通基本法の必要性と交通権」『交通学研究』第 46 号,pp.81-90

Buckinghamshire County Council (2006) "Local Transport Plan 2 2006-2011"
Cambridgeshire County Council (2006) "Cambridgeshire LTP 2006-2011"
City of York Council (2006) "Local Transport Plan 2006-2011"
Cornwall County Council (2006) "Local Transport Plan (LTP2) 2006-2011"
Department for Transport (2004) "Full Guidance on Local Transport Plans : Second Edition"
Department for Transport (2006) "Accessibility Planning Guidance : Full Guidance"
Derby City Council & Derbyshire County Council (2006) "Derby Joint LTP 2006-2011"
Derbyshire County Council (2006) "Derbyshire Local Transport Plan 2006-2011"
East Riding of Yorkshire County Council (2006) "Local Transport Plan 2 2006-2011"
Halton Borough Council (2006) "Final Local Transport Plan 2006/07 to 2010/11"
Hampshire County Council (2006) "Local Transport Plan 2006-2011"
Leicester City Council (2006) "Second Central Leicestershire Local Transport Plan (2006-2011)"
Leicestershire County Council (2006) "Local Transport Plan 2006-2011 (LTP2)"
Merseyside LTP Support Unit (2006) "Merseyside 2nd Local Transport Plan"

Norfolk County Council (2006) "Local Transport Plan for Norfolk-March 2006"
North Yorkshire County Council (2006) "Local Transport Plan 2006-2011"
Nottingham City Council (2006) "Greater Nottingham Local Transport Plan"
Nottinghamshire County Council (2006) "North Nottinghamshire Local Transport Plan"
Reading Borough Council (2006) "Local Transport Plan 2006-2011"
Shropshire County Council (2006) "Local Transport Plan 2006-2011"
Social Exclusion Unit (2003) "Making the Connections : Final Report on Transport and Social Exclusion"
Torbay Council (2006) "Second Torbay Local Transport Plan (LTP2)"
West Midlands Local Transport Plan (2006) "Final LTP March 2006"
West Sussex County Council (2006) "West Sussex Transport Plan 2006-2016"

5章
地域公共交通における財政負担と財源

1. はじめに

　1章で述べたように，わが国の地域公共交通は採算面で厳しい状況に置かれており，実際に廃止に至った鉄軌道やバス路線等も多数存在する。その一方で，わが国では近年，公共交通の価値を，採算性だけではなく社会的な観点から広く捉える考え方がひろがりつつある。つまり，公共交通は道路や上下水道と同じく都市や地域になくてはならないインフラストラクチャーであり，たとえ採算がとれなくても公的資金の導入により整備することが望ましいといった考え方であり，これが市町村によるコミュニティバス等の運行や，国や都道府県の補助制度などとして具体化してきている。

　ただし，地域公共交通の維持・整備を通じた持続可能な地域づくりに充当される財源はまだ必ずしも十分とはいえず，また，地域公共交通政策の主体となるべき市町村には目的達成に向けた戦略性が不足している。

　この章では，地域公共交通の確保に関する財政負担と財源についてバス等を中心に述べる。

2. バス等における財政負担と財源

2.1 2010年度までの国庫補助制度

バス等に関する補助制度は 2001 年度中から大きく変更され，2011 年度より抜本的に改められた。

まず 2001 年度からの変更によって，「第二種生活路線」(平均乗車密度[1]が 5～15 人，運行回数が 1 日 10 回以下の路線で，知事が地域住民の生活上必要と認めて指定したもの) や「第三種生活路線」(平均乗車密度が 5 人未満の路線で，知事が地域住民の生活上必要と認めて指定したもの) に対する国庫補助が廃止され，これに代わるものとして，対象を広域かつ幹線的な生活路線に限定した国庫補助制度が創設された (表 5.1)。この地方バス路線維持費補助制度は，バス等を対象とした 2010 年度までの国庫補助制度の代表例である。この変更を受けて，同一市町村内を走る路線等については，都道府県の単独補助や，当該市町村の負担，あるいは地域住民等の負担によって維持することが必要となった。この点については後述する。

地方バス路線維持費補助制度は，2008 年度より経営改善インセンティブとしての「路線維持合理化促進補助」が開始され，2009 年度をもって車両購入費補助が廃止となり，2010 年度より車両減価償却費補助がはじまるなど，年々変化していた。

地方バス路線維持費補助制度以外にも，路線バスに関する様々な国庫補助制度が用意されていた。例えば国と地方の協調補助として，オムニバスタウン[2]の整備や日本型 BRT (Bus Rapid Transit：バス高速公共交通)[3]の導入，バスロケーションシステムの整備などを推進する「自動車運送事業の安全・

---

[1] バス 1 便あたりの平均利用者数であり，算定式は運送収入÷平均賃率÷実車走行キロである。
[2] 交通渋滞，大気汚染，自動車事故の増加といった都市問題を，バスを活用したまちづくりの推進によって解決する目的で創設された制度であり，2010 年度までに浜松市，金沢市，松江市，鎌倉市，盛岡市ほか計 14 都市が指定されている。
[3] BRT は，専用走行空間を有し，通常の路線バスよりも高速な運行を期待されるバスシステムである。

表 5.1 地方バス路線維持費補助制度（2010年度で廃止）

補助対象路線	広域かつ幹線的な生活路線。すなわち次のすべてを満たす路線。 ・複数市町村にまたがる路線 ・キロ程が10km以上の路線 ・1日あたりの輸送量が15～150人 ・1日あたりの運行回数が3回以上 ・広域行政圏の中心市町村等にアクセスする広域的・幹線的な路線 ・経常収益が経常費用の20分の11以上（20分の11未満の路線は都道府県や市町村が負担）
補助対象事業者	生活交通路線を運行する乗合バス事業者
補助対象経費	路線維持費補助 ・補助対象経常費用－経常収益（補助対象経常費用の20分の9まで） 車両購入費補助（2009年度で終了） ・要領に定める額。例えばノンステップ型車両の場合は1両あたり1500万円以内 車両減価償却費等補助（2010年度より開始） ・車両に係る減価償却費の全額（限度額あり） ・車両に係る金融費用の全額（年2.5%まで） 路線維持合理化促進補助（2008年度より開始） ・生活交通路線を運行する乗合バス事業者が行う費用削減や増収努力等の営業改善に係る補助 ・路線運行費が補助対象
補助金支出者と交付額	国が2分の1，都道府県が2分の1の協調補助 ただし競合区間の輸送量の和が150人を越える場合や，平均乗車密度が5人未満の場合は補助金が減額される。また，経常収益が経常費用の20分の11未満の場合は，その差額を市町村が補助することが補助金交付の条件となる
補助金交付実績 （国庫のみ）	（億円）グラフ： 2002年度: 65.0 / 8.2 2003年度: 66.6 / 6.3 / 0.1 2004年度: 64.0 / 7.8 / 0.8 2005年度: 64.6 / 6.9 / 0.5 2006年度: 66.7 / 7.5 / 0.1 2007年度: 65.8 / 11.0 / 0.1 2008年度: 68.0 / 11.3 / 0.8 2009年度: 63.3 / 11.8 / 2.0 2010年度: 63.0 / 0.4 / 0.9 ■その他　■車両購入費補助（2010年度より車両減価償却費等補助）　□生活交通路線維持費補助

注1：補助対象経常費用とは，地域キロあたりの標準経常費用と事業者キロあたりの経常費用を比較し，いずれか少ない方の額に補助対象路線の実車走行キロを乗じた額。
注2：都道府県と2分の1ずつの協調補助であるため，都道府県の交付実績も国の実績と同額になるものと考えられる。
出典：国土交通省自動車交通局監修（2010）『数字でみる自動車2010』，国土交通省自動車交通局「地方バス路線維持費補助金及び公共交通移動円滑化設備整備補助金の交付実績について」および和歌山県企画部地域振興局総合交通政策課資料より作成。

円滑化等総合対策事業」があり，補助実績は 2000 年度が 14.3 億円，2006 年度が 14.8 億円，2008 年度が 11.1 億円となっている。また，バリアフリー化推進の観点から，ノンステップバスの導入やバスと鉄道相互の共通乗車カードシステムの導入などを狙いとした「公共交通移動円滑化設備整備費補助」があって，予算額ベースの補助金額（国費）は 2001 年度から 2008 年度まで約 14 億円（2008 年度）から 19 億円（2003 年度と 2004 年度）の範囲で推移してきている[4]。2010 年度の予算額は 7 億 6900 万円であったが，交付実績は 6 億 9900 万円となっている。

次に，「地域公共交通活性化・再生事業」は，地域公共交通の活性化および再生に関する法律に基づくもので，目的は「地域の多様なニーズに応えるために，鉄道，コミュニティバス・乗合タクシー，旅客船等の多様な事業に取り組む地域の協議会に対し，パッケージで一括支援することにより，地域の創意工夫にある自主的な取組みを促進する」[5]ことである。この事業には，補助金使用上の自由度が比較的高いという利点があり，活用事例が増えている。2010 年度において「地域公共交通活性化・再生総合事業計画」（実証運行の実施等）を認定された件数は 352 件，「地域公共交通総合連携計画策定調査実施計画」（計画の策定）を認定された事業が 83 件となっている[6]。この制度では，事業費を国が 2 分の 1，法定協議会（市町村・国・県・公共交通事業者・道路管理者・住民等で構成）が 2 分の 1 で分担することとなっている（一部例外有り）。また，地域公共交通総合連携計画の策定経費については国が定額の補助を行うこととされている。なお，この制度は 2008 年度に大きく改正され，地方鉄道に公有民営型上下分離化（自治体が土地や鉄道施設を保有し，事業者に無償貸与する方式）の道が開かれることとなった。

4　ただし 2004 年度まではバスだけではなく低床式路面電車システムの整備事業にも補助が行われていた。出典は国土交通省資料「交通バリアフリー実現のための支援策（補助・融資等）」(http://www.mlit.go.jp/barrierfree/transport-bf/explanation/hojo06.pdf)。
5　国土交通省「地域公共交通活性化・再生総合事業（パンフレット）平成 21 年度版」(http://www.mlit.go.jp/sogoseisaku/transport/)。
6　国土交通省「地域公共交通活性化・再生総合事業　認定状況・事例一覧（平成 22 年）」(http://www.mlit.go.jp/sogoseisaku/transport/sosei_transport_fr_000056.html)。

また,「社会資本整備総合交付金」は,従来は道路整備というハード事業にのみ使用可能であったが,2010年度より道路事業の効果を促進させるようなソフト事業,例えば道路整備とパッケージで電停やバス停の整備をする場合や,実証運行といったことにも使用可能範囲が広がっている。この補助金は,自治体負担金額の55％が国庫補助されるが,財政力指数によっては国庫補助率がかさ上げされる。

さらに,地方バス路線の運行維持経費の8割について,地方交付税交付金で財源措置される制度もある。また,スクールバスに対する財源措置として,1台あたり約570万円が国庫負担の普通交付税に参入される制度があり,文部科学省によるスクールバスへの支援制度もある。また,過疎債の使途についても,従来は車両購入等のハード整備に限定されていたものが,ソフト事業にも拡充される予定であり,普通交付税への算入がなされる点で国からの財政的支援ともなっている[7]。

また,総務省では「定住自立圏制度」を設け,市町村の広域連携による地域公共交通計画の策定に対し,地方交付税措置の上乗せ措置（中心市で4000万円／年,周辺町村で1000万円／年をベースとし,5年間継続）を行っている。2010年10月現在,彦根市を中心市とする定住自立圏において,幹線・支線の機能分化による公共交通ネットワークの構築が目指されているほか,鹿屋市,飯田市,中津市などを中心市とする定住都市圏にも事例が見られる。

国や都道府県は,これら以外にも多数のメニューを有しており,それらを各地域の特性に即した形で活用することが各市町村の課題となる。

2.2 2011年度からの国庫補助制度[8]

2011年度より,国の新しい制度として「地域公共交通確保維持改善事業」（生活交通サバイバル戦略）が開始された。この制度は,既存の八つの地域

---

7 第1回高知県公共交通経営対策検討委員会総務部会会議録（2010年6月24日開催）。

公共交通関連制度を統合し，内容を大幅に見直したものとなっている。この制度に統合・廃止された既存制度は，①地域公共交通活性化・再生総合事業（2.1 で取り上げた制度で，2010 年度予算額は約 40 億円），②鉄道軌道輸送対策事業費補助（同約 20 億円），③ LRT システム整備費補助（同約 1.5 億円），④交通施設バリアフリー化設備等整備費補助の一部（鉄道）（同 29 億円），⑤公共交通移動円滑化設備整備費補助金（バス）（同約 8 億円），⑥地方バス路線維持対策（2.1 で取り上げた制度で，同約 68 億円），⑦離島航路補助金（同約 48 億円），⑧地域公共交通維持・活性化推進費の一部（離島航空路）（同約 5 億円）の 8 本である（図 5.1）。

地域公共交通確保維持改善事業の柱は 3 本ある。すなわち，①地域公共交通確保維持事業（地域間の幹線や地域内のフィーダー路線および離島航路の維持確保），②地域公共交通バリア解消促進事業（バリアフリー化，利用環境の改善，地域鉄道の安全性向上），③地域公共交通調査事業である。2011 年度の予算額は 305 億円で，2010 年度の地域公共交通関連制度の予算総額と比べて約 1.42 倍の増となっている。

地域公共交通確保維持改善事業と，2010 年度までの旧制度との主な相違点は次の通りである。

まず第一に，旧制度では交通手段ごとに補助制度が用意されており，申請・受領ともに交通事業者が中心であったが，新制度のもとでは自治体や交通事業者，住民などからなる協議会が補助の申請と受領を行う。旧制度のもとでも民産官などからなる協議会が補助の受け手となる場合があったが（例えば地域公共交通活性化・再生総合事業），新制度では地域間の幹線や地域内のフィーダー路線および離島航路の維持確保についても地域協議会で策定した計画が補助対象となるなど，関係者の協議が重視される。

第二に，旧制度は，地域公共交通活性化・再生総合事業の計画事業の補助

---

8 この項の主な参考資料等は，国土交通省総合政策局交通計画課 (2011)「地域公共交通確保維持改善事業について」(http://www.mlit.go.jp/common/000145706.pdf)，および，2011 年 3 月 6 日に東京大学で開催された交通まちづくりシンポジウムにおける山口勝弘・国土交通省総合政策局交通計画課長の発表である。

地域公共交通確保維持改善事業 (生活交通サバイバル戦略)(2011年度〜)	地域公共交通確保維持改善事業に統合され 2010年度限りで廃止となった8制度
1. 地域公共交通確保維持事業 ・陸上交通の維持確保 ・離島航路の維持確保 ・離島航空路の維持確保	・地域公共交通活性化・再生総合事業 ・地方バス路線維持対策 ・離島航路補助 ・地域公共交通維持・活性化推進費の一部（離島航空路）
2. 地域公共交通バリア解消促進事業 ・地域鉄道の安全性向上に資する設備の整備等を支援 ・ノンステップバス、リフト付きバス、福祉タクシー、福祉タクシー共同配車センターの導入を支援 ・旅客船、鉄道駅、旅客ターミナルのバリアフリー化等を支援 ・バリアフリー化されたまちづくりの一環として、LRT, BRT, ICカードの導入、バスロケーションシステムの導入等を支援	・鉄道軌道輸送対策事業費補助 ・LRTシステム整備費補助 ・交通施設バリアフリー化設備等整備費補助の一部（鉄道） ・公共交通移動円滑化設備整備補助（バス）
3. 地域公共交通調査事業 ・地域の公共交通の確保維持改善にかかる計画の策定調査の事業 ・地域データの収集・分析費、住民・利用者アンケートの実施費、専門家の招聘費、地域住民への啓発事業の費用、短期間の実証調査費等が対象	・地域公共交通活性化・再生総合事業のうち、調査事業

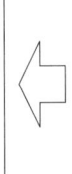

出典：国土交通省総合政策局交通計画課（2011）「地域公共交通確保維持改善事業について」より作成。

図5.1　地域公共交通確保維持改善事業と旧地域公共交通関連制度

対象期間が3年間であるなど，期間限定の立ち上げ支援の性格を有していたのに対し，新制度には補助対象期間の限定がない。

　第三に，旧制度の地方バス路線維持対策費の対象が広域幹線（地域間幹線）等に限定されていた一方，新制度のもとでは，広域幹線に加えて幹線交通と密接な地域内フィーダー路線（DRTも含む）についても運行支援対象となっている。また，広域幹線の判定条件が緩和され，複数市町村の判定条件が2000年度末となり，距離要件（10km以上）が廃止されている。新制度での補助対象路線の要件を表5.2，表5.3にまとめる。

表 5.2　補助対象となる地域間幹線路線の要件

1. 広域性	複数市町村にまたがる系統であること。複数市町村の判定基準は2000年度末
2. 幹線性	都道府県庁所在地や広域行政圏の中心市町村およびそれに準ずる市町村への需要に対応するもの
3. 多頻度性	運行回数が3回以上／日で計画されていること。ただし，都道府県協議会が認めた場合は，平日1日あたりの運行回数が3回以上で計画されているもの
4. 輸送量が一定の範囲	輸送量が15人～150人／日と見込まれること（既存系統であって，2ヶ年度連続して実績が15人未満／日または150人超／日の場合は補助対象外）
5. 公共性	公的な支援がなければ確保維持が困難なものであること（経常赤字が見込まれること）（ただし，既存系統で，過去2ヶ年度連続して経常黒字となった運行系統は対象外）
6. 地域の合意	都道府県協議会注1による議論を経た生活交通ネットワーク計画に確保または維持が必要な運行系統として記載されていること（住民や利用者の意見を反映させることも必要注2）
7. 効率的・効果的なサービスの確保	品質・価格・企画等を踏まえて運送予定者が選定されること

注1：都道府県が主催する。既存の類似協議会を地域協議会と見なすこともできる
注2：住民や利用者の代表を協議会の構成員に加えるか，アンケートやヒアリングを実施する，もしくは公聴会やパブリックコメントを実施する等のいずれかの手順を経る必要がある
出典：国土交通省総合政策局交通計画課（2011）「地域公共交通確保維持改善事業について」より作成。

　第四に，旧制度では，運行（航）欠損額を事後的に補填する形での補助がなされていたのに対し，新制度では，効率化された標準的な事業費等を前提とした事前算定方式が採用されている。つまり，費用や収入の事後的な増減が補助対象事業者に帰属することになるため，費用削減や収入増加のインセンティブが働くこととなる。事業者の経営努力で益が出たとしても，事前に受けていた補助金を返納する必要がないため，このことがインセンティブとなる。逆に，事業者の経営努力が不足してマイナスが発生しても，追加の補助金が支給されるわけではない。

　第五に，旧制度では，対象となる広域幹線は，地域協議会で検討して都道府県知事が系統を指定することとなっていたのに対して，新制度では，広域

5章 地域公共交通における財政負担と財源

表5.3 補助対象となる地域内フィーダー路線の主な要件

1.「補助対象地域間バス系統のフィーダー注1」または「交通不便地域の移動を確保するフィーダー」	補助対象地域間バス系統を補完するものであること，または，過疎地域など交通不便地域注2の移動確保を目的とするものであること
2. 幹線アクセス性	補助対象地域間バス系統，鉄軌道，航路及び航空路へのアクセス機能を有するものであること
3. サービス充実性	新たに運行，または，公的支援を受けるものであること（2011年度より新規に実証運行若しくは本格運行を開始する系統，または新規に地方公共団体が支援を開始する系統であること）
4. 公共性	公的な支援がなければ確保維持が困難なものであること（経常赤字が見込まれること）
5. 地域の合意	市町村協議会注4による議論を経た生活交通ネットワーク計画に確保又は維持が必要な運行系統として記載されていること（住民や利用者の意見を反映させることも必要注5）
6. 効率的・効果的なサービスの確保	品質・価格・企画等を踏まえて運送予定者が選定されること

注1：フィーダーとは，バスの停留所，鉄軌道駅，海港及び空港において，地域間交通ネットワークと接続（注3）するという意味。
注2：半径1km以内にバスの停留所，鉄軌道駅，海港および空港が存しない集落及び市街地その他の交通不便地域として地方運輸局長が指定する地域。
注3：接続とは，バス停留所相互又はバス停留所と鉄軌道駅，海港または空港との近接・共有，乗り継ぎに適したダイヤの設定，乗り継ぎ割引の設定など，乗り継ぎ円滑化のためのいずれかの措置が講じられていること。
注4：市町村が主催する。既存の類似協議会（地域公共交通活性化・再生法の法定協議会等）を地域協議会と見なすこともできる。
注5：住民や利用者の代表を協議会の構成員に加えるか，アンケートやヒアリングを実施する，もしくは公聴会やパブリックコメントを実施するなどのいずれかの手順を経る必要がある。
出典：国土交通省総合政策局交通計画課（2011）「地域公共交通確保維持改善事業について」より作成。

幹線系統については都道府県協議会で検討し生活交通ネットワーク計画に記載，地域内フィーダー系統については市町村協議会で検討し生活交通ネットワーク計画に記載という方式となっている。

第六に，旧制度のもとでは，確保維持において都道府県による協調補助が必須となっていたが，新制度では都道府県以外の者による負担も可能となった。

第七に，旧制度では，バリアフリー化への支援が鉄道，バスなどのモードごとに行われていた一方，新制度は，公共交通のバリアフリー化を一体的に

支援しようとしている。加えて，LRT や IC カード，バスロケーションシステムの導入なども補助対象になるなど，支援対象が拡大されている。

　地域公共交通確保維持改善事業（生活交通サバイバル戦略）の開始により，国の地域公共交通関連予算総額が前年度比 1.42 倍増となったほか，国庫補助対象が地域内フィーダー路線等にも拡がり，補助金額の事前算定方式によるインセンティブ向上の仕組みが導入され，利用者・住民を交えた合意形成が重視されるなど，地域交通政策は一大転換期を迎えたともいえる。この新しい制度を上手に活用して，各地域が，課題解決に向けた戦略的な取り組みを展開することを期待したい。

2.3　都道府県の単独補助制度

　多くの都道府県では国の制度を補完あるいは増強すべく単独補助制度を設定している。適用範囲や内容は都道府県毎に大きく異なっているが，例えば和歌山県では 2009 年度から，公共交通空白地域におけるコミュニティバスや乗合タクシー，過疎地有償運送の導入の支援と，公共交通廃止代替としてのコミュニティバス等の導入の支援を目的に「人口減少地域等交通活性化・再生支援事業」を実施している[9]。具体的には，生活交通路線としての公共交通が廃止される地域や，公共交通空白地域を含むバス路線の再生を図る場合においては，国の地域公共交通活性化・再生総合事業を活用する事業に対して，県が追加の支援を行う。これにより，補助の分担関係は国が 2 分の 1，県が 4 分の 1（上限 600 万円），市町村等が 4 分の 1 となる。また，公共交通空白地域を含む地域においてコミュニティバス等を新たに導入する場合には，車両購入費や設備整備費の 2 分の 1（上限 150 万円）が県の単独補助として当該市町村へ手当てされる。「人口減少地域等交通活性化・再生支援事業」の 2009 年度当初予算額は 2400 万円である。なお，和歌山県は先述の

9　和歌山県企画部地域振興局総合交通政策課提供資料。

国庫補助「生活交通路線維持に係る補助」への協調補助も行っており，その額は2008年度で約1億5063万円，対象となった系統数は42本であった。

2.4　市町村の単独補助制度

2001年度の制度改正により，第二種生活路線や第三種生活路線への国庫補助制度が廃止され，市町村の財政負担や作業量等は拡大した。単一市町村内の路線は国庫補助「生活交通路線維持費補助金」の対象外とされ，補助する場合は市町村単独で行うことになっていた（2011年度より変更された。本章第2節第2項参照のこと）。ただし，支出の8割を特別地方交付税で賄うことができた[10]。一方，このような制度改正は，バスの分野において地方自治体を政策の主体とするような地方分権化が進んだことを意味する[11]。すなわち，市町村や地域住民が「わが町のバスをどうするか」を主体的に考えるべき時代が到来したものと考えることができる。市町村には，憲法第25条に鑑み，住民の健康で文化的な最低限度の生活水準を担保するための生活公共交通サービス水準を把握し，その上で，あるべき総合交通体系を計画・実現していく責務があるといえる。

2.5　市町村の負担状況

国土交通省中部運輸局自動車交通部が2007年度に実施したコミュニティバスに関するアンケート調査（管内190市町村対象）によると，1人を1回輸送するのに発生する経費に占める自治体負担額は，平均で741円となっている（図5.2）。中にはタクシー料金以上の負担をしている場合もある[12]。

10　土木学会（2006）pp.294-295。
11　寺田（2005）。
12　中部地域公共交通研究会編著（2009）p.46。

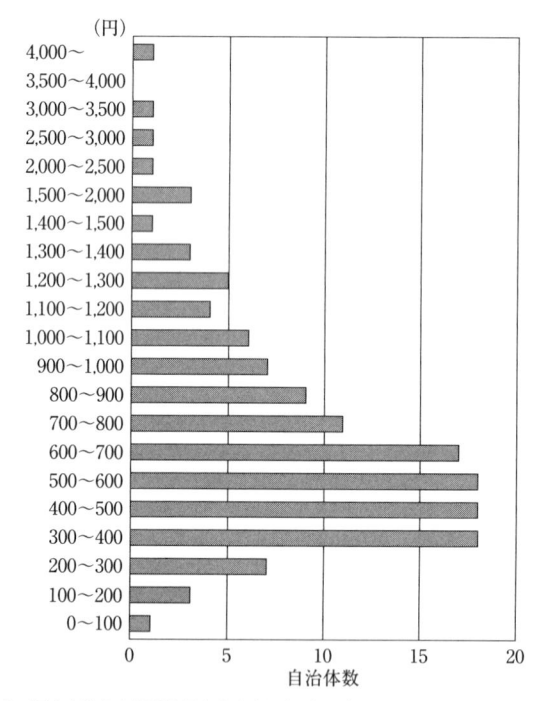

```
(円)
4,000～              |▌
3,500～4,000         |
3,000～3,500         |▌
2,500～3,000         |▌
2,000～2,500         |▌
1,500～2,000         |▍
1,400～1,500         |▌
1,300～1,400         |▍
1,200～1,300         |████
1,100～1,200         |███
1,000～1,100         |█████
  900～1,000         |██████
  800～900           |████████
  700～800           |██████████
  600～700           |████████████████
  500～600           |█████████████████
  400～500           |█████████████████
  300～400           |█████████████████
  200～300           |██████
  100～200           |██
    0～100           |▌
```

0　　　5　　　10　　　15　　　20
自治体数

出典：国土交通省中部運輸局自動車交通部 (2008)。

図5.2　コミュニティバス利用者 1 人あたりの公的補助額

3. 和歌山県橋本市の事例

3.1　橋本市の地域公共交通

ここで，和歌山県橋本市を例に，地域公共交通確保の具体例について紹介する[13]。

橋本市は和歌山県東部の中心都市であり，2005 年国勢調査の人口は 6 万

13　橋本市総務部市民安全課および健康福祉部いきいき長寿課へのヒアリング調査（2009 年 8 月 27 日実施）と，その際に提供頂いた資料および現地調査結果をもとに執筆している。関係者の御協力に深く感謝する次第である。

図5.3 橋本市コミュニティバス
（2009年8月27日撮影）

図5.4 橋本市民病院と無料送迎バス
（2009年8月27日撮影）

8529人，面積は130.31km^{2}である。紀ノ川沿いに旧橋本市と旧高野口町の歴史ある市街地があり，また，南海電気鉄道で大阪市中心部まで45分程度で到達できることから丘陵部にはニュータウンが形成されている。山間部等には小さな集落が点在している。

鉄道としてはJRの和歌山線と南海電気鉄道の高野線があり，橋本駅で接続している。また，南海りんかんバスと和歌山バス那賀が路線バス事業を展開し，市も有料のコミュニティバスと，市民病院へのリフト付き無料送迎バスを運行している（図5.3，図5.4）[14]。鉄道とバスの路線図を図5.5に示す。タクシー事業者としては橋本タクシーほか3社があり，福祉有償運送を実施しているNPO法人等も2011年4月現在10団体ある。

3.2　橋本市のコミュニティバス

橋本市の市民病院はもともと旧市街地にあったが，2004年11月に約6km離れた丘陵上へと移転した。これを受けて，市民病院への交通手段を確保する必要が生じ，また高齢者などの交通弱者の買い物や通院，公共施設への交通手段確保，そして2006年3月に合併した高野口町から市役所への交通手

14　市内の主要医療機関の一つである紀和病院も，橋本駅や高野口，橋本市山田・吉原地区，かつらぎ町方面へ無料の送迎バスを運行している。

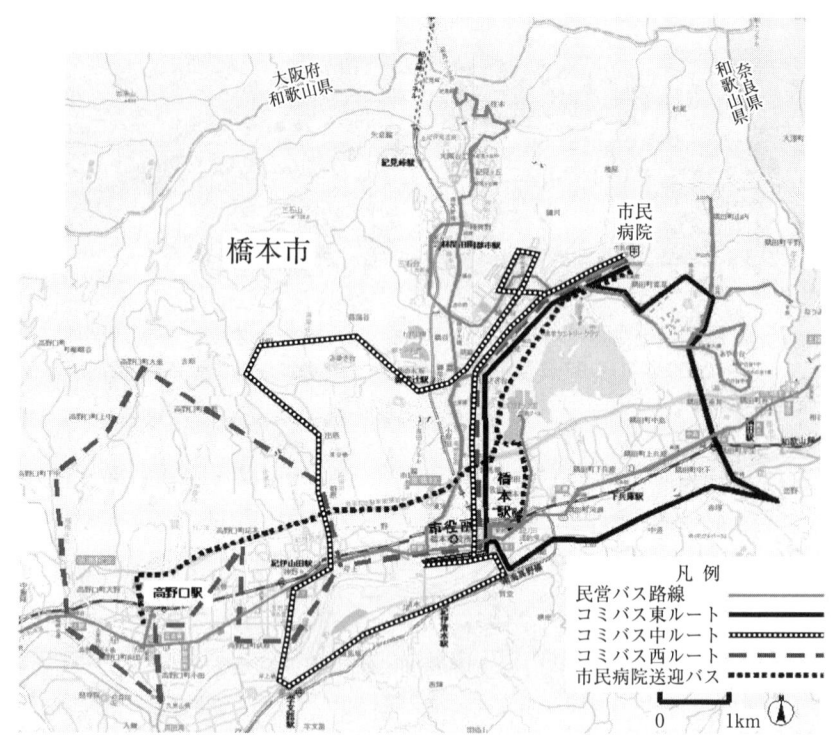

注：コミュニティバスと送迎バスの路線については簡略化して表記している。

図5.5　橋本市の鉄道とバスの路線図（2009年9月現在）

　段の確保の必要性を勘案して運行されているのが，橋本市のコミュニティバスである。運行主体は橋本市だが，実際の運行は南海りんかんバスに委託されている。

　2011年6月現在，東・中・西の三つのルートがあり，いずれも1日4便の運行となっている。使用車両は2台であり，いずれも定員12名でバリアフリー化はなされていない。バス停はおおむね1km毎に設置されている。ダイヤは市民病院の午前の診察受付時間に合わせて設定されている。

　路線は，利用者減少によって廃止された旧路線を復活したものに，新たなルートを加えたものとなっている[15]が，その設定においては，民間バス路線

にできるだけ影響を与えないような配慮がなされている。例えば和歌山バス那賀が路線を有する国道24号上の一部区間にはあえてバス停が設置されておらず、また、橋本駅などの鉄道駅前へ直接乗り入れる路線も設定されていない。

1乗車あたりの運賃は大人200円、中学生以下の小児100円で、身体障がい者手帳等の提示者は半額となっている。

3.3　橋本市における地域公共交通への財政負担と財源

コミュニティバスの利用者数は増加傾向にあり、2006年度は8815人、07年度は1万3249人、08年度は1万5160人、09年度は1万6219人となっている。1便あたりの利用者数で見ても、2006年度は3.7人、07年度は4.5人、08年度は5.2人、09年度は5.1人と推移しており、最も利用者の多い中ルート（2009年度は1便あたり6.8人の利用）においては2008年度に16回の積み残しが発生するほどであった[16]。

このように順調に利用者数を伸ばしてきたコミュニティバスであるが、収支均衡にはほど遠い状況にある。2008年度のコミュニティバス運行費用は約2159万円で、運賃収益が約275万円であり、差額である約1884万円を橋本市が補助金として支出している。うち2割が市の一般財源、8割は特別地方交付税交付金で賄われている。利用者1人あたりの補助金は、2006年度が1900円、2007年度が1486円、2008年度が1243円、2009年度が1288円と減少傾向にある。

橋本市では、民間バス路線に対する補助も行っている。該当路線は南海りんかんバスの紀見線（橋本駅前〜紀見峠、平均乗車密度1.7）と平野線（橋本駅前〜平野、平均乗車密度0.6）であり、いずれも不採算であるが、橋本市内で完結する路線のため市が単独で年間870万円程度の補助を行ってい

15　旧路線や旧バス停名を踏襲することにより、地元住民にとってわかりやすく、また警察との協議もしやすいというメリットが生じる。
16　積み残しは、特に月曜朝の市民病院行きにおいて多く、現在は南海りんかんバスの好意で予備の小型バス車両を充当している。

る。同市内には以前，隣町に通ずる九度山線（高野口駅前〜九度山駅前〜河根小学校前，平均乗車密度は 0.1）があり，市が補助をしていたが，2009 年 3 月末で廃止となった。九度山町からコミュニティバス化の要請があったものの協議が調わなかった。なお，和歌山バス那賀の橋本線（和歌山市駅前〜橋本駅前，平均乗車密度 4.8）も不採算であるが，これに対しては「生活交通路線維持に係る国庫補助制度」に基づき，国と県による協調補助が行われていて，市からの負担はない。

鉄道に対する市からの補助金としては，策定済みの「橋本市交通バリアフリー基本構想」に従って，橋本駅のバリアフリー化を進めるためのものがある。

福祉有償運送についても，市からの補助金の支出はない。ただし，赤字を出しながらもボランティア精神で事業を継続している NPO 法人もあることや，需要に供給が追いついていない状況を考えると，ゆくゆくは何らかの公的支援制度の創設が必要となってくるものと考えられる。

なお，市では高野口町の山間部にある二つの集落から数 km 離れた小学校への通学のためにタクシーを借り上げているほか，隅田地区においても小学校への通学のためにバス運賃の半額補助を実施している。これらの他にも市が定期券の補助をしている地区がある。

3.4　橋本市における地域公共交通活性化再生総合事業の活用と課題解決

橋本市の地域公共交通，特にバス等が抱える問題点を列挙してみよう。まず，コミュニティバスにおいては，定員が 12 名と少ないために積み残しが発生しており，予備車両がないことも弱点となっている。午前便に比べて午後便の乗車が少ないことや，西ルートでは 1 周に 100 分を要するといった経路の冗長性の緩和の解消も課題となっている。また，コミュニティバスの導入によって，高野口町の山間部や旧バス路線沿いなどの交通空白状態は一定程度解消されたものの，市内には交通空白地帯がまだ残っており，いくつかの集落からコミュニティバス運行等の要望が出ているが，現状の車両数では十分応じることができていない。こういった問題を解決するためには新たな

車両の導入が必要であるが，仮に乗車定員 25～30 名程度の新型バスを導入するならばその費用はおおむね 1800 万円／台となる。市民病院が企画し運行している無料送迎バスとの協調も大きな課題の一つであろうし，タクシーや民営バス，鉄道，福祉有償運送との役割分担や連携も大きな課題となってくる。民間路線バスにおいては，市が単独補助をしている紀見線と平野線について，将来的にコミュニティバスに転換される可能性がある。

　橋本市では，こういった課題に取り組むため，2009 年 9 月から市独自の事前調査を実施した上で，法定協議会を立ち上げ，2010 年度に国の「地域公共交通活性化再生総合事業」に申請し，橋本市地域公共交通総合連携計画を策定した。地域公共交通確保維持改善事業の創設を受け，2011 年 6 月には連携計画に必要な修正を加えて橋本市生活交通ネットワーク計画とした上で，実証運行の実施等を行う予定である。例えば，より大きなバス車両を新規導入することで，増便や，積み残しの解消等が目指される。また，公共交通空白地帯の解消に向け，計画期間中にバス停 300m 圏内人口を 90％（現在は 81.6％）とするという目標を掲げ，デマンド型交通手段の導入や，無料送迎バスとの連携も含めたバスネットワークの最適化が目指される。この計画では，地域住民参画のもとで地域公共交通確保に関する理念や明確な目標，そして評価指標が設定され，それらをふまえた事業計画が策定され，スパイラル PDCA によって継続的に改善していくこととされている[17]。

　また，今後は市の交通政策担当体制を強化することも必要となろう。交通政策については，高野口町との合併前には市民部生活環境課が，合併後は総務部市民安全課が担当してきたが，現在のところ交通政策に専念する課や係は置かれていない[18]。橋本市に限らず，わが国各地ではコミュニティバス化

17　橋本市（2011）。
18　わが国の自治体ではこのような状況が一般的であり，例えば和歌山県内 30 市町村の 2009 年 4 月末現在の交通担当を見ると（カッコ内は市町村数），交通政策課（1），市民防災課（1），市民安全課（1），総務課（9），総務政策課（6），総合政策課（1），政策調整課（1），企画公室（1），企画課（2），経営企画課（1），企画政策課（1），企画広報課（1），企画財政課（1），建設課（1），産業建設課（1），商工観光課（1）となっていて，バラエティの豊かさが交通政策の扱いの軽さを示している。「交通政策」と名のつく課は一つ（和歌山市），係も一つのみ（紀の川市）である。

等の中で市町村の事務作業量や必要とされる専門知識が増え，また市町村合併に伴って管轄する地理的範囲も拡がっている。広大な市町村域をくまなく回って住民の声を聞き，交通事業者と調整し，バス停のメンテナンスを行いつつ，地域公共交通確保に向けた情報収集や分析，財政制約を踏まえた戦略的取り組みの展開へと奔走する必要もある中，このような状況でよいだろうか。交通政策を専門に担当する課や係を置き，域内の鉄道，バス，福祉輸送，通学輸送，バリアフリー化等を統合的に計画し実行していくことが望まれる。

4. おわりに

以上のように，地域公共交通を巡っては様々な国庫補助制度や都道府県単独補助制度が用意され，市町村も独自の財政負担をしている。2010年度までの地域公共交通に関する八つの国庫補助制度の補助額は年間220億円程度であった。2011年度にはじまった地域交通維持確保改善事業の予算額は305億円であり2010年度比1.42倍の大幅な増となった。

しかし道路整備には1兆4800億円あまり，比率にして約22.0％もの予算がついている。わが国の道路整備水準は先進国に相応しい水準に達しているが，農道・林道に限っても2005年8月までのわずか1年間だけで約1560km（幅員4m以上に限定しても約810km）延びており[19]，その整備に要した費用は数千億円規模と推測される。

今後は，鉄道，バス，タクシー，STSといった地域公共交通の社会的価値をより高く評価し，財源の配分先をさらに大きく見直すべきではないか。一般財源化された道路特定財源のより多くの部分を環境・社会・経済に優しい地域公共交通の整備・維持に使うなどの取り組みが求められる。

---

19 農林水産省資料「農道・林道整備状況調査」(http://www.maff.go.jp/j/tokei/kouhyou/noudou_rindou/index.html)。

参考文献

国土交通省中部運輸局自動車交通部(2008)「地域交通におけるコミュニティバスの役割増大,事業評価がますます重要に —中部におけるコミュニティバスの現状と課題—」(http://wwwtb.mlit.go.jp/chubu/kisya008/jikou081126.pdf)

中部地域公共交通研究会編著(2009)『成功するコミュニティバス —みんなで創り,守り,育てる地域公共交通—』学芸出版社

寺田一薫(2005)『地方分権とバス交通 —規制緩和後のバス市場—』勁草書房

土木学会(2006)『バスサービスハンドブック』丸善

橋本市(2011)「橋本市生活交通ネットワーク計画」

6章
地域公共交通の社会的価値の計測
― 費用対効果分析の実例 ―

1. 費用対効果分析とは[1]

　事業を行う際には，実施による社会的なメリットとデメリットを認識しておくことが望まれる。過疎地域や地方小都市の地域公共交通にかかわる事業においても，それは同様である。そこで本章では，地域公共交通の事業にかかる，社会的なメリット・デメリットの計測手法の一つである費用対効果分析について論じる。

　費用対効果分析とは，事業（本章の場合は，貴志川線を鉄道として存続させるという事業）に必要な土地購入費等の費用に対する効果（同，所要時間の節約や交通事故防止，地球温暖化防止など）を，社会経済上の効率性の観点から分析する手法である。費用対効果分析は，ある年次を基準として，withケース（ある事業が実施される場合）と，withoutケース（実施されない場合）のそれぞれについて，期間内の費用と効果が算定・比較され，事業実施の望ましさが分析・評価される。

　本章では，費用対効果分析の手法を用いて，貴志川線存続という事業が実

---

[1] 本節の内容は，主として運輸省鉄道局監修（1999）を参考にした。

施された場合と，実施されなかった場合（廃線された場合）について，費用と効果を推定し，分析を行いたい。

なお，本章での with ケースと without ケースは次の通りである。

> with ケース　　：「貴志川線の鉄道としての存続」という事業を実施した場合
> without ケース：「貴志川線の鉄道としての存続」という事業を実施せず，廃線した場合

費用対効果分析は，①費用便益分析，②費用対効果分析，の2段階で構成される。

①費用便益分析（Cost Benefit Analysis）は，様々な公共プロジェクトにおいて，経済的効率性を評価するために用いられている最も基礎的な方法である。ただし，貨幣換算で表示することが可能な効果のみを計測する段階である。

②費用対効果分析は，費用便益分析では十分に説明できない事業の意義を明らかにするために，貨幣換算が難しい効果を金額表示以外の方法によって定量的ないし定性的に記して，この効果と費用とを比較する段階である。

なお，便益とは，ある状態変化によって得られる効用（満足感）の増大分を貨幣価値換算して表現したものである。例えば，貴志川線を鉄道として存続させることによって並行道路の渋滞悪化が抑制されたとすれば，並行道路を走行するドライバーは所要時間節約という効用（満足感）を得ることができる。この満足感を，何らかのルールで金額換算してやれば，その金額は「貴志川線存続による所要時間節約便益」となるのである。そして，人々の便益額を足し合わせたものが，社会全体にとっての便益額となる。

2. 貴志川線存続による効果項目

貴志川線が廃止されても，人々は通勤・通学や買い物，通院といった様々な活動のために，バスやマイカーなどの交通手段で移動する。貴志川線廃止

後も移動に対する人々のニーズが変わらないとすれば，次のような影響が発生するものと考えられる。

① 貴志川線沿線の主要な道路の自動車交通量が増え，速度が落ちる。これにより，貴志川線利用からバスやマイカー利用に転換した人々だけにではなく，もともと道路を使っていた人々や，沿線に居住する人々，そして地球環境全体に次のような影響が及ぶ。

①-a 所要時間が増加し，移動のための時間損失が発生する。

①-b 自動車の燃費は，時速60〜80kmを頂点とし，速度が落ちるに従って急激に悪化する。したがって，貴志川線廃止で並行道路の走行速度が落ちると自動車の走行経費が増大する。

①-c 環境汚染物質（窒素酸化物，浮遊粒子状物質など）や地球温暖化ガス（二酸化炭素）の排出量は，自動車の速度の低下によって増大する。

② バスは，一般的に鉄道よりも速度が遅い。貴志川線廃止後，バスに乗る人々は，所要時間増加による時間損失を被ることになる。

③ 鉄道は，自動車よりも環境汚染物質や地球温暖化ガスの発生が少ない。貴志川線の廃止は，これらの物質の排出量増大に直結する。

④ 1時間に2両編成が往復数本しか走らない貴志川線の騒音は，ひっきりなしに車が走行する道路の騒音よりも少ない。貴志川線の廃止は，騒音の増大につながる。

⑤ 交通安全面から見て，自動車は鉄道よりもはるかに劣る。貴志川線の廃止によって，沿線地域の交通安全性が悪化し，治療費や保険料負担などの経済損失が発生する。

⑥ バスの運賃が貴志川線よりも高く設定されれば，その分，交通費が増加する。

⑦ 貴志川線利用からマイカー利用に転換する人々は，目的地に駐車場を確保しなければならない。もしくは，職場や学校が駐車場を新増設しなければならない。

⑧ 「自分が高齢になったときのために残しておきたい」といった価値や，「地域のシンボルとして大切に思っている」といった価値など，金額では表現しにくい価値が失われる。

以下では，貴志川線を鉄道として存続させる場合と，廃線しバスに転換する場合の社会的な便益額と費用額を，国土交通省の『費用便益分析マニュアル』[2]や「鉄道プロジェクトの費用対効果分析マニュアル」[3]を参考にしながら算定する。ただし，適宜，「運輸システムの高度化によるCO_2排出抑制に関する研究」等，上記マニュアル以外の文献の分析手法等を採用しており，

表6.1 貴志川線廃線後のケース設定

	ケース1	ケース2	ケース3
バスの運行本数	現行より1本／時増便	現行より1本／時増便	現行通り
バスの運賃水準	現行通り	現行の1.5倍に値上げ	現行の1.5倍に値上げ
バス転換率[注1]	68.66%	45.77%	39.91%
通勤客	60%	35%	20%
通学客	80%	70%	70%
その他の客	70%	40%	40%
マイカー転換率[注2]	31.34%	54.23%	60.09%
通勤客	40%	65%	80%
通学客	20%	30%	30%
その他の客	30%	60%	60%
「南海貴志川線沿線交通量調査概要報告書」との対応	17ページ，ケース③のうち「運賃：現行水準，本数：1本/h増便」のケースに相当	17ページ，ケース③のうち「運賃：1.5倍値上げ，本数：1本／h増便」のケースに相当	13ページの問4-2の(c)，「運賃：1.5倍，本数：現在と同じ」のケースに相当

注1：バス転換率とは，貴志川線利用者のうち，廃線後はバスを利用する人の割合である。
注2：マイカー転換率とは，貴志川線利用者のうち，廃線後はマイカーを利用する人の割合である。

2　国土交通省（2003）。
3　運輸省鉄道局監修（1999）。なお，本章で用いたこのマニュアルは2005年に改訂され，『鉄道プロジェクトの事業評価手法マニュアル2005』となっている。

該当部分にはその旨を明記している。

　また，貴志川線が廃線された後の交通状況として，主にバスへの転換率の違いによって，表6.1の3つのケースを設定している。いずれのケースも，「南海貴志川線沿線交通量調査概要報告書」[4]のケース設定に対応させている。

　さらに，ケース1，ケース2，ケース3に共通の前提条件を，表6.2のように設定している。

表6.2　費用対効果分析実施の前提条件

	ケース1，ケース2，ケース3共通の条件設定
バスの運行経路	貴志川町から県道13号の新道を竈山まで運行し，以北は既存の和歌山バスの路線に沿って和歌山駅東口まで運行する。ただし，途中の和歌山市西地区内で県道13号から分かれ，交通センターを経由の後，県道13号に戻るものとする
バス停数	起終点込みで23（貴志，神戸，高校前，西貴志コミュニティセンター前，西山口，県営住宅前，永山，山東，伊太祁曽，口須佐，吉礼，東高前，岡崎，西，交通センター入口，交通センター前，竈山，神前，津秦，日前宮前，向陽高校前，南太田，和歌山駅東口）
バスの乗降時間	乗車に要する時間（秒）＝1.86×乗車人数＋4.96 降車に要する時間（秒）＝2.06×降車人数＋3.07 出典：中川ら（1999） ただし，上りは乗車時間のみ，下りは降車時間のみをカウントした。また，始発バス停では乗車時間はカウントせず，終着バス停では降車時間をカウントしないものとした。
貴志川町から和歌山都心部への道路	次の5つの経路を想定 a：岡崎，神前，日前宮経由，和歌山駅（以下和駅と略記）東口まで b：岡崎，井辺，鳴神，宮街道，和駅西口経由，和歌山城前まで c：岡崎，井辺，神前，湊神前線，国体道路，和駅西口経由，和歌山　城前（以下，城と略記）まで d：岡崎，神前，湊神前線，国体道路，和駅西口経由，城まで e：岡崎，神前，島精機，湊神前線，国体道路，和駅西口経由城まで
移動ニーズ	現行通り ［トリップ数，移動目的（通勤・通学・その他）比率とも現行通り］
道路交通網	現状通り
交通信号パターン	現行通り

4　南海貴志川線対策協議会（2004）。

(表 6.2 続き)

交差点の分岐率	現行通り。すなわち，主要交差点の時間帯別の分岐率は次の通り。				
			平日朝7～9時 上り	平日夕5～7時 下り	他時間帯
	岡崎 FM 前	神前方	67.8%	57.0%	62.4%
		井辺方	32.2%	43.0%	37.6%
	井辺の岡崎団地入口	団地方	55.6%	55.6%	55.6%
		鳴神方	44.4%	44.4%	44.4%
	神前ダイソー前	島精機方	53.3%	40.4%	46.8%
		秋月方	46.7%	59.6%	53.2%
	神前の湊神前線分岐	宮前方	54.3%	51.3%	53.0%
		秋月方	45.7%	48.2%	47.0%
自動車の平均乗車人数	バス：4.87人／台（2003年度和歌山県内の乗合バスの1台1kmあたりの輸送人員。国土交通省「自動車輸送統計年報」） 乗用車：1.33人／台（国土交通省「道路交通センサス」1999年度） 小型貨物車・大型貨物車：1.23人／台（同上）				
時間価値	国土交通省（2003）「費用便益分析マニュアル」に依り，車種別の時間価値原単位として次の数値を用いた。なお，これらの原単位はドライバー，同乗者，車両，貨物の機会費用をもとに計測されたものである。詳細は，国交省道路局（2003）「時間価値原単位および走行経費原単位（2003年価格）の算出方法」を参照願いたい。 なお，1名1分あたりの時間価値として，和歌山県の2003年の事業所規模5人以上の常用雇用者の総実労働時間と現金給与支給総額から算出した35.0円を用いる場合もあり，その際にはその旨を明記している。				
	車種	時間価値原単位		車種	時間価値原単位
	乗用車	62.86円／分・台		小型貨物車	56.81円／分・台
	バス	519.74円／分・台		普通貨物車	87.44円／分・台
和歌山駅での乗り換え	「南海貴志川線沿線交通対策調査概要報告書」と「平成12年大都市交通センサス」を用い，平日・土休日別，時間帯別にJR乗り継ぎ客，徒歩客，バス・自転車で市内入りする客の割合を求めた。貴志川線廃線後は，現状バス・自転車で市内入りしていた客については，和駅での乗り継ぎ時間と和駅から公園前までのバス所要時間・運賃を勘案して，便益の変化を求めた。				
駐車場代	和歌山市内，1月1万5000円／台とした。				
貴志川線の所要時間	平日朝の上りと平日夕の下りについては，和歌山～貴志間32分とし，それ以外は同29分とした。				

3. 貴志川線存続の便益

3.1 貴志川線存続と自動車交通

貴志川線存続による便益を推定するためには，存続の場合と廃線の場合との自動車交通量や自動車の平均旅行速度（信号停止時間も含めた平均速度）を算定しておかねばならない。なぜなら，自動車交通量や平均旅行速度の変化は，出発地から目的地までの所要時間の変化に直結するだけではなく，二酸化炭素や大気汚染物質の排出量や騒音の変化，交通事故の発生頻度等の変化にもつながってくるからである。

1）貴志川線並行道路の交通量

貴志川線に並行する主要な道路の自動車交通量は，国土交通省の「道路交通センサス」で得ることもできる。しかし，最新版は平成11（1999）年度版となっているほか，調査地点数も限られている。2004年現在の自動車交通の状況をより正確に把握するためには，同センサスに頼らず，独自の情報収集を行う必要がある。

そこでWCAN貴志川線分科会が沿線住民や㈶和歌山社会経済研究所，和歌山大学生，和歌山工業高等専門学校生，大阪市立大学大学院生らの協力を得て，2004年11月15日（月）と同18日（木）に交通量調査を実施した。ただし，月曜日である15日は予備調査日と位置づけ，費用便益分析では主として18日のデータを用いることとした。また，土休日の交通量と，WCAN貴志川線分科会では調査員を配置できなかった箇所や時間帯の交通量としては，和歌山県警察本部交通管制センターよりトラフィックカウンタの1時間刻み交通量データを特別に提供頂き，活用することができた。

表6.3に，18日（木）の調査結果の概要を掲載する。

2）貴志川線廃止に伴う自動車交通量の変化

廃線による時間あたり自動車交通量の変化は，表6.4によって推定した。

主要区間における廃線前後の自動車交通量の推定結果は，図6.1の通りで

表 6.3 貴志川線並行道路の交通量（2004 年 11 月 18 日木曜日）

(台)

区間	1 時間あたり自動車交通量					
	平日午前上り		平日午後下り		その他の時間帯	
	7～8 時	8～9 時	17～18 時	18～19 時	上り	下り
県道 13 号神戸交差点～長山交差点	1,046/23	1,090/29	722/25	668/3	371/8	324/11
～長原交差点	同上	同上	同上	同上	同上	同上
～市町境界	同上	同上	同上	同上	同上	同上
～山東駅付近	776/26	868/34	772/78	662/36	276/9	347/35
～県道 9 号分岐点	同上	同上	698/56	781/66	同上	313/25
～吉礼新旧道交差点	920/30	779/54	同上	同上	327/11	同上
～東高校前交差点	同上	同上	同上	同上	同上	同上
～岡崎 FM 前交差点	703/27	602/30	565/31	661/18	250/9	298/14
～交通センター方向分岐点	583/17	534/20	377/10	479/18	266/8	237/6
～竈山駅前交差点	同上	同上	583/17	同上	同上	367/11
～神前ダイソー前交差点	710/43	750/47	783/36	821/12	578/35	557/26
～神前駅前交差点	395/26	408/26	476/15	487/7	321/21	339/11
～湊神前線分岐点	同上	同上	同上	同上	同上	同上
～日前宮前交差点	440/37	425/38	521/8	541/6	358/30	371/6
～バス通り分岐点	584/18	679/44	747/14	682/9	475/15	532/10
～宮街道交差点	同上	同上	同上	同上	同上	同上
～はるやま前交差点	117/13	182/10	220/12	210/7	95/11	156/9
～和歌山駅東口	500/25	500/25	500/25	500/25	407/20	356/18
岡崎 FM 前交差点～井辺の岡崎団地方向分岐点	296/16	219/17	454/29	347/5	241/13	323/21
～中谷病院	132/7	97/8	202/13	154/2	107/6	144/9
～鳴神の宮街道交差点	681/16	628/29	584/11	541/11	554/13	416/8
～田中町交差点	1,633/153	1,287/150	1,438/103	1,577/104	970/91	1,102/77
～和歌山駅前交差点	655	870	765	845	798	555
神前の湊神前線分岐点～ヒダカヤ前交差点	526/12	554/25	633/8	505/8	319/7	449/6
～国体道路交差点	983/29	1,031/50	940/29	840/13	691/21	668/21
～田中町交差点	1,167	1,279	1,225	1,523	1,168	932
井辺の岡崎団地方向分岐点～神前駅前	164/9	122/9	252/16	193/3	134/7	180/11
神前ダイソー前～ヒダカヤ前	983/29	477/25	307/21	334/5	372/14	219/15

注：各欄とも，小型車数／大型車数。ただし，仕分けしていない欄については合計の台数を記載している。小型車とは乗用車と小型貨物車であり，大型車とは普通貨物車とバスである。
出典：WCAN 貴志川線分科会による交通量調査（2004 年 11 月 18 日（木））ただし，宮街道の交通量は，2004 年 11 月 18 日（木）のトラフィックカウンタ収集データによる。

6章 地域公共交通の社会的価値の計測

表6.4 貴志川線廃線に伴う自動車交通量の推定式

区間	推定式
県道13号神戸交差点～長山交差点	貴志駅の利用者数（上りの場合，貴志駅の乗車客数。下りの場合，貴志駅での降車客数）
～長原交差点	甘露寺前駅以東の利用者数（上りの場合，甘露寺前駅以東各駅の乗車客数の合計－甘露寺前駅以東各駅の降車客数の合計。下りの場合，甘露寺前駅以東各駅の降車客数－甘露寺前駅以東各駅の乗車客数の合計）
～市町境界	西山口駅以東の利用者数
～山東駅付近	大池遊園駅以東の利用客数
～県道9号分岐点	山東駅以東の利用客数
～吉礼新旧道交点	伊太祁曽駅以東の利用客数
～東高校前交差点	吉礼駅以東の利用客数
～岡崎FM前交差点	岡崎前駅以東の利用客数
～交通センター方向分岐点	岡崎前駅以東の利用客数×SEPo＝①
～竈山駅前交差点	①＋交通センター前の利用客数＝②
～神前ダイソー前交差点	②＋竈山駅前の利用客数＝③
～神前駅前交差点	③×SEPn＝④
～湊神前線分岐点	④＋神前駅の利用客数＋⑧×(1－SEPg)＝⑤
～日前宮前交差点	⑤×SEPh＝⑥
～バス通り分岐点	⑥＋日前宮駅の利用客数＝⑦
～和歌山駅東口	⑦＋田中口駅の利用客数
岡崎FM前交差点～井辺の岡崎団地方向分岐点	岡崎前駅以東の利用客数×(1－SEPo)＝⑧
～田中町交差点	⑧×SEPg＝⑨
～和歌山駅前交差点	⑨＋⑩
神前の湊神前線分岐点～ヒダカヤ前交差点	⑤×(1－SEPh)
～田中町交差点	⑤×(1－SEPh)＋③×(1－SEPs)＝⑩
井辺の岡崎団地方向分岐点～神前駅前	⑧×(1－SEPg)
神前ダイソー前～ヒダカヤ前交差点	③×(1－SEPn)

SEPo：岡崎FM（ファミリーマート）前での県道13号への分岐率（下りは13号からの合流率）であり，平日午前7～9時上りは67.8%，平日午後17～19時下りは57%，その他は62.4%。
SEPn：神前ダイソー前での日前宮方向への分岐率（下りは日前宮方向からの合流率）であり，平日午前7～9時上りは46.7%，平日午後17～19時下りは59.6%，その他は53.2%。
SEPg：井辺の岡崎団地方向分岐点での鳴神方向への分岐率（下りは鳴神方向からの合流率）であり，すべての時間帯において44.4%。
SEPh：神前の湊神前線分岐点での日前宮方向への分岐率（下りは日前宮方向からの合流率）であり，平日午前7～9時上りは45.7%，平日午後17～19時下りは48.2%，その他は47.0%。

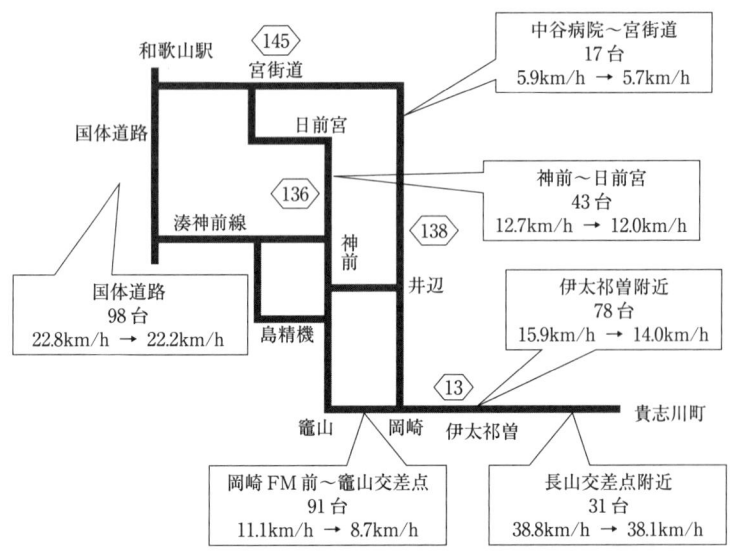

```
                           中谷病院～宮街道
           ┌145┐             17台
  和歌山駅   宮街道           5.9km/h → 5.7km/h
 ┌──────────┬──────┐
 │          │ 日前宮│
 │国体道路   │      │
 │          ├──────┤     神前～日前宮
 │         ┌136┐   │       43台
 │ 湊神前線 │   │   │     12.7km/h → 12.0km/h
 │          │ 神 ┌138┐
 │          │ 前 │    │
 │国体道路   │    │井辺│    伊太祁曽附近
 │ 98台     ├────┤    │       78台
 │22.8km/h →│島精機│    │   15.9km/h → 14.0km/h
 │ 22.2km/h │    │    │
 │          │    ┌13┐
 │          │竈山│岡崎│伊太祁曽      貴志川町
 └──────────┴────┴────┴─────────────┘

   岡崎FM前～竈山交差点        長山交差点附近
        91台                      31台
   11.1km/h → 8.7km/h       38.8km/h → 38.1km/h
```

注1：速度は，停止時間も含めた平均旅行速度である。
注2：▭内は，上から，「区間名」，「廃線で増える交通量」，「現状の速度→廃線後」を表す。

図6.1　廃線後に予想される自動車交通状況
（ケース2，平日朝8時～9時上り方向）

ある。ここでは，ケース2における平日朝8時～9時の上り方向の推定結果のみを示す。

3）貴志川線並行道路の平均旅行速度の推定

続いて，以上の交通量データと，以下で述べるK–V曲線を用いて，貴志川線並行道路の平均旅行速度の推定を行った。

一般に，自動車交通量と交通密度（ある時間に一定の道路区間上で観測される交通台数[5]，旅行速度の間には，次のような関係がある。

図6.2より，交通密度が少ない状況のもとでは，各自動車は制限速度以下であれば自由な速度で走行することができる。しかし，交通量が増え，交通密度が上がってくると，次第に速度が低下して，しまいには大渋滞の中で身動きが取れない状況に至る。

5　福田編（2002）p.129。

6章 地域公共交通の社会的価値の計測

表6.5 本章で用いたK-V曲線

適用される区間	K-V 曲線 (V は平均旅行速度，K は交通密度)	自由度 (n)	決定係数 (R2)
県道　和歌山橋本線 神戸交差点〜伊太祁曽間	$V = \dfrac{1}{(1/60 + (0.0025 \times 1.0446^K))}$	5	0.965
県道　和歌山橋本線 伊太祁曽〜森小手穂間	$V = \dfrac{1}{(1/60 + (0.0042 \times 1.0418^K))}$	4	0.992
県道　和歌山橋本線 森小手穂〜竃山間	$V = 48.4153 \times (\exp(-0.0286 \times K))$	6	0.998
県道　秋月海南線	$V = 40.8377 + (-7.6322 \times \ln(K))$	6	0.967
県道　和歌山野上線 岡崎〜井辺間	$V = \dfrac{1}{(1/60 + (0.0062 \times 1.0363^K))}$	12	0.891
県道　和歌山野上線 井辺〜太田間	$V = 30.3152 \times (\exp(-0.0143 \times K))$	64	0.676
太田〜黒田間のバス通り			
神前〜島精機〜湊神前線合流点間			
市道　井辺〜岡崎団地〜神前間	$V = \dfrac{1}{(1/40 + (0.0104 \times 1.0263^K))}$	15	0.739
県道　鳴神木広線（宮街道）	$V = 35.1708 \times (\exp(-0.0075 \times K))$	14	0.885
国体道路			
湊神前線			
県道　和歌山停車場線（けやき通り）	$V = 36.912 \times (\exp(-0.006 \times K))$	3	0.998

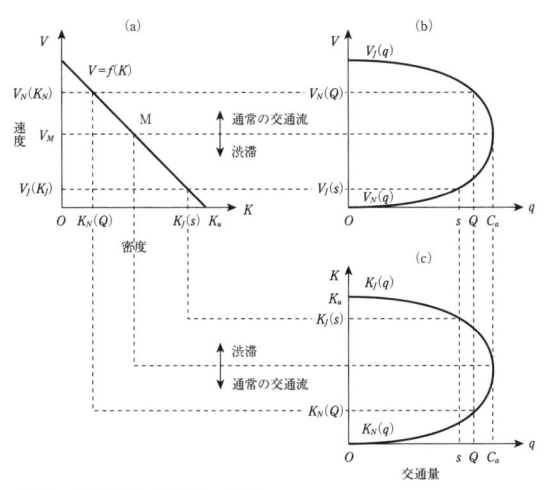

出典：山田編著（2001）p.178。

図6.2　交通量と交通密度，旅行速度の関係

表 6.6　貴志川線廃線前後の所要時間：平日朝ラッシュ時上り（和歌山市）方向

経路	発時刻	自動車の平均的所要時間（平日・朝ラッシュ・上り）			
		現在の所要時間	貴志川線廃線後の所要時間		
			ケース1（バス利用率高）	ケース2（バス利用率並）	ケース3（バス利用率低）
a) 神戸交差点から岡崎，神前，日前宮経由，和駅東口まで	平日7時台	44.7分	49.0分（+4.3分）	51.1分（+6.4分）	51.8分（+7.1分）
	平日8時台	58.3分	65.3分（+7.0分）	68.5分（+10.2分）	70.0分（+11.7分）
b) 神戸交差点から岡崎，井辺，鳴神，宮街道経由，和歌山駅前交差点まで	平日7時台	40.1分	42.4分（+2.3分）	43.5分（+3.4分）	43.9分（+3.8分）
	平日8時台	58.5分	61.8分（+3.3分）	64.0分（+5.5分）	64.9分（+6.4分）
c) 神戸交差点から岡崎，井辺，岡崎団地，神前，湊神前線，国体道路経由和歌山駅前交差点まで	平日7時台	36.1分	38.0分（+1.9分）	39.2分（+3.1分）	39.7分（+3.6分）
	平日8時台	46.6分	50.0分（+3.4分）	52.0分（+5.4分）	53.0分（+6.4分）
d) 神戸交差点から岡崎，神前，湊神前線，国体道路経由和歌山駅前交差点まで	平日7時台	41.2分	45.3分（+4.1分）	47.4分（+6.2分）	48.2分（+7.0分）
	平日8時台	54.8分	61.3分（+6.5分）	64.8分（+10.0分）	66.3分（+11.5分）
e) 神戸交差点から岡崎，神前，島精機前，湊神前線，国体道路経由和歌山駅前交差点まで	平日7時台	41.3分	45.3分（+4.0分）	47.4分（+6.1分）	48.2分（+6.9分）
	平日8時台	54.9分	61.4分（+6.5分）	64.9分（+10.0分）	66.4分（+11.5分）
一般道バス 経路は a)	平日7時台	32分（電車）	56.8分（+24.8分）	58.0分（+26.0分）	58.8分（+26.8分）
	平日8時台	32分（電車）	73.0分（+41.0分）	75.3分（+43.3分）	77.0分（+45.0分）

表 6.7 貴志川線廃線前後の所要時間：平日タラッシュ時下り（貴志川町）方向

経路	発時刻	自動車の平均的所要時間（平日・タラッシュ・下り）			
		現在の所要時間	貴志川線廃線後の所要時間		
			ケース1（バス利用率高）	ケース2（バス利用率並）	ケース3（バス利用率低）
a) 和駅東口から日前宮，神前，岡崎経由神戸交差点まで	平日17時台	41.1 分	44.1 分（+3.0 分）	45.2 分（+4.1 分）	45.5 分（+4.4 分）
	平日18時台	45.3 分	48.6 分（+3.3 分）	49.7 分（+4.4 分）	50.1 分（+4.8 分）
b) 和歌山駅前交差点から宮街道，鳴神，井辺，岡崎経由神戸交差点まで	平日17時台	28.3 分	28.7 分（+0.4 分）	29.0 分（+0.7 分）	29.0 分（+0.7 分）
	平日18時台	29.9 分	30.1 分（+0.2 分）	30.3 分（+0.4 分）	30.4 分（+0.5 分）
c) 和歌山駅前交差点から国体道路，湊神前線，神前，岡崎団地，井辺，岡崎経由神戸交差点まで	平日17時台	30.8 分	31.5 分（+0.7 分）	31.9 分（+1.1 分）	32.1 分（+1.3 分）
	平日18時台	30.8 分	31.4 分（+0.6 分）	31.7 分（+0.9 分）	31.9 分（+1.1 分）
d) 和歌山駅前交差点から国体道路，湊神前線，神前，岡崎経由神戸交差点まで	平日17時台	33.9 分	36.6 分（+2.7 分）	37.5 分（+3.6 分）	37.8 分（+3.9 分）
	平日18時台	33.2 分	35.9 分（+2.7 分）	36.7 分（+3.5 分）	37.0 分（+3.8 分）
e) 和歌山駅前交差点から国体道路，湊神前線，島精機前，神前，岡崎経由神戸交差点まで	平日17時台	33.2 分	35.5 分（+2.3 分）	36.1 分（+2.9 分）	36.3 分（+3.1 分）
	平日18時台	32.5 分	34.8 分（+2.3 分）	35.4 分（+2.9 分）	35.6 分（+3.1 分）
一般道バス　経路は a)	平日17時台	32 分（電車）	50.9 分（+18.9 分）	51.4 分（+19.4 分）	51.8 分（+19.8 分）
	平日18時台	32 分（電車）	55.6 分（+23.6 分）	56.0 分（+24.0 分）	56.7 分（+24.7 分）

本章では，図6.2に示すような交通密度と速度との関係（K-V曲線）を用いて，貴志川線廃線による道路交通旅行速度の変化を推定した。貴志川線並行道路のK-V曲線の推定にあたって，道路交通量と走行速度のデータは，基本的に2004年11月15日（月）と同月18日（木）に実施した道路交通量調査および所要時間調査の実測値を用いることとし，この両日および同月14日（日）の交通管制トラフィックカウンタデータと，「平成11年度道路交通センサス」の1時間刻みデータを補完的に用いることとした。

また車線数と交通密度が同じであっても，沿道の状況によって，旅行速度は異なるものと考えられるため，本章では，表6.5に示す9通りのK-V曲線を推定し，使い分けることとした。

これらのK-V曲線と上述の前提条件を用いて，貴志川線廃線前（現状）と廃線後の所要時間を推定した。その結果を表6.6と表6.7に示す。なお，平日オフピーク時と土休日の結果は省略し，平日朝の上りピーク時間帯（午前7時～9時に和歌山駅附近に到着）の結果と，平日夕の下りピーク時間帯（午後5時～7時に和歌山市附近から出発）の結果のみを示すこととする。

3.2 貴志川線利用者の交通費節約便益の算定方法

貴志川線を廃線した場合，それまで貴志川線を利用していた人々が支払う交通費は大きく変化する。ここでいう交通費には，鉄道やバスの運賃だけではなく，マイカーの駐車料金や様々な走行経費［燃料費，オイル費，タイヤ・チューブ費，車両整備（維持・修繕）費，車両償却費等］も含まれる。

さて，貴志川線を鉄道として存続させることによって，貴志川線利用者が享受する交通費節約便益は，次の数式で表現することができる。算定結果は後に示す。

$$\text{交通費節約便益} \quad BR_r = (F_b + RC_m) - F_r \quad : (1)$$

ここで，BR_r：貴志川線存続による同線利用者の交通費節約便益（円／年）

F_b：代替バス運営事業者が得ると予想される営業収入（円／年）であ

り，次の式 (2) で算定する
RC_m：自動車の総走行経費 (円／年) であり，次々式 (3) で算定する
F_r：貴志川線の 2003 年度の営業収入 (円／年)

$$\text{バスの営業収入} \quad F_b = F_r \times R \qquad : (2)$$

ここで，R：バス転換後の運賃値上げ率であり，ケース 1 では 1.0，ケース 2 とケース 3 では 1.5

$$\text{自動車の走行経費} \quad RC_m = PC + G \qquad : (3)$$

ここで，PC：駐車場代 (円／年) であり，和歌山市中心部の月極駐車料金の相場から，18 万円 (一月あたり 1 万 5000 円) とする

G：燃料費，オイル費，タイヤ・チューブ費，車両整備 (維持・修繕) 費，車両償却費等を含む燃料費等の走行経費 (円／年) であり，表6.8 に示す原単位を用いて算定する

上式 (3) の G (自動車走行経費) については，「費用便益分析マニュアル」[6] を参考にして算定した。ただし，このマニュアルでは 5km/h きざみで

表6.8 走行経費原単位の算定式

車種と走行環境	走行経費原単位の算定式
乗用車 (市街地)	$Y = 12.7702 + (88.7922/t)$
バス (市街地)	$Y = 61.1057 + (169.388/t)$
小型貨物車 (市街地)	$Y = 30.9301 + (45.2449/t)$
普通貨物車 (市街地)	$Y = 40.3482 + (191.282/t)$
乗用車 (平地)	$Y = 9.5543 + (70.9816/t)$
バス (平地)	$Y = 46.2131 + (133.816/t)$
小型貨物車 (平地)	$Y = 23.3640 + (35.4972/t)$
普通貨物車 (平地)	$Y = 32.0943 + (143.553/t)$

Y：走行経費の原単位 (円／台・km)
t：走行速度 (km/h)

---

6 国土交通省 (2003)。

車種別に原単位を示した上で,設定速度間は直線補完するという方法を提示している。そこで,本章では算定作業を簡略化するために,マニュアルに示された数値から表6.8に示す算定式を推定し,用いることとした。

3.3 貴志川線利用者の所要時間節約便益の算定方法

貴志川線が廃線になると,それまで貴志川線を利用していた人々は代替バスやマイカー等で移動するようになり,所要時間は大きく変化する。

貴志川線を鉄道として存続させることによって,貴志川線利用者が享受する所要時間節約便益を数式で表現すると,次のようになる。算定結果は本章第4節以降に示す。

$$\text{貴志川線利用者の所要時間節約便益} \quad BT_r = BT_{ro} - BT_{rw} \quad :(4)$$

貴志川線存続時の総所要時間費用

$$BT_{rw} = \sum_{td}\sum_{e}\sum_{q} (N_{weq}^{td} \times ((1-S_{qm}^{td}) \times (T_{wep}^{td} + T_{wkp}^{td} \times K_{wk}^{td}))) \times \beta \times D^{td} \quad :(5)$$

貴志川線廃線時の総所要時間費用

$$BT_{ro} = \sum_{td}\sum_{e}\sum_{q} (N_{oeq}^{td} \times ((S_{qm}^{td} \times (T_{oem}^{td} + T_{okm}^{td} \times K_{ok}^{td})) +$$

$$((1-S_{qm}^{td}) \times (T_{oep}^{td} + T_{okp}^{td} \times K_{ok}^{td})) \times \beta \times D^{td} \quad :(6)$$

ここで,BT_r:貴志川線利用者の所要時間節約便益(円/年)
　　　　BT_{ri}:存廃i(存続の場合w,廃線の場合o。以下同じ)における貴志川線利用者の所要時間費用(円/年)
　　　　N_{ieq}^{td}:存廃i,時間帯t・方向d,駅間eにおける移動目的qの人数
　　　　S_{pm}^{td}:時間帯t・方向dにおける,移動目的qの自動車分担率
　　　　T_{iep}^{td}:存廃i,時間帯t・方向d,駅間eにおける鉄道またはバスの所要時間(分)
　　　　T_{iem}^{td}:存廃i,時間帯t・方向d,駅間eにおける自動車の所要時間(分)

T_{ikp}^{td}：存廃 i，時間帯 t・方向 d の，和歌山駅前～公園前バス停間の，乗換時間を含めたバスの所要時間。乗換時間は，和歌山駅東口から西口への徒歩による所要時間（5分）と，貴志川線（もしくは代替バス）の運行頻度から求めた。駅～公園前間は一律6分とした

T_{ikm}^{td}：存廃 i，時間帯 t・方向 d の，和歌山駅前交差点～公園前間の，自動車の所要時間

K_{wk}^{td}：存続時（i＝w），時間帯 t・方向 d，和歌山駅利用客のうちバスか自転車に（から）乗り換える人の割合（0≦K≦1）

β：和歌山県における1人1分あたり時間価値（35.0円／分）

D^{td}：時間帯 t・方向 d の年間時間数であり，平日朝上り 7～8 時と同 8～9 時および平日夕下り 17～18 時と同 18～19 時については，1 時間×242日＝242時間である。平日上下のその他の時間帯（深夜 0～5 時は除く）は，17時間×242日＝4114時間である。土休日の上下は，19時間×123日＝2337時間である。

i：鉄道存続の場合 w，廃線の場合 o

td：時間帯 t と方向 d の組み合わせ

e：和歌山駅から貴志川線内各駅までの駅間

q：通勤，通学，その他の3目的

なお，本章では，廃線で主要な踏切での待ち時間がゼロとなることも折り込んでいる。

3.4 並行道路走行者の交通費節約便益の算定方法

また，貴志川線の廃線により，従来から貴志川線並行道路を自動車で走行していた人々にも，交通費の変化の形で影響が及ぶ。ここでいう交通費には，様々な走行経費［燃料費，オイル費，タイヤ・チューブ費，車両整備（維持・修繕）費，車両償却費等］が含まれる。

また，貴志川線を鉄道として存続させることによって，並行道路走行者が享受する交通費節約便益は，次の数式で表現することができる。算定結果は後に示す。

$$\text{交通費節約便益} \quad BR_m = RC_{om} - RC_{wm} \qquad :(7)$$

ここで,BR_m:貴志川線存続による並行道路走行者の交通費節約便益(円/年)

　　　RC_{wm}:貴志川線存続時の自動車の総走行経費(円/年)であり,式(3)と同様の方法で算定する

　　　RC_{wo}:貴志川線廃線時の自動車の総走行経費(円/年)であり,式(3)と同様の方法で算定する

3.5 並行道路走行者の所要時間節約便益の算定方法

　貴志川線が廃線になると,並行道路の交通量が変化するため,従来より並行道路を走行していた人々にも所要時間の変化の影響が及ぶ。

　さて,貴志川線を鉄道として存続させることによって,並行道路走行者が受ける所要時間節約便益は,次のように式(8),(9)で表現することができる。

$$\text{所要時間短縮便益} \quad BT_m = BT_{mo} - BT_{mw} \qquad :(8)$$

$$\text{総所要時間費用} \quad BT_{mi} = \sum_{td}\sum_{j}\sum_{l}(Q_{ijl}^{td} \times T_{il}^{td} \times \alpha_j \times D^{td}) \qquad :(9)$$

ここで,BT_m:並行道路走行者の所要時間節約便益(円/年)

　　　BT_{mi}:存廃 i(存続の場合 w,廃線の場合 o。以下同じ)における並行道路走行者の所要時間費用(円/年)

　　　Q_{ijl}^{td}:存廃 i,時間帯 t・方向 d における,車種 j,区間 l の交通量(台/時)

　　　T_{il}^{td}:存廃 i,時間帯 t・方向 d における,区間 l の所要時間(分)

　　　α_j:車種 j の時間価値原単位(円/分・台)

　　　D^{td}:時間帯 t・方向 d の年間時間数。具体的な数値は式(4)を参照のこと

　　　i:鉄道存続の場合 w,廃線の場合 o

　　　td:時間帯 t と方向 d の組み合わせ

　　　l:貴志川線並行道路上に設定した各区間である。各区間の詳細は,

表 6.3 に掲載している

なお，廃線による主要踏切での待ち時間の解消も折り込んでいる。

3.6 環境便益の算定方法

貴志川線が廃線になれば，地域から排出される交通由来の二酸化炭素（CO_2）の量や，大気汚染物質である SPM（浮遊粒子状物質），窒素酸化物（NOx）の量が変化する。

1）地球温暖化防止便益

自動車1台あたりの二酸化炭素排出量は，CO_2 排出抑制研究プロジェクト[7]により，表6.9 の各式で算定した。

電気鉄道である貴志川線も，発電時に二酸化炭素を発生している。二酸化炭素排出量を推定するための方法として，交通エコロジー・モビリティ財団『運輸・交通と環境 2004 年版』に依拠し，鉄道の人キロあたり二酸化炭素排出量を 17g とすることも考えられる。しかし，この数値はわが国の鉄道の平均値であり，貴志川線のような地方鉄道路線への適用には疑問がある。そこで，本章では国立環境研究所[8]に基づき，事業用電力の生産者価格 100 万円あたりの二酸化炭素直接排出量を 5.2179C-t（炭素換算済の重量（t））と

表 6.9 自動車からの二酸化炭素排出量の算定式

車種	1台・km あたりの二酸化炭素排出量（C-g）の算定式
乗用車	$128.583 - 3.7947 \times 旅行速度(km/h) + 0.0528 \times 旅行速度(km/h)^2 - 0.0002 \times 旅行速度(km/h)^3$
小型貨物自動車	$113.352 - 2.9037 \times 旅行速度(km/h) + 0.0398 \times 旅行速度(km/h)^2 - 0.0002 \times 旅行速度(km/h)^3$
普通貨物自動車	$275.706 - 6.1349 \times 旅行速度(km/h) + 0.0749 \times 旅行速度(km/h)^2 - 0.0003 \times 旅行速度(km/h)^3$
バス	$323.448 - 7.043 \times 旅行速度(km/h) + 0.0832 \times 旅行速度(km/h)^2 - 0.0003 \times 旅行速度(km/h)^3$

注：C-g とは，炭素換算重量（グラム）のことである。
出典：CO_2 排出抑制研究プロジェクト（2000）。

7　CO_2 排出抑制プロジェクト（2000）。
8　国立環境研究所（2002）。

して，貴志川線が年間に排出する二酸化炭素量を算定した．すなわち，

貴志川線の年間二酸化炭素排出量（C-t）
$$= 5.2197 \times 2003\,年度の動力費（百万円） \qquad :(10)$$

上式で得た数値に，二酸化炭素のC-tあたり金額である2300円[9]を掛け合わせて，貴志川線の年間二酸化炭素排出額を算定した．

2) 大気汚染物質抑制便益

自動車と貴志川線が排出する主な大気汚染物質には，NOx（窒素酸化物），SOx（硫黄酸化物），SPM（浮遊粒子状物質）がある．本章では，環境自治体会議環境政策研究所[10]に倣ってNOxとSPMのみを取り上げるが，本来であればSOxも便益算定対象とすることが望ましい．

自動車からのNOxの排出量は，運輸省鉄道局監修[11]により，車種（混入率），走行速度および交通量から推定した．

ただし，同マニュアルには時速10km，20km，…，80kmの八つの算定式しか示されていない．そこで本章では，時速15km未満の場合に同マニュアルの時速10kmの算定式を，時速15km～24.99kmの場合に同時速20kmの算定式を用いる等の方法をとることとした．具体的には，表6.10によってNOx排出量を推定した．また，NOxによる影響の貨幣換算は，『鉄道プロジェクトの費用対効果分析マニュアル99』[12]に依って，表6.11に示す原単位を用いて行った．

自動車交通から排出されるSPMは，兒山・岸本[13]を参考にし，表6.12の通りとした．

貴志川線に起因するSPMは，前掲の国立環境研究所[14]に基づき，事業用電力の生産者価格100万円あたりのSPM直接排出量を1.224kgとして算出

9　環境自治体会議環境政策研究所（2004）p.43。
10　環境自治体会議環境政策研究所（2004）。
11　運輸省鉄道局監修（1999）。
12　運輸省鉄道局監修（1999）。
13　兒山・岸本（2001）。
14　国立環境研究所（2002）。

した。すなわち，

貴志川線の年間 SPM 排出量（kg）
$$= 1.224 \times 2003 年度の動力費（百万円） \quad :(11)$$

上式で得た数値に，SPM の kg あたり金額である 9 万 6200 円[15]を掛け合わせて，貴志川線の年間 SPM 排出額を算定した。

表 6.10 NOx 排出量の算定式

走行速度 （km／時）	NOx 排出量 （g／km／日）
15 未満	(0.34a + 3.79b) Q
15〜24.99	(0.29a + 3.33b) Q
25〜34.99	(0.24a + 2.87b) Q
35〜44.99	(0.20a + 2.41b) Q
45〜54.99	(0.21a + 2.16b) Q

注：
- a：小型車混入率。小型車とは乗用車と小型貨物車のことであり，小型車混入率とは自動車交通量全体に占める小型車の割合のことである。
- b：大型車（バスと普通貨物自動車）混入率。
- Q：道路の自動車交通量（台／日）ただし，a + b = 1.0

出典：運輸省鉄道局監修（1999）p.37（原典は『道路投資の評価に関する指針（案）』p.79）を参考に作成。

表 6.11 NOx の貨幣評価原単位

沿道状況		原単位（万円／トン）
DID 地区		292
その他市街部		58
非市街部	平地部	20
	山地部	1

注：1999 年価格であるが，そのまま用いた。
出典：運輸省鉄道局監修（1999），p.38。

表 6.12 自動車交通によって排出される SPM の貨幣換算

	乗用車	小型貨物自動車	バス	普通貨物自動車
自動車起因 SPM の貨幣換算	1.8 円／km	13.8 円／km	69.2 円／km	59.1 円／km

注：兒山・岸本（2001）では，乗用車，小型トラック，バス，大型トラックの4車種に分類しており，自家用貨物軽自動車は乗用車に含められている。本表では，用語統一の観点から小型トラックを小型貨物自動車，大型トラックを普通貨物自動車と表記している。また，自家用貨物軽自動車起因 SPM の貨幣換算は，小型貨物自動車のもの（13.8 円／km）で行った。
出典：兒山・岸本（2001）p.22 を参考に作成。

---

15 環境自治体会議環境政策研究所（2004）p.43。

3）騒音軽減便益

　自動車交通や鉄道から発せられる騒音は，秒以下の単位で常に変化している。貴志川線沿線住民を想定すると，電車が家の前を通過する一瞬の間は一定の騒音を被るが，電車が遠ざかるにつれて騒音は軽減され，無騒音となる。鉄道や自動車交通から発生する騒音のように，ある時間内で変動する騒音レベルを評価するための指標として，一般的に「等価騒音レベル」が用いられる（図6.3）。等価騒音レベルとは，変動する騒音レベルをエネルギー量で平均し，何デシベルの騒音に相当するかを求めたものであり，わが国でも公式的な騒音評価手法として採用されている。単位としてはdB（A）が用いられているが，これは物理的に測定した騒音の強さに，周波数の違いによる人間の耳の感覚の違いを加味して測定された騒音の大きさを表している。

　貴志川線の等価騒音レベルについては，運輸省鉄道局監修[16]に依って次のように算定した。

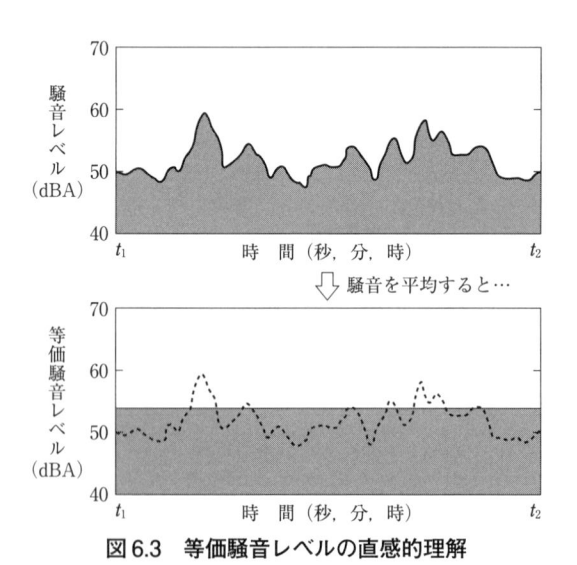

図6.3　等価騒音レベルの直感的理解

出典：リオン株式会社ホームページより作成。
（http://www.rion.co.jp/products/sound/sound00.html）

予測点での等価騒音レベル：$L_{Aeq},T = L_{AE} + 10 \cdot \log(N/T)$ ：(12)

ここで，L_{Aeq},T：貴志川線が1日に発する等価騒音のレベル
L_{AE}：1列車あたりの単発騒音暴露レベル［dB（A）］であり，式(13)によって求める
N：1日の通過列車本数であり，貴志川線の現状から76とした
T：評価時間（秒）であり，貴志川線の運行時間がおおむね午前6時～午後11時であることから，17時間×60×60＝61200秒とした

1列車あたりの単発騒音暴露レベルであるL_{AE}は，式(13)で算定した。

$$L_{AE} = \sum_i (L_{wi} - 5 - 10 \cdot \log d + 10 \cdot \log(\pi L/2v))/3 \quad :(13)$$

ここで，L_{wi}：音源iのパワーレベル［dB（A）］。音源には，転動音，構造物音，モーターファン音の3種類があり，各々のパワーレベルの求め方は次式以降で述べる

d：音源から受音点までの直線距離であり，マニュアルに従って一律7.5mとした
L：列車長であり，貴志川線で用いられている2270系電車の35.45mとした
v：列車の走行速度（1秒あたりm）であり，貴志川線の現状から時速60kmとした。秒速では約16.7mである

転動音のパワーレベル［dB（A）］（L_{w1}）については，貴志川線はバラスト軌道であるため，マニュアルに従って95とした。

構造物音のパワーレベル［dB（A）］（L_{w2}）については，式(14)で求めた。

16　運輸省鉄道局監修（1999）。

$$L_{w2} = L_{w2}(100) + 20 \cdot \log(V/100) \qquad :(14)$$

ここで，$L_{w2}(100)$：100km/h 走行時の構造物音のパワーレベル［dB（A）］であり，83〜87 であるが，本章では 85 とした。

V：列車速度（km/h）であるが，貴志川線の現状から 60 とした。

モーターファン音のパワーレベル［dB（A）］（L_{w3}）については，式（15）で求めた。

$$L_{w3} = 60 \cdot \log(nV/100) + 10 \cdot \log(LM/L) + B \qquad :(15)$$

ここで，n：車両の歯車比であり，貴志川線 2270 系車両の歯車比 6.92 を用いた。

LM：モーター搭載車両長（m）であり，2270 系車両の長さ 17.725m を用いた。

L：列車長（m）であり，前述のように 35.45m とした。

B：補正値［dB（A）］であり，外扇型モーターを用いてバラスト軌道を走行する場合の値である 62 を用いた。

以上の式を用いて，貴志川線が 1 日に発する等価騒音レベルを算定した結果は，55.94［dB（A）］である。この等価騒音レベルは，環境庁大気汚染局長が出した通知「在来鉄道の新設または大規模改良に際しての騒音対策の指針について」（平成 7 年 12 月 20 日環大第 174 号）が定める環境基準 60［dB（A）］を下回っている。このことから，本章では，貴志川線の騒音は沿線地域に影響を与えていないものと考える。列車通過の瞬間には比較的大きな騒音が出るものの，時間で均せば環境基準を下回っているのであり，貴志川線が発する騒音の貨幣換算値はゼロと見なすことができる。

②道路騒音の等価騒音レベル：道路騒音の等価騒音レベルについては，『鉄道プロジェクトの費用対効果分析マニュアル 99』（p.38）を参考にし，次の式で算定した。騒音の貨幣評価にあたっては，表 6.13 の原単位を用いた。

表 6.13 騒音の貨幣評価原単位

沿道状況		原単位(万円／トン)
DID 地区		292
その他市街部		58
非市街部	平地部	20
	山地部	1

注:1999 年価格であるが,そのまま用いた。
出典:運輸省鉄道局監修 (1999) p.39。

$$L_{Aeq},T = 22.9753 + \ln(4.3633 \times V) + 10 \times \ln(a + 4.4b) + 10 \times \ln(Q/24)：(16)$$

ここで, L_{Aeq},T：等価騒音レベル
　　　　　V：走行速度 (km/h)
　　　　　a：小型車混入率
　　　　　b：大型車混入率
　　　　　Q：道路の自動車交通量 (台／日)
ただし,a+b=1.0

3.7 交通事故防止便益の算定方法

貴志川線は,少なくとも 1990 年以降,一度も乗客死傷事故を起こしていない。1990 年 7 月 2 日に大池遊園駅付近で脱線事故 (乗客 40 名),1997 年 1 月 14 日に和歌山市和田で踏切事故 (乗客 7 名。自動車運転者 1 名が死亡),1997 年 8 月 24 日に岡崎前駅付近で踏切事故 (乗客約 40 名。自動車運転・同乗者計 2 名が軽傷),2001 年 12 月 6 日早朝に和歌山市神前で踏切事故 (乗客なし。自動車運転者 1 名に軽傷) を起こしているが,いずれも乗客に怪我はなかった[17]。わが国の鉄道全体を見ても,2000 年度の死傷者数は 1

---

17 「朝日新聞」1990 年 7 月 2 日付夕刊,「産経新聞」1997 年 1 月 16 日付朝刊,「毎日新聞」1997 年 8 月 26 日付記事および「毎日新聞」2001 年 12 月 7 日付記事による。

表 6.14　自動車交通事故リスクの貨幣換算

	乗用車	小型貨物自動車	バス	普通貨物自動車
自動車交通事故の貨幣換算	7.1 円／km	4.9 円／km	7.4 円／km	7.9 円／km

注1：自動車交通事故による人的損失と物的損失から，保険会社からの支払保険金を差し引いた金額をベースに，車種別に算出している。
注2：兒山・岸本（2001）では，乗用車，小型トラック，バス，大型トラックの4車種に分類しており，自家用貨物軽自動車は乗用車に含められている。本表では，小型トラックを小型貨物自動車，大型トラックを普通貨物自動車と表記している。また，自家用貨物軽自動車の交通事故リスクの貨幣換算は，便宜上，小型貨物自動車のもの（4.9 円／km）で行った。
出典：兒山・岸本（2001）p.26 を参考に作成。

億人キロあたり0.19人であるし，貴志川線には保安設備であるATSやCTCが整備済であることから，安全性は極めて高いものと考えられる。また，物損事故の原因も基本的に道路交通側にある。よって，本章では貴志川線が地域に及ぼす交通事故リスクをゼロと見なす。

自動車交通事故の貨幣換算は，兒山・岸本[18]を参考にし，表6.14のようにした。

4. 貴志川線存続の費用便益分析の結果

以上の方法により貴志川線存続の単年度の便益額を推定した結果を表6.15に示す。便宜上，ケース1，ケース2，ケース3の設定条件を表6.16に再掲載する。

なお，事業者便益については，南海貴志川線対策協議会「南海貴志川線沿線交通対策調査概要報告書」[19]から得ている。すなわち，貴志川線の年間の赤字額（運営費用と運営収入の差）を1億7783.8万円とした上で，ケース1では代替バス事業者の赤字額を2513.2万円（同報告書p.17のケース③：一般道バスで運賃現行水準，本数を1時間あたり1本増便），ケース2では同2360.8万円（同報告書p.17のケース③：一般道バスで運賃を1.5倍に値上げ

18　兒山・岸本（2001）
19　南海貴志川線対策協議会（2004）

表6.15 貴志川線存続による単年度の便益額

		便益額（単位：百万円）		
		ケース1	ケース2	ケース3
貴志川線からバスやマイカーに転換する人にとって	所要時間の節約	321.2	256.5	181.5
	交通費の節約	523.3	628.7	601.7
もともと沿線道路を使っていた人にとって	所要時間の節約	382.1	610.5	647.7
	交通費の節約	68.0	99.6	94.7
利用者と沿線住民すべての交通安全面から	交通事故の防止	21.5	34.6	35.8
沿線住民の生活環境と全地球的な環境に関して	大気汚染の抑制	3.5	6.8	6.8
	地球温暖化抑制	0.3	0.6	0.6
	騒音の軽減	0.9	1.5	1.5
事業者にとって	事業の収支	-152.7	-154.2	-204.2
社会的便益額の合計		1,168.0	1,484.6	1,366.3

表6.16 貴志川線廃線後のケース設定（表6.1を再掲載）

	ケース1	ケース2	ケース3
バスの運行本数	現行より1本／時増便	現行より1本／時増便	現行通り
バスの運賃水準	現行通り	現行の1.5倍に値上げ	現行の1.5倍に値上げ
バス転換率[注1]	68.66%	45.77%	39.91%
通勤客	60%	35%	20%
通学客	80%	70%	70%
その他の客	70%	40%	40%
マイカー転換率[注2]	31.34%	54.23%	60.09%
通勤客	40%	65%	80%
通学客	20%	30%	30%
その他の客	30%	60%	60%
「南海貴志川線沿線交通量調査概要報告書」との対応	17ページ，ケース③のうち「運賃：現行水準，本数：1本／h増便」のケースに相当	17ページ，ケース③のうち「運賃：1.5倍値上げ，本数：1本／h増便」のケースに相当	13ページの問4-2の(c)，「運賃：1.5倍，本数：現在と同じ」のケースに相当

注1：バス転換率とは，貴志川線利用者のうち，廃線後はバスを利用する人の割合である。
注2：マイカー転換率とは，貴志川線利用者のうち，廃線後はマイカーを利用する人の割合である。

し，本数を1時間あたり1本増便)，ケース3では黒字額2639.2万円(同報告書のケース③から，一般道バスで運賃1.5倍に値上げし，本数は現行通りの黒字額を推定)を用いている。

CO_2 は，ケース2で炭素換算約265t／年の抑制となる(貨幣換算すると約61万円)。

次に，評価期間を10年間とし，社会的割引率を4%として，現在価値での社会的費用便益を算定し，社会的費用便益比(CBR＝B/C，すなわち便益額を費用で除したもの)を求める。ケースごとの算定結果を表6.17に示す。

表6.17のように，貴志川線を鉄道として存続させる場合の社会的費用便益比は，約5〜7となる。つまり，鉄道としての存続のために地域社会が負担する費用よりも，存続によって社会が享受する便益のほうが5〜7倍大きい。

ここで，貴志川線存続プロジェクトの費用便益比を，和歌山都市圏の他の公共事業の費用便益比と比較してみよう。

和歌山都市圏の公共事業のうち，一般国道26号和歌山北バイパス整備事業の費用便益比は1.8である。また，和歌山市工業用水道改築事業の費用便益比は1.63である。前者は既に供用開始され，後者は経済産業省が補助金の交付対象として要求するなど，実施すべき事業として採択されている。費用便益比が1を越えるプロジェクトは経済的に見て望ましいと判定されるから，1.8の前者や1.63の後者の実施もまた，経済的に望ましいということになる。

貴志川線存続の費用便益比は，5〜7であり，和歌山北バイパスや和歌山市工業用水改築事業のものよりも格段に高い。すなわち，「貴志川線を鉄道として存続させる」というプロジェクトは，数ある事業の中でも特に優先して実施されるべき最重点プロジェクトに該当するのであり，廃線という選択肢は一般的にはあり得ないものと考えられる。

表6.17 貴志川線存続の社会的費用と便益の比較（10年間）

(単位：百万円)

項目		ケース1	ケース2	ケース3
鉄道利用者便益	時間節約	2,691.1	2,148.9	1,521.2
	移動費用節約	4,385.1	5,268.1	5,042.0
道路利用者便益	時間節約	3,202.0	5,115.1	5,427.4
	移動費用節約	569.5	834.4	793.4
交通安全便益	交通事故防止	179.9	290.3	300.4
環境便益	大気汚染防止	29.1	57.4	57.3
	温暖化防止	2.4	5.1	5.0
	騒音軽減	7.5	12.3	12.7
事業者便益	事業の収支	−1,279.6	−1,292.3	−1,711.3
総便益		9,787.0	12,439.2	11,448.2
運営会社への収支補填		1,279.6	1,292.3	1,711.3
初期投資費用		483.7	483.7	523.7
総費用		1,763.3	1,776.0	2,235.0
社会的費用便益比		5.55	7.00	5.12

5. 貴志川線存続の費用対効果分析

ここで，違う観点から貴志川線を鉄道として存続させるプロジェクトの妥当性を考える。

表6.18は，和歌山市が2002年度に実施した図書館，公民館，公園などの事業コストと利用者数を，2003年度の貴志川線のデータと比較したものである。利用者1人あたりのフルコスト（人件費込みのコスト）を見ると，貴志川線は0.43であり，利用者1人あたり約430円の費用がかかっていることがわかる。貴志川線の場合，コストのうち2003年度は約36.4％を営業収入でカバーしており，フルコストから営業収入を差し引いて考えれば，財政投入で維持する場合のコストは利用者1人あたり約275円となる。

一方，和歌山市の事業を見ると，東部コミュニティセンター運営事業は利

表 6.18 和歌山市の図書館，公民館，公園等の事業コストと貴志川線の比較

事業名	年間利用者数 (人)	フルコスト (千円)	利用者1名あたりの フルコスト (円)
東部コミュニティセンター事業 (教育委員会)	33,163	1,335	40
四季の郷公園管理運営事業 (施設維持管理)(産業部)	319,000	99,553	310
貴志川線 (2003年度)	1,985,000	857,902 (営業外費用込)	430
市民憩の家管理委託事業 (福祉保健部)	45,289	35,178	780
児童館運営事業 (福祉保健部)	73,786	113,116	1,530
図書館運営事業・施設維持管理事業・資料充実整理保存事業 (教育委員会)	200,937	355,474	1,770
勤労青少年ホーム一般管理事業 (産業部)	4,991	25,725	5,150
和歌山市企画部男女共生推進課主催セミナー・学習会・季節の講座にかかる事業 (企画部)	967	7,449	7,700
自動車事故対策事業 (財政部)	19	5,746	302,420

注：貴志川線を除き，2002年度である．
出典：和歌山市企画部企画総務課（2004）「平成15年度事務事業評価結果報告書」より作成．

用者1人あたり40円，四季の郷公園の管理運営には同310円だが，児童館運営事業で同1530円，図書館では同1770円の費用を要しており，勤労青少年ホームでは同5150円，男女共生関係の一連の催しには同7700円かかっている．中には，自動車事故対策事業のように，相談件数1件あたり30万2420円の費用がかかっている事業もある．ここで取り上げた事業は，和歌山市の諸事業のうち，年間利用者数とフルコストが公表されているものの中の一部であるが，取り上げなかった事業も含め，全体として，利用者1人あたりのフルコストは貴志川線よりもはるかに多額となっている[20]．

---

20 和歌山市の諸事業のフルコストや利用者数等に関するデータは，同市の行政評価シスムで閲覧することができる（http://www.city.wakayama.wakayama.jp/menu_1/gyousei/hyouka/index.html）．

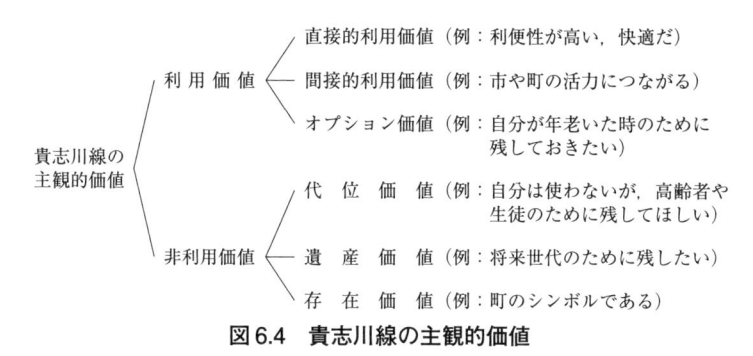

```
                          ┌ 直接的利用価値（例：利便性が高い，快適だ）
               利用価値 ┤  間接的利用価値（例：市や町の活力につながる）
               │        └ オプション価値（例：自分が年老いた時のために
 貴志川線の    │                              残しておきたい）
 主観的価値 ┤
               │        ┌ 代 位 価 値（例：自分は使わないが，高齢者や
               │        │                  生徒のために残してほしい）
               非利用価値┤  遺 産 価 値（例：将来世代のために残したい）
                        └ 存 在 価 値（例：町のシンボルである）
```

図6.4　貴志川線の主観的価値

　ここでは，表6.18を用いて，市民図書館や勤労青少年ホームなどのあり方を論じる意図はない。考えて頂きたいのは，なぜ，図書館や公園，公民館といった公共施設が，表6.18のような1人あたりフルコストを抱えながらも運営され，そのことを市民が認めているのかということである。

　人々は，公園や図書館，そして貴志川線に対して，貨幣価値ではいい表すことのできない価値を感じている。図6.4は，貴志川線に対して人々が感ずる価値を整理したものである。先に見たように，貴志川線存続の費用便益比は大きく，社会的に見て十二分に望ましいと考えられるが，貴志川線の価値はそれだけにはとどまらないのである。

　オプション価値や代位価値，存在価値といった価値を評価するための手法として，CVMをはじめ，様々な手法が提案されている。本章では，貨幣で計れない価値の存在に言及するにとどめたい。ただし，2005年1月8日現在の「貴志川線の未来を"つくる"会」会員数が5544人であることから，少なくとも，人々は5544人×年会費1000円＝554.4万円の価値を貴志川線に見いだしていることになる。

6. 費用対効果分析のまとめに代えて　―便益の帰着先―

　以上の分析から，貴志川線を鉄道として存続させることが，地域社会全体

にとって最も望ましい選択である。採算をとることは困難だが，普段貴志川線には乗らずに自家用車を使っている人にも年間約 3.8 億円〜6.5 億円の渋滞緩和効果と 0.7〜1.0 億円の移動費用節約効果が見込めるなど，社会的な観点で見れば確実に「黒字」である。

　鉄道の振興によって，地域住民の移動制約が緩和されるならば，公共施設の利用度の向上につながることも十分に期待できる。自動車事故対策としては，事故後の相談事業も大切であろうが，安全性に優れた鉄道の活用を図る施策のほうがはるかに効率的である。貴志川線は，図書館等よりも利用者あたりのコストが安く，若い世代の育成や高齢者等の生活の足確保の観点から重要性が極めて高く，和歌山市と貴志川町を結ぶ軸を形成し，なおかつ運賃収入等によってコストをカバーすることも可能である。さらには，先述のように社会的費用便益に優れ，利用者のみならず沿線の道路交通者や地球環境，地域の交通安全などに対しても巨額のプラス効果を有している。

　このように，貴志川線は，たとえ採算が取れなくても鉄道として維持されることが望まれるので，地域住民は貴志川線への財政投入を支持するとともに，積極的な利用や駅前清掃，活性化策の提言など住民レベルの運動をより一層活発化し，「貴志川線問題をきっかけにした地域づくり運動」を展開すべきである。関係行政機関には，貴志川線を一種の「動く公共施設」として積極的に評価し，政策的に支援していくことが望まれる。

　なお，第三セクターによる鉄道の運営は，「赤字の垂れ流し」につながるとの不安もあろう。確かに，貴志川線の運行継続に必要な費用を積み上げ，費用のうちある程度の部分を運賃で回収し，欠損は全額補助金で補うような方法をとるのであれば，経営効率の改善は望み薄であろう。このような方式は，ともすれば放漫経営のツケを運賃や補助金の形で利用者や地域住民に払わせることにつながりかねず，必ずしも好ましいものとはいえない。

　このように，行政による欠損額の全額補填には，事業者の経営効率改善意識をそいでしまいかねないという大きな問題がある。とりわけ，貴志川線という事業運営の社会的使命を事業者構成員が共有していない場合には，経営

改善に向けた意識はさらに低いものとなり，ゆくゆくは地域社会から完全に見限られてしまうことであろう。

　こういった点に関しては，何らかの経営改善インセンティブ（誘因）を運営会社に与えることによって対応することが考えられる．例えば，フランス等で公益事業運営方式として採用されている「コンセッション方式」では，契約時に補助金の年額を決定し，事業者の収益のいかんにかかわらず契約期間内の補助金額見直しは基本的には行わない．こうすることにより，事業者には経営改善やサービス改善のインセンティブが働き，その利の地域住民への還流が期待できるのである．第三セクターで運営するにせよ，民間会社が運営するにせよ，事業者に経営改善インセンティブを与えるための仕組み——要するに，経営努力をした事業者には褒美を与え，そうでない事業者にはペナルティを与える仕組み——を盛り込むことが重要である．

　事業者の経営改善インセンティブを育てる仕組みづくりとその実施にあたっては，行政側に相応の専門的技術が求められる．そもそも市や町に，和歌山都市圏の交通システム全般をにらみつつ，土地利用計画や福祉計画等との整合も考慮した総合的な施策展開を行うことのできる専門的な部署が不足していること自体が問題である．貴志川線存廃問題を契機として，「地域のことは地域で考える」ための行政側の組織再編もまた不可欠ではないだろうか．

　また，運営会社の組織は，運行に必要な最小限度にとどめるとともに，集客イベントの企画やサービス改善策の検討，駅舎の清掃といった業務については，地域住民を主体とするボランティア組織が担うことも考えられる．これによって運営コストの削減と，利用客数の増加が見込めるだけではなく，運営により積極的にかかわることを通じた住民の意識向上も期待できる．

　ところで，たとえ貴志川線存続の意義が大きくとも，存続実現のためには，初期投資額や欠損額の負担割合についての自治体間の交渉の行方が焦点となる．

　貴志川線存続の便益の受け手としては，大きく，和歌山市，貴志川町，そ

れ以外の地域（以下では，和歌山市と貴志川町以外の地域のことを，「広域」と表記する）の三つを想定することができる。便益が受け手に及ぶことを，専門用語では「便益が帰着する」と表現する。以下では，いくつかの仮定を置いた上で，交通費節約便益や所要時間節約便益，環境便益等の帰着先を推定する。

1）並行道路利用者の交通費節約便益

貴志川線並行道路利用者の交通費節約便益の帰着先は，次の算定式によって求めた。要するに，ある地域内で発生する便益を，その地域への和歌山市，貴志川町，広域からの出勤・登校者数（ないし自由・業務目的での移動者数）で按分するという考え方である。

$$KBRC_m = BRC_{km} \times \frac{P_{kkm} + P_{kwm} + P_{kom}}{(P_{wkm} + P_{okm}(P_{kkm} + P_{kwm} + P_{kom}))}$$

$$BRC_{wm} \times \frac{P_{kwm}}{((P_{wwm} + P_{wkm} + P_{wom}) + P_{kwm} + P_{wom})} \quad : (17)$$

ここで，$KBRC_m$：貴志川町に帰着する並行道路走行者の交通費節約便益（円／年）

BRC_{km}：貴志川町内で発生する貴志川線並行道路の交通費節約便益

BRC_{wm}：和歌山市内で発生する貴志川線並行道路の交通費節約便益

P_{kkm}：貴志川町内に自動車か二輪車で出勤・登校する貴志川町在住者数

P_{kwm}：和歌山市内に自動車か二輪車で出勤・登校する貴志川町在住者数

P_{kom}：広域に自動車か二輪車で出勤・登校する貴志川町在住者数

P_{wkm}：貴志川町内に自動車か二輪車で出勤・登校する和歌山市在住者数

P_{okm}：貴志川町内に自動車か二輪車で出勤・登校する広域在住者数

P_{kwm}：和歌山市内に自動車か二輪車で出勤・登校する貴志川町在住者数

P_{wwm}：和歌山市内に自動車か二輪車で出勤・登校する和歌山市在住者数

P_{wom}：和歌山市内に自動車か二輪車で出勤・登校する広域在住者数

P_{owm}：和歌山市内に自動車か二輪車で出勤・登校する広域在住者数

　上式は，平日朝ピーク時の上り方向と夕ピーク時の下り方向に関するものである。これら以外の時間帯については，出勤・登校者数の代わりに，自由・業務目的での移動者数を用いて算定した。

　並行道路走行者の交通費節約便益のうち，和歌山市や広域に帰着するものについても，同様の考え方で算定した。

2) 貴志川線利用者の交通費節約便益

　貴志川線利用者の交通費節約便益の帰着先は，①廃線後の移動手段としてバスを選択するであろう人の便益，②廃線後の移動手段として自動車を選択するであろう人の便益，の別に算定した。

　廃線後にバスを選択するであろう人々の交通費節約便益については，所要時間と移動費用との間の正の相関関係の存在を仮定して，次の算定式によって求めた。

$$RC_i = TC_i \qquad :(18)$$

ここで，RC_i：地域 i への鉄道利用者の交通費節約便益の帰着率

　　　　TC_i：地域 i への鉄道利用者の所要時間節約便益の帰着率

　　　　i：和歌山市（w），貴志川町（k），広域（o）

なお，$TC_w + TC_k + TC_o = 1.0$　である。

　廃線後の移動手段として自動車を選択するであろう人々の交通費節約便益については，並行道路利用者の交通費節約便益と同様の方法で算定した。

3) 並行道路走行者の所要時間節約便益

　並行道路利用者の所要時間節約便益の帰着先も，交通費節約便益の場合と同様に，按分方式で算定した。数式は次の通りである。

$$KBRC_m = BTC_{km} \times \frac{P_{kkm} + P_{kwm} + P_{kom}}{(P_{wkm} + P_{okm}(P_{kkm} + P_{kwm} + P_{kom}))}$$

$$BRC_{wm} \times \frac{P_{kwm}}{((P_{wwm} + P_{wkm} + P_{wom}) + P_{kwm} + P_{owm})} \quad :(19)$$

ここで，$KBTC_m$：貴志川町に帰着する並行道路走行者の所要時間節約便益（円／年）

BTC_{km}：貴志川町内で発生する貴志川線並行道路の所要時間節約便益

BTC_{wm}：和歌山市内で発生する貴志川線並行道路の所要時間節約便益

P_{kkm}：貴志川町内に自動車か二輪車で出勤・登校する貴志川町在住者数

P_{kwm}：和歌山市内に自動車か二輪車で出勤・登校する貴志川町在住者数

P_{kom}：広域に自動車か二輪車で出勤・登校する貴志川町在住者数

P_{wkm}：貴志川町内に自動車か二輪車で出勤・登校する和歌山市在住者数

P_{okm}：貴志川町内に自動車か二輪車で出勤・登校する広域在住者数

P_{kwm}：和歌山市内に自動車か二輪車で出勤・登校する貴志川町在住者数

P_{wwm}：和歌山市内に自動車か二輪車で出勤・登校する和歌山市在住者数

P_{wom}：和歌山市内に自動車か二輪車で出勤・登校する広域在住者数

P_{owm}：和歌山市内に自動車か二輪車で出勤・登校する広域在住者数

　この数式は平日朝ピーク時の上り方向と夕ピーク時の下り方向に関するものであり，これら以外の時間帯については，出勤・登校者数ではなく，自由・業務目的での移動者数を用いて算定した。

　並行道路走行者の所要時間節約便益のうち，和歌山市や広域に帰着するも

表 6.19　貴志川線存続便益の帰着先と帰着率

(単位：%)

		和歌山市	貴志川町	広域
鉄道利用者便益（①）の帰着率	ケース1	36.6	37.3	26.0
	ケース2	40.1	31.5	28.4
	ケース3	38.6	33.9	27.5
道路利用者便益と交通安全便益（②）の帰着率	ケース1	50.4	44.4	5.2
	ケース2	50.6	44.2	5.1
	ケース3	50.4	44.5	5.1
環境便益（③）の帰着率	ケース1	88.4	5.5	6.1
	ケース2	87.2	6.0	6.8
	ケース3	88.1	5.3	6.6
貴志川線存続便益（①+②+③）の帰着率	ケース1	42.8	40.3	16.9
	ケース2	46.3	38.5	15.2
	ケース3	45.9	40.0	14.1

注：貴志川線存続便益からは，事業者便益を除外している。

のについても，同様の考え方で算定した。

4）貴志川線利用者の所要時間節約便益

　貴志川線利用者の所要時間節約便益の帰着先も，交通費節約便益の場合と同様の方法で算定した。数式は省略する。

5）交通事故予防便益の帰着先

　交通事故予防便益については，和歌山市内で発生するものの帰着先を和歌山市，貴志川町内で発生するものの帰着先を貴志川町とした。

6）環境便益の帰着先

　環境便益のうち，騒音軽減便益，大気汚染低減便益については，局所的な性格を有すると考えられることから，交通事故予防便益と同様の考え方で帰着先を決定した。

　環境便益のうち，温暖化防止便益については，広域的な性格を有すると考えられることから，全額を広域帰着便益として計上した。

便益帰着先と帰着率の算定結果を表6.19に示す。ケース間で幾ばくかの差はあるものの，総合的に見れば，貴志川線存続便益は和歌山市に約4.5割，貴志川町に約4割，広域に約1.5割の割合で帰着するものと推定される。

参考文献
運輸省鉄道局監修（1999）『鉄道プロジェクトの費用対効果分析マニュアル99』㈶運輸政策研究機構
環境自治体会議環境政策研究所（2004）「日立電鉄線存続に向けた市民報告書」
国土交通省（2003）「費用便益分析マニュアル」（http://www.mlit.go.jp/road/ir/ir-council/hyouka-syuhow/1pdf/s1-1.pdf）
国立環境研究所（2002）「産業連関表による環境負荷原単位データブック」（http://www-cger.nies.go.jp/publications/report/d031/jpn/pdf/.../breakdownlist.pdf）
兒山真也・岸本充生（2001）「日本における自動車交通の外部費用の概算」『運輸政策研究』第4巻第2号，pp.19-30
南海貴志川線対策協議会（2004）「南海貴志川線沿線交通量調査概要報告書」
中川大・西尾健司・松中亮治・伊藤雅（1999）「共通運賃制度の導入による所要時間短縮効果に関する研究」『土木計画学研究・論文集』第16号，pp.667-674
福田正編（2002）『新版　交通工学』朝倉書店
山田浩之編著（2001）『交通混雑の経済分析　―ロード・プライシング研究―』勁草書房
CO_2排出抑制研究プロジェクト（2000）「運輸システムの高度化によるCO_2排出抑制に関する研究」日交研シリーズA-286

7章
ささえあう地域と交通事業者
―貴志川線の事例を中心に―

1. はじめに

　わが国では自動車の普及と都市拡散が同時並行で進み，公共交通事業を取り巻く環境が厳しくなってきた。その一方で高齢者や障がい者人口が増加しており，福祉的視点からの公共交通サービス確保の要請や，交通施設をはじめとする都市施設全般に関するバリアフリー化の要請が強まってきている。また，二酸化炭素排出量の抑制や，中心市街地活性化，都市空間の効率的利活用，比較的安全性の高い交通手段の確保といった観点からも，公共交通への期待が高まっている。

　このような中，環境・社会・経済が鼎立する持続可能な都市づくりに向け，公共交通の運営に沿線自治体や地域住民が積極的に関与する動きが見られるようになった。また交通事業者の中にも，安全・確実といった面で交通事業としての基礎力を高めつつ，自治体や地域住民等と連携しながら柔軟な発想のもとで活性化・再生に向けて創意工夫ある取り組みを行う例が見られる。

　このような新しい時代の象徴的事例が，これまでも事例として取り上げてきた，和歌山電鐵貴志川線（和歌山～貴志，14.3km）の再生をめぐる地域と交通事業者の連携事例である。

2. 地域をささえてきた貴志川線

2.1 沿線地域住民の生活を支える貴志川線

ここで改めて、貴志川線の紹介をしよう。

貴志川線は、日前神宮・國懸神宮（総称して日前宮）と、竈山神社、伊太祁曽神社への参詣旅客輸送を主な目的として1916年2月に開業した（図7.1）。2009年8月現在の中間駅数は12、平均駅間距離は約1.1kmで、運転本数は平日が片道51便、土休日は片道43便となっている。

起点の和歌山駅は、紀州55.5万石の城下町である和歌山市（人口約37万人）の中心市街地の東端にあり、周辺には百貨店やシティホテルなどの都市機能が集積している。同駅からバスで2～3kmの位置には和歌山城、県庁、市役所、歴史ある商店街などが並び、都心を形成している。紀の川市貴志川地区[1]の通勤流動を見ると、1990年において34%、2000年において35%が和歌山市を向いており、同市との結びつきの強さが見て取れる[2]。

和歌山駅からJRの快速に乗ると約70分で大阪市の天王寺駅に至る。貴志川線沿線（和歌山市東部と紀の川市貴志川地区）から大阪府への流動（2000年現在）を見ると、鉄道利用が2518トリップ、自動車利用が2083トリップとなっており、府県間流動における貴志川線や和歌山線の役割の大きさが理解できる[3]。

貴志川線の沿線には私立短大が一つと県立高校が三つある。和歌山市内はじめ周辺地域には多数の教育機関が立地しているが、紀の川市貴志川地区と和歌山市を結ぶバス路線はなく、貴志川線がほぼ唯一の公共交通通学手段である[4]。以上の他、貴志川線沿線には複数の総合病院や運転免許センターと

---

1 紀の川市は、2005年11月に打田町、粉河町、那賀町、桃山町と貴志川町の合併によって生まれた。
2 紀の川市 (2007)。データの出所は京阪神PT。なお両年とも1位は貴志川地区内の流動である。
3 データ出典は京阪神パーソントリップ (PT)。

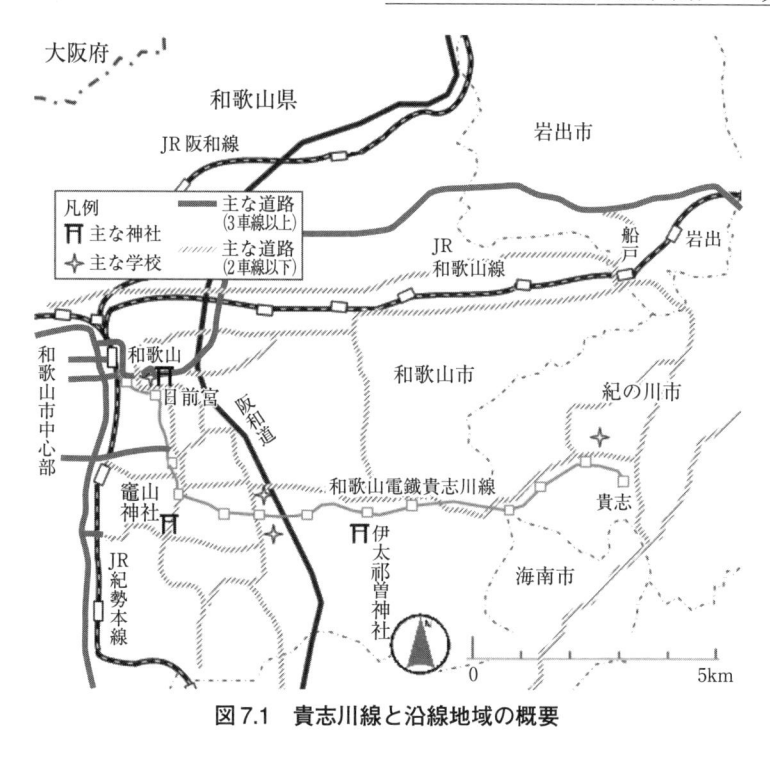

図7.1 貴志川線と沿線地域の概要

いった公共公益施設も立地している。このように，参詣路線として誕生した貴志川線は，沿線住民の生活を支える路線へと発展してきた。

2.2 地域に忘れ去られつつあった貴志川線

貴志川線の利用客数は1974年度にピーク（年間利用客数約361万人）を迎え，モータリゼーションが進む中，その後は急減した。1985年度を底としてやや持ち直したが，並行する県道のバイパス開通（1996年12月）と，都心部へショートカットできる4車線道路の開通（2001年9月）の影響を受けて階段状に減少し，2004年度には約193万人（1974年度比で約47％

---

4 ただし同地区北部の最寄り駅はJR和歌山線の船戸駅である。

減)となった。1990年に485台であった和歌山都市圏(和歌山市,海南市,紀の川市,岩出市)の人口1000人あたり自動車保有台数が,2005年には656台となるなど,沿線地域では自動車依存が着実に進行してきた。貴志川線の役割は,次第に自動車にとって代わられていた。

当時の運営会社であった南海電気鉄道は,ATS(自動列車停止装置)やCTC(列車集中制御装置)の導入や,ワンマン化,増便,全車両の冷房化,一部主要駅の無人化,請願駅方式での新駅設置など,コストの削減と,安全性や利便性の向上に大きな努力を払った。しかし,利用者の減少を食い止めるには至らず,毎年数億円の営業赤字を計上し続けた。このような状況下で南海は2003年秋に,沿線自治体に対し,貴志川線の廃止も含めた抜本的経営改善策の検討開始を伝達するに至り,ここに平成の存廃問題[5]が表面化することとなった。

3. 地域がふりむき,抱きしめた貴志川線

南海による廃止検討表明がなされた後しばらくは,沿線住民による存続活動が盛り上がらなかった。しかし,持続可能な都市づくりにおける鉄道の役割や,貴志川線の運営を取り巻く厳しい環境,住民が率先して行動することの重要性に関する認識が徐々に拡がり,2004年9月のNHKテレビ番組での放映や,同月に開催された和歌山市・貴志川町主催の「貴志川線存続に向けたシンポジウム」,南海による事業廃止届提出といったことが起爆剤となり,住民運動が爆発的に展開されはじめた。複数の住民団体らによる駅の美化,フォーラムの開催,公開討論会,高校生らによる「貴線祭」,貴志川線存続の費用対効果分析など,それぞれの特徴を活かした活動を行った。

活発化する住民運動を受けて,沿線自治体は2005年2月に貴志川線の存

5　昭和の存廃問題も存在する。1939年に採算悪化に陥り,当時の和歌山鉄道がバス・トラック輸送への転換を株主総会で可決した。しかし,沿線地域住民による反対運動や陳情,当局者による調査の結果撤回され,電化による更正を目指すこととなった。武知(1980)。

続で合意し，和歌山市と貴志川町による鉄道用地の取得や，上限額付き赤字補てんの実施，県による大規模修繕費の負担，民間事業者の公募などを骨子とする貴志川線支援方針を発表した。

その後，継承事業者の公募がなされ，9者の中から両備グループの岡山電気軌道株式会社（以下，岡電）が選定された。岡電の応募理由には，貴志川線沿線地域住民の熱意や行政・議会の存続意思，線路・車両・駅舎などの無償譲渡をはじめとする南海の協力意思からなる三者一体感等があげられている。岡電は子会社として和歌山電鐵株式会社を設立し，同社が2006年4月より貴志川線を継承した。

このように，存廃問題の発生を契機として，貴志川線の社会的価値を地域住民が再認識し，存続に向けて自ら行動し，それを受けた沿線自治体が存続を決断したのである。衰退し今にも消えようとしていた貴志川線に地域がふりむき，もう一度一緒に頑張ろうと抱きしめたわけである。このことを示す1通の手紙がある。この手紙は沿線住民団体であるWCAN貴志川線分科会（現：わかやまの交通まちづくりを進める会[6]）が提唱し，貴志川線の未来をつくる会の連名を得て，両備グループに継承応募を促す目的で送られたものである（資料7.1）。

資料7.1　沿線住民団体が両備グループに送った手紙

　私どもは，貴志川線のような地方鉄道の運行を将来にわたって持続する責任は，運営会社や補助をする行政だけにあるのではなく，当然地域住民も責任を持って協力すべきものと考えております。この考えの基に現在，われわれは貴志川線に積極的に乗車しているだけでなく，貴志川線各駅の清掃・植栽や，集客イベントの企画と実施，並行道路交通状況の調査分析活動，市民ファンド勉強会，和歌山都市圏の交通ビジョンの提案，地域住民への啓発活動等を積極的に行っております。勿論，引き続いて，沿線の各種団体と連携しながら，運営引き継ぎ会社をさらに強力にバックアップする覚悟でおります。どうか，私どもの真摯な願いをお汲み下さり，貴志川線運営引き継ぎ会社として応募下さいますよう，心よりお願い申し上げます。貴グループを和歌山都市圏の仲間としてお迎えできる日を心からお待ち申し上げております。

6　愛称「わかやま小町」。「小町」は「交通まちづくり」の略記であり，六歌仙・三大美人・長寿であった小野小町のような「かしこく，美しく，すこやかな」まちづくりを願う意味も込められている。和歌山市には和歌の神である玉津島神社が鎮座し，小町との縁が深い。

4. ささえあう地域と貴志川線

4.1 利用客数のV字型回復

　貴志川線の年間利用客数は，事業継承1年目の2006年度に前年度比110％（約211万人）というV字型回復を記録し，2008年度には約219万人まで伸びている。後述の「たま電車」登場後の2009年度は，前年度比で約0.9％減の約217万人となっており、和歌山県域各線の成績（前年度比約2.1％減）を上回っている[7]。この勢いの背景には，和歌山電鐵による「鉄道魂」あふれる取り組みと，貴志川線を「地宝」と考える地域住民や自治体等による活発な支援活動がある。

4.2　鉄道事業者側の取り組み

1）鉄道業としての基礎体力の向上

　和歌山電鐵は，安全・確実な運行やコスト削減，利便性の向上といった鉄道業の基本を固めながら，柔軟な発想のもとで創意工夫あふれる取り組みを展開している。

　まずコストであるが，南海時代に42名体制で行われていた運営を和歌山電鐵は34名で行い，その他の施策もあって大幅なコスト削減に成功している。南海も1995年にワンマン化で車掌10名，2000年に2駅の無人化で駅員6名を削減するなどして，2001年度の営業費用を約8.5億円（対1995年度比71％）にまで絞り込んでいたのだが，和歌山電鐵はさらに削減し，2008年度には4.2億円（対2001年度比49％）を達成している[8]。運転本数を若干増やす（平日で南海時代の片道48本から現在は51本へ）など利便性向上に努め，かつ安全・確実な運行を維持しながらの大幅コスト削減である。

7　和歌山県総合交通政策課（2011）p.11 および p.21。
8　南海時代の営業費用は南海貴志川線対策協議会（2004）「南海貴志川線沿線交通対策調査報告書」，和歌山電鐵時代の営業費用は貴志川線運営委員会での決算報告による。

増収策も数々あり，例えば伊太祁曽駅へのパーク・アンド・ライド用駐車場の設置や，JR阪和線との接続改善，終電時刻の延長，1日乗車券の発売，各種グッズ販売などが実施されてきた。車両改修等については後述する。

和歌山電鐵と沿線の住民団体，学校，自治体や商工団体などで組織される「貴志川線運営委員会」の毎月開催も特徴的である。この定例会では，貴志川線の経営状況やサービスなどに関する意見交換や，イベントの企画，各委員からの取り組みの報告などが行われ，地域と鉄道の双方向型コミュニケーションの場として機能している。詳細は8章で述べる。

2009年度から3年間かけて変電所の改修と架線電圧の昇圧も実施される。これにより増便，メンテナンス費用の軽減などが実現できるほか，JRや南海と電圧やレール幅が揃うため相互乗り入れも視野に入る。狭隘化し駅前への路上駐車問題等を抱えた貴志駅の抜本改修も実施される。このように鉄道業としての基本的な力を高めることで，地域に愛され続けるための土台がより強固なものとなっている。その意味でも1日の乗降客数が約5000人に増えた和歌山駅のバリアフリー化は緊急課題である。

2）創意工夫による地域資源としての魅力向上

和歌山電鐵は鉄道としての基礎力を固めた上で，世間をあっと驚かせる取り組みを次々と打ち出し，人々の心をつかんで離さない。その代表例が，車両の抜本的改装である。改装第一弾の「いちご電車」は2006年8月に運行開始された。いちごは貴志川地区の特産物である。改装費は約2000万円で，その約半額を住民等からの募金で賄い，協力者名を車内に掲示している。内外装のデザインを著名デザイナーが担当した結果，白地に赤の可愛らしい外観に，自然木をふんだんに使用した内装を有する車両となった。続く「おもちゃ電車」は2007年7月に登場したもので，改装費は地元のおもちゃメーカーからの広告料約2500万円から支出されている。第三弾の「たま電車」は2009年3月から走りはじめた。改装費は約3750万円で，国の補助金と住民等からの募金等で賄っている。「たま電車」実現のために全国から寄せられた募金は1371万円（1943件）となったが，募金者は県内から（806件）

よりも県外から（1186 件）が多く[9]，貴志川線への関心の高さと支援の拡がりが感じられる。

　南海時代から貴志駅売店で飼われていた三毛猫「たま」が貴志駅長に任命されたのは 2007 年 1 月である。その後「たま」目当ての観光客が押し寄せ，フランスの映画監督もドキュメンタリー番組の撮影に訪れた。「たま」に関する出来事はその都度報道され，地域の話題となる。

　和歌山電鐵ではこの他にも，貴志川線活性化に貢献した団体に対する表彰や夏休み子供電車教室，クリスマス電車など様々な取り組みを次々と行ってきた。

4.3　沿線地域側の取り組み

　地域住民等による支援活動は引き続き活発に展開されている。2009 年 5 月と 6 月の 2 ヶ月間の主な活動を列挙しよう。5 月 8 日から約 2 週間，沿線の園児 165 名が車内に母の日の絵を展示した。この催しは今回で 4 回目となる。5 月 26 日には和歌山大学経済学部・観光学部の 15 名が「地域と共生する日本一心豊かな駅づくり」をテーマに貴志駅周辺で演習を実施し，提言をレポートにまとめて貴志川線運営委員会に提出した。6 月 7 日には貴志川線の未来をつくる会主催のじゃがいも掘りが 340 名を集めた。同 14 日には甘露寺前駅にガールスカウトや沿線住民がつつじ 100 本を植えた。貴志川線沿線ではこういった活動が切れ目なく展開されているほか，住民による駅の美化活動等は日常的に行われ，時には沿線の園児や小学生らの学習の場としても利用されている。沿線地域住民は，座席数が少ないなど普段使い仕様とはいえない改修車両や，押し寄せる観光客にとまどい，時には不満を覚えつつも，貴志川線と沿線地域に誇りを持っている[10]。

　沿線自治体や経済界も，「和歌山都市圏交通まちづくり基本計画（素案）」

---

[9]　2009 年 5 月 21 日開催の貴志川線運営委員会における報告より。
[10]　和歌山大学経済学部辻本研究室「貴志駅調査レポート　地域と共生する日本一心豊かな駅づくり」，2009 年 6 月。

や「貴志川線地域公共交通総合連携計画」の策定，和歌山県知事によるスーパー駅長「たま」への「和歌山県勲功爵（和歌山でナイト）」位授与，いちご狩りとの連携，中心市街地に新設された「ニットとおもちゃの博物館」と「おもちゃ電車」の連携等を行うなど，貴志川線を支え，また逆に貴志川線から地域活性化のパワーを得るべく取り組んでいる。

5. 民産官学連携と持続可能な交通まちづくり

　貴志川線の事例に見るように，これからは市町村や地域住民が「わがまち」の今後とその中での交通のあり方を自ら考え，率先して行動し，それに対して交通事業者も基礎力向上と創意工夫で応える時代である。2011年度にはじまった地域交通維持改善事業においては住民等の参画が従来よりも重視されている。住民や経済界，行政，大学と，「鉄道魂」「バス魂」「タクシー魂」を持った事業者が力を合わせて，持続可能なまちと交通体系を形成していくことが望まれる。

参考文献
紀の川市（2007）「紀の川市公共交通計画策定基礎調査報告書」
武知京三（1980）「わが国軽便鉄道史の一側面　─山東軽便鉄道の場合─」『歴史研究』第21号，pp.61-85
辻本勝久（2005）「貴志川線の社会的価値と住民運動の展開」『運輸と経済』第65巻第11号，pp.72-81
辻本勝久（2009）『地方都市圏の交通とまちづくり　─持続可能な社会をめざして─』学芸出版社
和歌山県総合交通政策課（2011）「平成22年度和歌山県公共交通機関等資料集」

8章
地域公共交通における合意形成と住民参画
―貴志川線の事例を中心に―

1. はじめに

　本章では，前章に引き続き，和歌山電鐵貴志川線に焦点をあて，貴志川線に設置されている「貴志川線運営委員会」の事例をもとに，地方鉄道の維持・活性化に向けた地域の合意形成プロセスと，その中での住民参画の意義，および今後の課題について論じる。

2. 貴志川線運営委員会の概要

　貴志川線運営委員会（以下，運営委員会）は，貴志川線の永続的な運営を基本理念として，事業者である和歌山電鐵と行政，住民，沿線学校，経済界などの連携のもとで同線の利用促進や沿線のまちづくりを行うことを目的に，2006年3月18日に設置された組織である。毎月第3木曜の夕刻に和歌山電鐵本社会議室にて所要1時間半程度で開催されている。開催の光景を図8.1に，運営委員会の概要を表8.1に示す。

注：この日は行政から4名，経済界から1名，住民団体から4名，和歌山電鐵から2名の計11名で開催された。いつも通り，こぢんまりとして格式張らず，遊び感覚を大事にしたざっくばらんな委員会であった。

図8.1 貴志川線運営委員会の光景（2009年9月17日）

表8.1 貴志川線運営委員会の概要

目的	貴志川線の永続的運営を基本理念とし，地域，行政および各種団体等が連携し，貴志川線の利用促進と沿線のまちづくりの推進を図ること	
協議事項	貴志川線の利用促進及び沿線のまちづくり等に関する事項について，協議・調整する	
委員構成	団体・所属	職名等
	行政　和歌山県総合交通政策課	課長
	行政　和歌山市交通政策課	課長
	紀の川市交通政策課	課長
	経済界　和歌山市商工会議所	企画調整部長
	貴志川町商工会	会長
	沿線学校　教員代表	県立向陽高等学校長
	保護者代表	県立貴志川高等学校PTA会長
	生徒代表	県立和歌山東高等学校生徒会長
	住民　住民代表	貴志川線の未来を"つくる"会や和歌山市民アクティブネットワーク（WCAN）等から計4～5名。メンバーは固定しない

委員構成 (続)	事業者	和歌山電鐵株式会社	代表取締役専務 常務取締役 鉄道部長
	他	オブザーバーで近畿運輸局および和歌山運輸支局	
座長	和歌山電鐵株式会社常務取締役		
事務局	和歌山電鐵株式会社		
開催日等	毎月第3木曜16時15分より和歌山電鐵本社会議室にて開催		

注：委員構成と座長は発足時のものである。2009年10月現在，座長が和歌山電鐵株式会社専務取締役となっているほか，委員の職名等の変更がなされているが，団体・所属については発足時のままである。
出典：貴志川線運営委員会要綱をもとに作成。なお，要綱には開催日等の規程はない。

3. 貴志川線運営委員会の設置過程における住民参画

3.1 住民による貴志川線運営会社への経営参画構想

　貴志川線をめぐっては，先述のように2003年秋に存廃問題が発生し，2005年2月4日に和歌山県・和歌山市・貴志川町の3者が存続で合意し，継承事業者の公募がなされた結果，岡山電気軌道株式会社が選定され，2005年4月28日に同社が事業継承を発表，同年6月27日には貴志川線の運営会社として岡山電気軌道100％出資の和歌山電鐵株式会社が設立された。

　このような動きの中，沿線住民団体の一つである和歌山市民アクティブネットワーク（WCAN）内では，和歌山電鐵継承後の住民参画のあり方に関する模索がなされた。WCANはもともと和歌山市の中心市街地活性化等を目的に設立された組織であり，貴志川線存続の費用対効果分析[1]を展開するなど，市民シンクタンク的な特徴を有していた。WCAN内では，次第により住民主導色の強い貴志川線の実現を望む意見が強まり，これが2005年4月17日のWCANコミュニティ・ファイナンス分科会発足として現れた。

　この分科会は，それほど多くの収益を期待できないコミュニティビジネスなど社会的課題にかかわる事業の資金調達等に資する仕組みとしてコミュニ

---

[1] 辻本編著（2005）。

ティ・ファイナンスに着目し，当面の具体的な目的として，市民ファンドを通じた貴志川線運営会社への経営参加と，車両購入やバリアフリー化などの施設整備等を含む幅広い活動に取り組むこと等を掲げていた。キックオフ時の参加者は10名であった。

WCANは2005年5月11日に，市民ファンドを通じた経営参画の実現可能性や，貴志川線への支援のあり方などを探るべく，岡山電気軌道幹部との意見交換を行った。「わかやまコミュニティカフェ」で開催された会合の中で，岡山電気軌道側は，①資本金は両備グループが全額出資し，経営責任の所在を明確にする，②ランニングコストの赤字が出ないようにし，10年後には赤字補填の受けなくてもよいようにしたい，③岡山のRACDA（路面電車と都市の未来を考える会）は毎週，鉄軌道やバスとまちづくりに関する議論を行い，グッズ・企画切符・企画定期券などで手数料を払って協力をお願いしている。和歌山でも市民の協力に期待している，④地元のアイディアを貴志川線の運営に反映する仕組みとして，和歌山では市民，行政，議員，沿線学校，学識経験者，事業者が入る10名程度の運営委員会を設立する構想を持っている，といった説明がなされた。

この会合の結果，岡山電気軌道が経営責任明確化の観点から100％出資の貴志川線運営会社を設立し，設備や運営資金を自前で調達する意向であることや，市民ファンドを通じた経営参画には極めて消極的であることが明らかとなった。これを受けてWCANコミュニティ・ファイナンス分科会は2005年5月22日，市民ファンドを通じた貴志川線運営会社への経営参画の可能性はないとの判断に至った。

3.2　運営委員会の設置過程における住民参画

このように，存続に至る活発な住民活動とその成功を経験した一部住民は，住民参画のレベルを「存続運動」や「支援活動」から「経営参画」にまで引き上げようとの構想を持ち，可能性を模索したが，経営責任明確化を望む岡山電気軌道側の意向を受けて断念した。

ただし WCAN 内には，貴志川線運営会社が岡山電気軌道の 100% 出資となり，かつ岡山電気軌道側が運営委員会に入る住民代表を 1 名のみ（行政，議員，運営会社から計 7 名，住民，有識者，学生から 1 名ずつの計 10 名体制）と想定していたことから，このままでは住民の声が経営に十分反映されないのではないかとの懸念が残った。そこで WCAN では，運営委員会のメンバー構成について，住民側から積極的な提案を行い，住民参画のレベル引き上げを図ることになった。

そこで WCAN は，2005 年 6 月 12 日に岡山電気軌道と RACDA を訪問し，事業者と住民団体との連携のあり方や，貴志川線運営委員会のあり方に関する意見交換を行った。その結果，岡山電気軌道幹部より，運営委員会では住民が主体となり，事業者と行政の双方に対して積極的に提言する場としたいとの説明があり，RACDA からは運営委員会に建築家やデザイナー，学識経験者，女性，統率力のある重鎮が必要だとのアドバイスを得た。

これを受けて WCAN では，再度岡山電気軌道に確認をとり，運営委員会の構成を 15 名程度と想定した上で，住民側からの提案を行うこととした。結果として，2005 年 8 月，運営委員構成を住民団体（貴志川線の未来を"つくる"会，WCAN，南海貴志川線応援勝手連，貴志川のくらしと環境をよくする会から 1〜2 名ずつ[2]），沿線学校（1 短大・3 高校で持ち回り），沿線経済界，学識経験者，デザイナー・写真・建築に明るい者，公募委員（高齢者，青少年，通勤者），和歌山市，貴志川町の計 15 名程度とすることが望ましいとの結論に達し，岡山電気軌道と和歌山電鐵（2006 年 6 月 27 日設立）へ提案するに至った。

この案を受け，和歌山電鐵では，和歌山市，紀の川市および和歌山県との

2　貴志川線沿線では，様々な住民団体がそれぞれの特徴を活かした活動を展開してきた。貴志川線の未来を"つくる"会は，2005 年 9 月現在の会員数が 6310 名であり，貴志川線再生のシンボル的組織として駅の美化活動からシンポジウム等の大規模イベント開催，陳情まで幅広く活動している。貴志川町くらしと環境をよくする会は，貴志川線存廃問題に関するシンポジウムを他団体に先駆けて開催した。南海貴志川線応援勝手連は，貴志川線存廃問題の発生に即座に反応して web ページを設置し，ワークショップを開催するなどした団体であり，情報収集・発信力に優れていた。WCAN は先述の通り市民シンクタンク的組織である。

調整等を行い，最終的に表8.1の委員構成を提示した。岡山電気軌道が当初描いていた構想と比較して，住民代表が1名から4〜5名へと増員されたほか，沿線学校が1名から3名へ増員され，また当初案にはなかった経済界から2名が選ばれていることがわかる。WCANが提案した公募委員制については採用されず，また座長や事務局を和歌山電鐵が担当することとなったものの，岡山電気軌道が当初描いていた構想に比べて，住民参画の度合いを強めた委員構成となったものと考えることができる。

　その後，2006年3月2日には貴志川線運営委員会準備会が開催され，和歌山電鐵側から，運営委員会の主旨・目的として「地域，行政，各種団体などが連携してざっくばらんに意見を出し合い，貴志川線を20年，30年と永続的に運営し，沿線のまちづくりの推進を図ること」，また委員会の進め方として「毎月第3木曜日16時半からの定例開催とし，格式張らず，遊び感覚とボランティア精神を大切にすること」が示された。

4. 貴志川線運営委員会の活動

4.1　運営に関する最高意思決定機関としての運営委員会

　貴志川線運営委員会の設立会議は，2006年3月18日に和歌山電鐵の開業準備室（和歌山市本町）で開催された。この会議は，4月1日からの貴志川線の運営を前に開催されたものである。出席者は社長，専務を始めとする和歌山電鐵関係者と運営委員会委員選定予定者12名であり，和歌山市長と両備グループデザイン顧問も特別に招かれていた。約1時間半の会議の冒頭，和歌山市長より，市としても全力で支援していきたい旨のあいさつがあった。続いて，和歌山電鐵社長と両備グループデザイン顧問より貴志川線リニューアル構想「日本一心豊かなローカル線になりたい」が発表された。この中で和歌山電鐵社長から，①経営責任は和歌山電鐵が持つこと，②運営委員会は運営に関する最高意思決定機関であること，③安全な運行が第一である

こと，④日本一心豊かなローカル線にすること，⑤10年後の将来の絵を描けるようにしたいが，そのためにも運営委員会に期待していること，⑥引き継ぐ縁や住民や行政との縁といった，一期一会を大切にしたいこと，そして⑦地方鉄道再生のモデルになりたいことなど，貴志川線運営の方向性が明確に表明された．

4.2　運営委員会の開催状況

運営委員会は2006年3月から毎月欠かさず開催されている．運営委員会への出席状況を，統計のとれている2006年7月度（設立会議を含めて第5回）から2009年9月度（同第43回）までで集計したものが表8.2である．計39回の出席者総数（見学者等を除く）は543名であり，1回あたりの平均出席者数は13.7名である．

住民団体は毎回欠かさず出席しており，平均出席者数は3.2名である．とりわけ貴志川線の未来を"つくる"会の出席率は100％であり，平均して毎回2名が参加している．WCANとわかやま小町からも平均1.3名の参加がある．沿線学校からは，おおむね3回に1回程度の出席があるが，2008年9月度を最後に出席が途絶えている．経済界からは，和歌山商工会議所からお

表8.2　運営委員会への所属別出席状況（2006年7月度～2009年9月度，計39回開催）

	住民団体			沿線学校	経済界			行政				事業者	計
		うち，つくる会	うち，WCAN・小町	教員・生徒・PTA		うち，和歌山商工	うち，貴志川商工		うち，和歌山県	うち，和歌山市	うち，紀の川市	和歌山電鐵	
総出席回数	39	39	31	14	33	13	31	39	38	39	39	39	
出席率(%)	100	100	79	36	85	33	79	100	97	100	100	100	
総出席者数	126	77	49	24	55	14	41	199	58	70	71	131	543
平均出席者数（総出席者数÷39）	3.2	2.0	1.3	0.6	1.4	0.4	1.1	5.1	1.5	1.8	1.8	3.4	13.7

注：つくる会は貴志川線の未来を"つくる"会，WCAN・小町は和歌山市民アクティブネットワーク（WCAN）および和歌山の交通まちづくりを進める会（わかやま小町），和歌山商工は和歌山商工会議所，貴志川商工は貴志川町商工会（2009年7月より紀の川市商工会）の略である．
出典：貴志川線運営委員会議事録より作成．

おむね3回に1回，貴志川町商工会から約5回に4回の出席がある。両者を合わせると85％の出席率となる。行政からは，和歌山県，和歌山市，紀の川市のいずれもがほぼ毎回出席している。和歌山電鐵も毎回，平均3.4名が出席している。

4.3 運営委員会での議論

運営委員会では，和歌山電鐵から運輸実績に関する報告・分析・議論がなされたあと，直近1ヶ月程度の催事に関する情報提供と議論，その他の議題と議論と続き，最後に全参加団体が順に発言し，散会，という流れで進行することが通例となっている。例えば2009年9月18日に開催された運営委員会の流れは表8.3の通りであった。この表では，催事の数と内容にも注意して頂きたい。わずか1ヶ月間に貴志川線関連の催事が八つ実施されているが，このようなことは日常茶飯事である。住民団体である貴志川線の未来を"つくる"会がグッズ販売やミニ電車の運行で協力していることにも着目して頂きたい。

4.4 運営委員会における住民提案の具体化

運営委員会ではこれまで，表8.4のような協議や報告が積み重ねられてきた。これらの中には，運営委員会での住民の提案がきっかけとなって，活性化策等として具体化したものが数多く見受けられる。

例えば，2006年3月18日に開催された運営委員会設立会議において，「いちご電車」構想を中心とする新生貴志川線の提案を受けた住民団体から「イチゴといえば幼稚園児や保育園児の好物である。和歌山市と紀の川市には多数の園があるが，園児が描いた絵を貴志川線電車内に掲示してはどうか。園児の絵を見たさに保護者も乗るし，祖父母も乗るだろう。近鉄伊賀線ではこれが成功している」といった発言があり，このアイデアは和歌山電鐵初のイベント電車である「母の日　ギャラリー電車」（2006年5月9日から約2週間の運行）として結実し，その後も毎年実施されている。

表8.3 貴志川線運営委員会における議題と内容（2009年9月度の場合）

議題等	内容
7月度の運輸実績	和歌山電鐵より，利用者数と運輸収入および前年同期比について，定期外，通勤定期，通学定期，合計の別に報告があり，その後，増減の要因分析等がなされた。
催事について	和歌山電鐵より，直近1ヶ月間程度のイベント情報の案内があった。 ・四季のさと萩まつり（和歌山市主催）。"つくる" 会に依頼して貴志駅の猫のスーパー駅長「たま」グッズを販売 ・レンタサイクルの開始 　和歌山市長，和歌山電鐵社長，「たま」出席のもとでテープカットをし，市長を始め20人程度が自転車に乗って出発式を行う ・和歌山県植樹祭マスコット「木のピー」と「たま」のタイアップ ・マナーアップキャンペーン 　3つの駅で県警と沿線中学校が共同して実施。中学生が通勤客にキャンペーンをする。「たま」も顔を出す ・貴志駅建て替え工事のスケジュール ・LED照明事業への参入に関する記者発表 ・防犯キャンペーン 　県警主催。貴志駅前にて実施。「たま」が一日署長になる ・和歌山商工まつり（和歌山商工会議所），和歌山電鐵がミニ電車を運行し "つくる" 会がミニ電車の運行や切符販売などで協力する ・東京の日比谷公園でのグッズ販売 ・大阪の梅田駅でのグッズ販売
その他（1）新事業への参入	和歌山電鐵より，鉄道事業以外の関連事業としてLED照明事業に参入することや，照明器具の性能，事業リスク，LED「たま電球」のパッケージ等に関する詳細な説明がなされた。
その他（2）駅前の混雑対策	和歌山電鐵より，新聞報道がなされるなど懸案事項となっている貴志駅前の混雑対策に関する会議を，和歌山県・紀の川市・和歌山電鐵の3者で行った協議の結果が報告され，貴志川線運営委員会としての承認がなされた。
参加者の発言	全参加団体に発言の機会が与えられた。 ・住民代表より，貴志駅付近の県道「諸井橋」の掛け替え計画を，貴志駅前混雑対策や「たま」のイメージに歩調を合わせたものにすべきとの提案があった。 ・住民代表より，"つくる" 会設立5周年の記念事業開催予定に関する周知がなされた。

出典：2009年9月の貴志川線運営委員会の内容に関する筆者のメモより作成。

　また2006年12月の運営委員会において，住民代表より，「駅に停車中の車内でふと気がついたときに現在駅がわかりづらいことがあるため，支柱等に駅名板を取り付けてはどうか」との意見が出た。これを受け和歌山電鐵は，2007年1月17日に全駅のホーム支柱への駅名板設置を行った。

　さらに2009年6月の運営委員会では，和歌山電鐵よりLED照明販売事

表 8.4　貴志川線運営委員会での主な協議・報告事項

増収対策	各種イベントの開催	・第1回貴志川線祭り・いちご電車グランドオープン（2006年8月） ・駅舎ペンキ塗り大会（2006年11月, 2007年5月） ・母の日ギャラリー電車の運行（2006年5月から毎年5月） ・駅七夕飾り付け（2006年7月） ・クイズラリー大会（2006年7月） ・川柳電車の運行（2006年9〜12月） ・クリスマス電車の運行（2006年12月） ・駅イルミネーションの設置（2006年12月） ・貴志駅「たま」駅長の任命（2007年1月） ・地元高校生による「第2回貴線祭」開催（2007年2月） ・いちご狩り電車の運行（2007年3月） ・第2回貴志川線祭り（2007年5月） ・その他
	新乗車券の発売	・時差・土休日割引回数券の枚数および発売額を半分に（2006年11月） ・一日乗車券の発売開始（2006年12月）
	パーク＆ライド	・パークアンドライド用駐車場の開設（2006年11月）
	車両改装	・「いちご電車」サポーターの募集（2006年） ・「たま電車」サポーターの募集（2008年）
サービス改善対策	ダイヤ改正	・終電時間の延長, 運行本数の増発, 阪和線接続改善（2006年10月）
	美化活動	・沿線へのサクラの木の植樹（2007年1月〜）
	利用者からの要望への対応	・お客様アンケート調査の実施（2006年7月） ・大池遊園駅対向駅化による伊太祈曽〜貴志間列車増発に向けた検討 ・百貨店や商店街との連携に関する検討 ・和歌山駅への時計の設置（2006年秋） ・全駅ホーム支柱への駅名板設置（2007年1月） ・各駅駐輪場の整備 ・フィーダー輸送の確保に関するタクシー事業者との協議 ・「いちご電車」のダイヤ固定化 ・乗客のマナー向上 ・沿線ホタル観賞ツアーの開催 ・その他, 遅延時の事情説明文掲示, 車内温度管理の注意（2006.4）, ワンマン機器不具合の場合のアナウンスの工夫（2006.8）, 定期券予約発売などの検討（2006.9）等

出典：貴志川線運営委員会議事録および和歌山市・紀の川市（2008）より作成。

業への参入構想に関する説明があった。その際，住民代表より，「花王が環境系の大規模な研究所を和歌山に設置する[3]ので，環境に優しいLED照明の導入を働きかけてはどうか」との提案があった。これを受けた和歌山電鐵

---

3 「読売新聞」2009年6月18日付記事「環境研究　花王が大規模施設　和歌山に11年　先端技術ミュージアムも」。

幹部が花王と交渉した結果，LED 照明の納入には至らなかったものの，猫用トイレの新製品の広報大使として「たま」をとの話へとつながり，秋葉原・品川・池袋での大々的な広報イベント開催が実現した。

4.5 地域公共交通活性化再生協議会の開催

貴志川線に関しては，運営委員会の他に，利用促進のための設備整備を中心とした再生整備計画について協議，策定することを目的とした「貴志川線再生整備計画協議会」(2007年6月設置) や，地域公共交通活性化・再生法に基づく「和歌山電鐵貴志川線地域公共交通活性化再生協議会」(2008年3月設置。以下，法定協議会) も設置されてきた。これらはいずれも運営委員会のメンバーに国や学識経験者を加えた構成となっており，また運営委員会と同じ日に同じ場所で連続して開催されることが通例であることから，設備整備や利用促進活動等への国費補助の受け皿として，運営委員会を母体に立ち上げられたものと考えることができる。

法定協議会の事務局は和歌山市と紀の川市である。2008年8月には「貴志川線地域公共交通総合連携計画」(以下，連携計画) が取りまとめられたが，その基本理念は「貴志川線を必要とするすべての人々にとって，快適で便利な，魅力あるサービスを実現し，そして貴志川線を持続可能な形で未来永劫走らせていく ～日本一心豊かなローカル線を目指して～」である。目標達成のための事業としては，パークアンドライド，サイクルアンドライドの充実，新駅の設置，学校教育現場との連携，駅周辺案内情報の提供，観光部署との連携，まちの活性化に寄与する新たな交通システムへの整備 (LRV の導入を想定) など，24 の事業が盛り込まれている。

連携計画の策定・実施にあたっては，「協議会において，色々な意見は出されたが，大きな反対意見は無かった」[4]。この背景には，貴志川線存廃問題への対応を契機として，同線沿線をはじめとする和歌山都市圏内において，

---

4 貴志川線の未来を"つくる"会代表の濱口晃夫氏による。和歌山県総合交通政策課，和歌山市交通政策課からも同様のコメントを頂いた。

交通システムの改善を通じた持続可能な地域づくりを目指そうとの意識が高まっていたことがあげられる。例えば2006年1月には環境・社会・経済が鼎立する持続可能な和歌山都市圏の実現を目指して「和歌山21世紀型交通まちづくり協議会」が設置され，2008年3月には「和歌山都市圏交通まちづくり基本計画（素案）」が策定された。また，先述のように貴志川線運営委員会等を通じた活動も活発に行われていたことから，協議会参加者の間には共通の成功体験や連帯感があり，貴志川線を「地域の宝」あるいは「地域の誇り」と認識して活性化に向けて連携協力する素地ができていた。このような土台の上に立った連携計画であったため，大きな反対意見が出ることもなく策定・実施に至ったものと考えられる。

　法定協議会は2009年7月8日に平成21年度国土交通省地域公共交通活性化・再生優良団体として大臣表彰を受けた。表彰理由は「様々なアイデアと創意工夫を活かした取組みにより鉄道の活性化を図るなど地域公共交通の活性化・再生に積極的に取り組んだ」[5]とされている。

5. 貴志川線と沿線地域の発展に向けた課題と住民の役割

　本章では，和歌山電鐵貴志川線の運営委員会の事例を取り上げ，その設置過程における住民参画や，設置後の委員会活動における住民参画の実態について述べた。主なポイントは，①貴志川線運営委員会は，立ち上げ段階からの住民参画のもとで設置されたものであること，②運営委員会は住民代表，沿線学校，経済界，行政，事業者で構成され，運営に関する最高意思決定機関に位置づけられていること，③運営委員会は毎月平均13名程度の参加者を得て定例開催されており，ざっくばらんで格式張らない雰囲気の中で議論がなされ，住民と経済界・利用者（沿線学校）・事業者・行政の連携の中で数々の成果をあげてきたこと，④再生整備計画協議会や国土交通大臣表彰を

5　国土交通省資料（http://www.mlit.go.jp/common/000043386.pdf）。

受けた法定協議会も，運営委員会を母体として設置されたものであること，である。住民参画のもとでの運営に寄与するこのような委員会の設置は，今後，地方鉄道の維持や活性化を推進する上で大いに参考となるものと考えられる。

　再生の成功事例として取り上げられることの多い貴志川線であるが，同線と沿線地域の発展に向けた課題はいくつも残されている。車両の改装や「たま」の就任といった取り組みにより，今のところは定期外客を中心に利用客も増加しているが，いまだに独立採算を達成するレベルには達していない。和歌山市と紀の川市による赤字補てんには2006年度からの10年間で8億4000万円までという制限があるため，このままでは数年後にも再度の存廃問題に直面する恐れがある。

　このような状況を踏まえて，運営委員会メンバーである貴志川線の未来を"つくる"会代表の濱口晃夫氏は「利用する住民も電車が止まることなく存続し走っていることから，気の緩みや安心感があり，緊張感，危機感が薄れてきているのではないかと危惧」し「休むことなく，『貴志川線は無くてはならない鉄道であり，永続させなければならない』ことを，住民や行政に訴え続けなければならない」と考えている。また，同じく運営委員会メンバーのわかやまの交通まちづくりを進める会事務局長志場久紀氏も，「沿線住民のマイレール意識の向上と，永続に向けた意識の向上が必要」としている。運営委員会に参加している行政も「今後地域に根ざした交通機関として，沿線住民の利用促進をどのように行なっていくかが課題」（和歌山市交通政策課），「採算のとれる利用者数を確保できるかどうかが課題」（和歌山県総合交通政策課）と認識している。

　今後の具体的な活動として，運営委員は「今まで同様利用促進の啓発，イベントの実施，環境保全など和歌山電鐵は勿論のこと国，県，市の行政とともに知恵を絞り，我々の活動をご理解いただけるよう取組みの強化をしていく必要がある」（濱口氏），「公共交通機関の役割についての啓発活動につながる事業を実施したい」（志場氏），「和歌山電鐵の施策に対し今後も協力し

ていくとともに，現在行なっている運営補助（2006年～2015年まで）により，安定した運営に向け支援」(和歌山市交通政策課)，「今後も協議会や運営委員会に参加し，利用促進策を提案していきたい」(和歌山県総合交通政策課) としている[6]。

　貴志川線運営委員会を通じた取り組みの重要性はますます高まっており，沿線地域住民には今一度存廃問題発生時の原点に立ち戻って，貴志川線の永続化に向け，事業者・行政・経済界等と連携しながら，危機感を持って，かつ遊び心を忘れずに取り組むことが求められる。

参考文献
辻本勝久編著，WCAN貴志川線分科会著 (2005)「貴志川線存続に向けた市民報告書―費用対効果分析と再生プラン―」『Working Paper Series (和歌山大学経済学部)』No. 05-01
和歌山市・紀の川市 (2008)「貴志川線地域公共交通総合連携計画」

---

[6] 筆者が実施した運営委員会委員に対するアンケート調査 (2009年10月) による。ご協力下さった委員の皆様に感謝する。

9章
DRTの現状と課題

1. 様々な地域公共交通手段と特徴

　ここまで，地域交通政策全般にかかるトピックを取り上げてきたが，本章以降，今後の地域公共交通政策において検討が必要とされるトピックを紹介し，論じていく。まず，DRTである。

　過疎市町村や地方小都市など，比較的需要の小さな地域に適用可能な交通システムには，STS（Special Transport Service），過疎地有償運送，DRT（Demand Responsible Transport：予約運行），乗合タクシー，コミュニティバス，路線バスなどがあり，これらを適切に選択した地域交通体系づくりが求められる。表9.1と図9.1を用いて，鉄道，路線バス，タクシー以外の公共交通手段について説明しよう。

1.1　コミュニティバス

　コミュニティバスは，一般的には市町村などが運営主体となって運行経路（ルート）や時刻表（ダイヤ）を設定し，実際の運行については道路運送法に基づく「一般乗合旅客自動車運送事業」の許可（第4条許可）を受けた交通事業者に委託する形態である。市町村などが運営主体となることで，一般

表9.1 地域公共交通の分類

道路運送法上の分類	運行形態		運営主体（企画）	実運行者（運行）	注釈
一般乗合旅客自動車運送事業（第4条許可）（緑ナンバー）	路線定期運行	・路線を定めて運行する ・起点・終点及び停留所の時刻を設定して運行する ・定時定路線型の路線バスやコミュニティバス，乗合タクシーが該当	交通事業者，市町村，社会福祉協議会，商工会，TMO，NPO法人など様々である	バス事業者，タクシー事業者等の交通事業者が一般的	NPO法人なども実運行者となり得るが，道路運送法上の許可を受ける必要あり
	路線不定期運行	・路線を定めて運行する ・起点・終点の時刻を設定せずに運行する ・DRTの一部が該当 ・鉄道時刻に合わせて運行する深夜型乗合タクシー			
	区域運行	・決まった路線を定めずに，旅客の需要に応じて乗合運送を行う ・DRTの一部が該当			
自家用有償旅客運送（第79条許可）（白ナンバー）	福祉有償運送	・実費の範囲内であり，営利とは認められない範囲の対価によって，自家用自動車を使用して行う ・ドア・ツー・ドアの個別輸送が原則 ・運送区域に制約有り（旅客の発地または着地が区域内にあること） ・利用者は，会員登録が必要 ・会員の範囲は，身体障がい者，要介護者，要支援者など，単独では公共交通機関を利用できない人	次のいずれかに限定 市町村，NPO法人，一般社団法人，一般財団法人，農業協同組合，消費生活協同組合，医療法人，社会福祉法人，商工会議所，商工会，認可地縁団体		市町村等が主宰する「福祉有償運送運営協議会」において協議が調うことが必要
	過疎地有償運送	・過疎地域自立促進特別措置法における過疎地域その他これに類する地域のうち，バスやタクシーがないか極めて不便な地域において運行 ・実費の範囲内であり，営利とは認められない範囲の対価によって，自家用自動車を使用して輸送を行う ・利用者は，会員登録が必要 ・会員の範囲は，地域内住民およびその親族等			市町村等が主宰する「過疎地有償運送運営協議会」において協議が調うことが必要
	市町村運営有償運送 交通空白輸送	・市町村等が，主に交通空白地の輸送を確保する目的として，住民の日常生活に必要な輸送を行う ・路線を定めて運行する ・DRTの場合は基軸となる路線を定めて運行する ・利用者は限定されない。	市町村	バス事業者，タクシー事業者等の交通事業者が一般的であるが，NPO法人への委託事例もある（魚津市の交通空白輸送等）	市町村等が主宰する「地域公共交通会議」において協議が調うことが必要 市町村が保有する車両以外を使用することはできない
	市町村運営有償運送 市町村福祉輸送	・市町村等が，単独で公共交通機関を利用できない身体障がい者，要介護者，要支援者等の輸送を行う ・運送区域に制約有り（旅客の発地又は着地が区域内にあること） ・乗車定員11人未満の自動車を使用			

注1：企画とは，地域ニーズの調査や，運行経路（ルート）や時刻表（ダイヤ）の設定・改善，資金の調達，事務手続きの処理といった事柄である。
注2：認可地縁団体は，三重県伊賀市からの構造改革特区提案を受けた2010年3月の国土交通省令改正により，新たに加えられたものである。
出典：長岡市（2009），国土交通省（2009）および東北運輸局（2006）を参考に作成。

9章　DRTの現状と課題　153

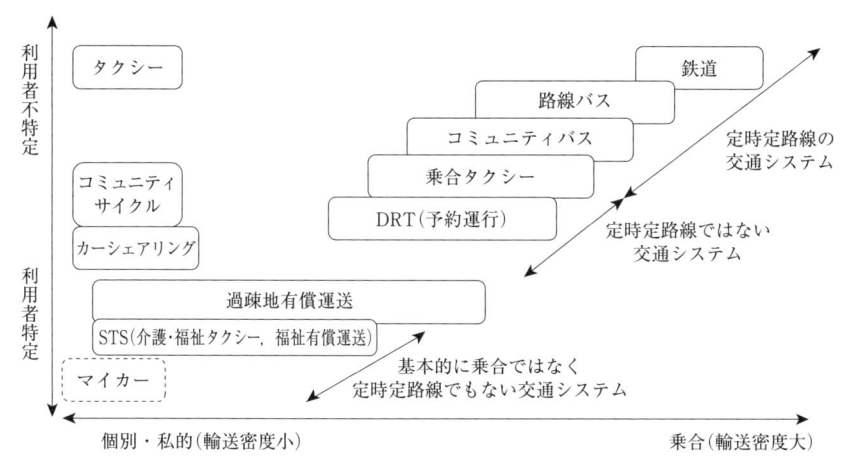

```
利用者不特定
  タクシー
                                              鉄道
                                        路線バス
                                  コミュニティバス        定時定路線の
                                  乗合タクシー          交通システム
  コミュニティ
  サイクル               DRT(予約運行)
                                              定時定路線ではない
  カーシェアリング                                 交通システム
利用者特定
                   過疎地有償運送
           STS(介護・福祉タクシー，福祉有償運送)
                              基本的に乗合ではなく
  マイカー                   定時定路線でもない交通システム

  個別・私的(輸送密度小)                         乗合(輸送密度大)
```

注：交通空白輸送は，コミュニティバス，乗合タクシー，DRTのいずれかに相当する。
　　市町村福祉輸送はSTSに相当する。
出典：秋山・吉田編著（2009）p.14を参考に作成。

図9.1　さまざまな地域公共交通手段

表9.2　一般の路線バスとコミュニティバスにおける運営と運行の分担関係

	運営 （ルートやダイヤを設定する）	運行 （車両を走らせる）
一般の路線バス	交通事業者	交通事業者
コミュニティバス	市町村，商工会，NPO等	交通事業者

の路線バスでは運行できなかった地域や施設への運行や，停留所間隔の短縮など，地域住民のニーズを反映したきめ細かなサービスを提供することができる（表9.2）。

なお，後に述べる「過疎地有償運送」や，「交通空白輸送」（市町村運営有償運送の一形態）が，地域住民によってコミュニティバスであると認識されていたり，市町村がコミュニティバスと呼称している場合もある。

1.2 乗合タクシー

　乗合タクシーは，道路運送法に基づく「一般乗合旅客自動車運送事業」の許可を受けた交通事業者が，乗務員を含めて乗車定員が 11 人に満たない小型車両（ジャンボタクシーや一般的なタクシー車両（セダン型車両）など）を使用して運行するものである。乗合タクシーには，運営と運行を交通事業者が独自に行っているもの（ジャンボタクシーや一般的なタクシー車両で運行される路線バスと理解するとよい。例えば和歌山県有田川町の末広タクシー）もあれば，コミュニティバスと同様に運営を市町村等が担い，運行を交通事業者が行っているものもある（ジャンボタクシーや一般的なタクシー車両で運行されるコミュニティバスと理解すると良い。コミュニティタクシーと呼称されることもある）。運行経路（ルート）や時刻表（ダイヤ）を固定している場合もあるが，小型車両の特性を活かしてよりドア・ツー・ドアに近いDRT型の運行形態をとっている場合もある。

1.3 DRT

　DRT は，事前の予約によって利用者の需要（ディマンド）を把握し，これに応じて運行経路（ルート）や時刻表（ダイヤ）をその都度設定して運行するものである[1]。一般的な路線バスやコミュニティバスは，定められた路線を定められたダイヤに沿って走るため，「定時定路線」と呼ばれる。これに対して DRT は，運行経路（ルート）や時刻表（ダイヤ），場合によっては起終点の制約すらとり払い，より自由な運行形態をとる。道路運送法上の分類では，「路線不定期運行」や「区域運行」が DRT に該当するほか，「交通空白輸送」のうち予約対応の運行形態をとるものも DRT の一種に位置づけられる。人口や各種施設が薄く分散し，定時定路線型の運行では地域の需要を効率的にカバーすることができない地域では，利用者の要望に応答して

1　道路運送法上の区分では，路線不定期運行や区域運行とされている。

運行するDRTの適用可能性が広がってくる。過疎地域では，利用者を自宅や施設の玄関口付近まで迎えに行き，目的地まで送り届けるドア・ツー・ドア型の運行（デマンド型乗合タクシー）をする事例も増加中である。2011年度からはじまった新しい国庫補助制度「地域公共交通確保維持改善事業（生活交通サバイバル戦略）」（5章参照）ではDRT型の地域内フィーダー路線も一定の条件を満たせば補助対象とされることになっている。DRTについては，本章第2節以降で詳しく述べる。

1.4 過疎地有償運送

わが国には，一定の条件を満たす場合に限り，NPO法人や市町村等が非営業用の車両（白ナンバー車両）を用い，運送対価をとって人を運ぶことのできる制度が用意されている。この制度に則った運送を自家用有償旅客運送といい，福祉有償運送，過疎地有償運送，市町村運営有償運送（さらに交通空白輸送と市町村福祉輸送に細分される）の三つに分類されている。

これらのうち過疎地有償運送は，一定の要件を満たす非営利法人（NPO法人，社会福祉法人，商工会，認可地縁団体など）が，過疎地域自立促進特別措置法における過疎地域その他これに類する地域のうち，バスやタクシーがないか極めて不便な地域において，自家用車で会員制の有償輸送を行うものである。この実施にあたっては，道路運送法第79条に基づき，市町村が原則として主宰する「運営協議会」でその必要性が認められなければならない。運送対価は営利とは認められない範囲とされており，利用者は会員登録が必要である。会員の範囲は，地域内住民およびその親族などである。

1.5 STS

STSは，鉄道や路線バス，タクシーといった地域公共交通を，身体的困難や経済的困難によって利用できない住民（移動困難者）を対象にしたサービスである。わが国では，福祉タクシーや介護タクシー，福祉有償運送，市町村福祉輸送などが該当する。これらのうち福祉有償運送は，一定の要件を

満たす非営利法人（過疎地有償運送と同じく NPO 法人，社会福祉法人，商工会，認可地縁団体など）が営利とは認められない範囲の運送対価を受けて，自家用車を用いて行う会員制の有償輸送である。利用者には会員登録が必要で，会員の範囲は身体障がい者，要介護者，要支援者など、単独では公共交通機関を利用できない人に限定される。ドア・ツー・ドアの個別輸送形態を原則としており，運送区域にも制約がある。福祉有償運送の実施にあたっては，道路運送法第 79 条に基づき，市町村が原則として主宰する「運営協議会」で協議が調わなければならない。

STS については，10 章で詳しく述べる。

1.6 その他の公共交通手段

近年では，カーシェアリングやコミュニティサイクルの活用もなされつつある。カーシェアリングは，自動車を会員が共同利用する仕組みであり，①共有することによって，車の利便性を損なわずして車に関わる費用を低減できる，②車を使うたびに費用を意識せざるを得ないため，自動車を本当に必要とする時だけ使うようになる，などの利点を有する[2]。わが国では 2011 年 1 月現在，2917ヶ所のステーション（前年の 3.4 倍）があり，会員数は 7 万 3224 人（同 4.5 倍）となっている[3]。

コミュニティサイクルは，バイクシェアリングともいわれ，1 台の自転車を複数の利用者が共有して使う新しい公共交通システムである。レンタサイクルが自転車を1ヶ所の駐輪場から借り出し，またその駐輪場に返却するシステムであるのに対し，コミュニティサイクルでは複数の駐輪場の相互利用が可能となっている。過疎地域や地方小都市においても，今後の展開が期待される。

---

[2] 詳しくは辻本（2009）第 6 章を参照のこと。
[3] 交通エコロジー・モビリティ財団（http://www.ecomo.or.jp/environment/carshare/carshare_top.html）

2. DRTの現状と課題

2.1　DRTとは

　路線バスは従来，定められた時刻表（ダイヤ）に沿って，定められた運行経路（ルート）を走行することが一般的であった。このような形態を「定時定路線」と呼ぶ。しかしながら，定時定路線型の運行は，ある程度まとまった需要がなければ成立し得ない。分散立地するすべての集落に定時定路線型のサービスを導入しようとすれば，極めて非効率的な姿となるし，充分な運行頻度の確保も困難である。

　このような中で，問題解決の切り札として期待され，導入が進められているのがDRTである。DRTは，事前の予約によって利用者の需要（ディマンド）を把握し，これに応じて運行経路（ルート）や時刻表（ダイヤ）をその都度設定して運行するものである[4]。DRTは，運行経路（ルート）や時刻表（ダイヤ），場合によっては起終点の制約すらとり払い，より自由な運行形態をとる。人口や各種施設が薄く分散し，定時定路線型の運行では地域の需要を効率的にカバーすることができない地域では，利用者の要望に応答して運行するDRTの適用可能性が広がってくる。過疎地域では，利用者を自宅や施設の玄関口付近まで迎えに行き，目的地まで送り届けるドア・ツー・ドア型の運行（デマンド型乗合タクシー）をする事例も増えている。

2.2　DRTの長所と短所

　DRTには，需要密度の低い地域にも適用しやすく，このことが公共交通空白の解消をもたらし得るという大きな利点がある。このほか，需要に合わせた効率的運行による燃料節約と地球温暖化ガス排出量削減そして人件費削減の可能性や，IT活用型の場合は蓄積したデータをサービス改善の検討に

4　道路運送法上の区分では，路線不定期運行や区域運行とされている。

活かすことができるといった長所を指摘することができる。

　一方でDRTには，予約を受けて配車する体制の構築や，最適な配車を行うためのノウハウの形成が必要であることや，そのためにはそれなりの経費が必要となること，ITを活用する場合はシステム構築費や維持費，更新費がかさむ場合もあるといった短所がある。また，DRTの多くは電話による予約が必要であり，このことが煩わしさや，気兼ねにつながる可能性もある。さらには，需要に応じて運行するため，1台あたりの利用者数が増加した場合，運行時間が長くなり，各利用者の所要時間の増加や，それによる利用者の利用敬遠が起こる可能性があり，場合によっては一部利用者の予約を拒否せざるを得ず，この解決のために導入車両数を増加させれば運行コストが増大する可能性も考えられる。

　DRTを本格運行している76の運営主体にアンケートを実施し57件の回答を得た宇佐美ら[5]によると，定時定路線の路線バスやコミュニティバスではなくDRTを導入した理由として，「効率的な運行」をあげた運行主体が80％で最も多く，次いで「戸別輸送」が45.5％，「運用コストの安さ」が40％，「路線を柔軟に設定」が38.2％の順となっている（図9.2）。しかしながら，2005年度の収支が確定している運行主体のうち，約6割において，収入総額に対する運賃収入の割合が2割台以下となっており，収入の総額に対する補助金の割合が6〜7割となっている主体が59％で，8割以上が補助金という主体が24％となっているなど，期待されたほどには効率的な運行ができていないものと考えられる。このように，需要の小さな地域における公共交通問題解決の切り札として期待されるDRTであるが，必ずしもすべての導入地域で期待どおりの効果をあげるには至っていないことにも注意すべきであろう。

5　宇佐美ら（2007）

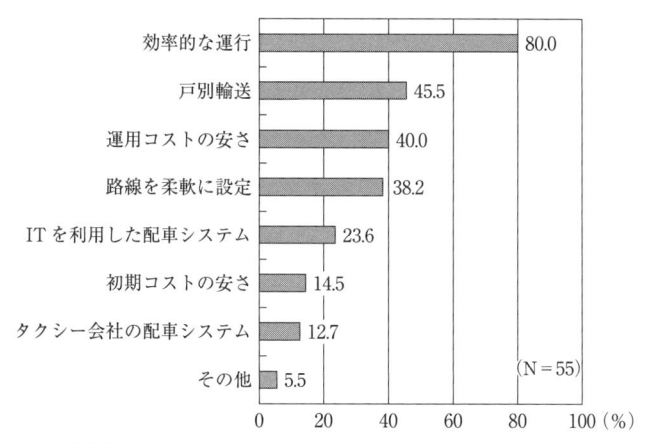

```
効率的な運行  ──────────── 80.0
戸別輸送    ──────── 45.5
運用コストの安さ ─────── 40.0
路線を柔軟に設定 ─────── 38.2
ITを利用した配車システム ──── 23.6
初期コストの安さ ── 14.5
タクシー会社の配車システム ── 12.7
その他     ─ 5.5
```
(N = 55)

出典:宇佐美ら(2007)

図 9.2　DRT の導入理由(複数回答)

2.3　DRT の諸形態

DRT は，運行方式や IT(情報通信技術)の活用状況によって，いくつかの形態に分類することができる。

まず，運行方式では，主に次の 4 タイプに分類することができる(表 9.3)。これらのうち固定型は，起終点や路線，ダイヤが固定されている点では定時定路線と同一であるが，予約がなければ便そのものが運休となる点において定時定路線とは異なっている。このような性格を持つ形態であるから，利用者は，乗りたい便が起点を出発する時刻よりも前に予約を入れなければならない。

迂回型は，起終点とダイヤを固定し，基本路線を設定した上で，予約に応じて基本路線を外れて迂回し，また基本路線に戻るというものである。基本路線上での乗り降りに予約の必要はないが，迂回経路上での乗り降りを希望する場合は事前に予約を入れなければならない。迂回方式では，迂回経路の運行を前提にダイヤや必要車両数の設定が行われる場合が多い[6]ため，迂回の有無にかかわらず経費はそれほど変化しない。したがって，利用者が少な

表9.3　運行方式によるDRTの分類

運行方式による分類	起終点	運行経路（ルート）	時刻表（ダイヤ）	予約方法
固定型 （予約がなければ運休）	固定	固定	固定	起点出発時刻より前に予約
迂回型	固定	一部のみ固定（基本路線がある）。予約に応じて迂回する	固定	迂回経路の停留所を通過する前までに予約 基本路線上の乗降に予約は不要
セミ・ダイナミック型 （フレックス方式）	起終点のいずれか、あるいは両方を固定	予約に応じてその都度設定	起点出発時間もしくは終点到着時間の両方か一方を固定	起点出発時刻より前に予約
ダイナミック型 （フルデマンド方式）	固定せず	予約に応じてその都度設定	予約に応じてダイヤを設定	任意の時刻に予約
（参考：定時定路線）	（固定）	（固定）	（固定）	（予約は不要）

注：需要の多い朝夕や平日は定時定路線で運行し，需要の少ない昼間や土休日はデマンド化するなど，定時定路線型運行とデマンド運行を組み合わせることも考えられる
出典：竹内・大蔵・中村（2003）p.638　および中村（2006）p.41。

ければ少ないほど運行事業者が得をするといった状況ともなりかねず，そうさせないための制度設計が重要となる。

　セミ・ダイナミック型では，起終点のいずれか，あるいは両方が固定され，これに応じて起点出発時間もしくは終点到着時間のいずれかまたは両方が固定される。運行経路は予約に応じて柔軟に設定され，予約の締め切り時刻は起点出発時刻よりも前となる。

　ダイナミック型は，フルデマンド方式とも呼ばれ，最も自由な形態である。起点も終点も定まっておらず，運行経路やダイヤは予約に応じてその都度柔軟に設定され，予約時刻も任意となっている。ダイナミック型は，待ち時間や乗車時間の長さよりも移動機会の確保やドア・ツー・ドア性を重視した形態であるともいえ，したがって高齢者や障がい者の移動ニーズに合致しやすい型であると考えられる。

6　竹内・大蔵・中村（2003）p.639。

表 9.4 システムによる DRT の分類

	IT 活用型	非 IT 型
データ管理や配車情報の通信などにおける IT 機器の活用	活用し，専用ソフトウェアを用いる。したがって，サービス改善検討に活かせるデータを蓄積しやすい。これに加えて配車情報の通信にも IT 機器を活用する場合がある（東大，E 社，N 社）。また，サーバが共用のものと，そうでないものがある	活用しない，もしくは Excel 等の汎用ソフトウェアの活用にとどまる
オペレータ業務における IT 機器の活用	運行計画を自動作成するもの（東大，E 社）と，非自動作成のもの（N 社，S 社，P 社，F 社）がある	運行計画の自動作成はできない
適する利用人数	利用人数が比較的多い場合	利用人数が比較的少ない場合
適する登録者数	登録者数が比較的多い場合	登録者数が比較的少ない，または利用登録の必要がない場合
予約	電話，FAX，メールで予約を受け付けるケースや，停留所等に予約システムを設置しているケース等がある。迂回型の DRT では車内で申告する方法もあり得る	
配車	配車シートを手渡しするケースと，配車情報を通信するケースがある	配車シートを手渡しするケースと，タクシー無線での配車を行うケースがある

注：E 社はエイブイプランニングセンター社，N 社は NTT 東日本，S 社はシステムオリジン社，P 社はパイオニアナビコム社，F 社はフジデジタルイメージング社。
出典：国土交通省総合政策局（2009）より作成。

表 9.5 人口密度や対象利用者による DRT の分類

対象利用者 ＼ 人口密度	高	低
高齢者・障がい者等の移動制約者	都市部で福祉目的の交通として導入される DRT	郊外・地方部で福祉目的の交通として導入される DRT
限定せず	都市部で高密度なサービスを提供する DRT	既存バス代替交通手段として導入される DRT

出典：竹内・大蔵・中村（2003）p.638。

　また，システムがパソコンなどの IT（情報通信技術）を大幅に活用したものか否かによって，「IT 活用型」と「非 IT 型」に分類することもできる。IT 活用型と非 IT 型の特徴は次の通りである（表 9.4）。IT 活用型にも，

最適な配車をシステムが自動決定するものや，そうでないもの，配車情報を運転手に通信で伝えるものや手渡しで伝えるものなど様々なタイプがある。

さらに DRT は，導入地域の人口密度の高低や対象利用者の限定状況によって，四つのタイプに分類することができる（表 9.5）。DRT の導入にあたっては，地域特性や導入目的，財政状況等を勘案しながら，車両の機能，運行回数，運行方法，IT 活用の程度などを適切に選択する必要があり，適宜見直していくことが必要である。

2.4 DRT の具体例

全国では具体的にどのような形で DRT を導入しているのであろうか。表 9.6 は，全国から 13 事例をとり上げ，DRT の具体例を示したものである。

運営主体は自治体，商工会，社会福祉協議会と様々である。これらの他に，TMO（タウンマネジメント機関）や LLP（有限責任事業組合）が運営主体となっている事例（石岡市，筑西市，一戸町など）も存在する。

時刻表の面では，基本ダイヤを設定しているケースが大半となっているが，IT 活用型の中には基本ダイヤを有さないものがある。このうち千葉県酒々井町の「しすいふれ愛タクシー」[7] では，町社会福祉協議会が運営主体となって，ワゴン車を使用し，「誰でも，どこからでも」の DRT を運行している。町内の利用が基本であるが，町外の総合病院（成田日赤病院と日本医大北総病院）への利用も可能である。片道料金は町内での利用が 300 円，町外への場合は 500 円である。基本ダイヤはなく，平日の午前 8 時から 17 時まで（最終乗車は 16 時半）の間で予約に応じて運行される。この DRT はスクールバスを兼ねており，スクールバスとして運行する時間帯（月・木の 15 時～15 時半と，火・水・金の 15 時～15 時半および 15 時 45 分～16 時 15 分）については児童の利用が優先とされている。

路線については，基本路線を持ち，デマンドに応じて迂回をするタイプ

---

7 しすいふれ愛タクシー（http://www.town.shisui.chiba.jp/fureai/fureai.htm）

9章 DRTの現状と課題

表9.6 DRTの具体例

導入地域	システム方式		開発・販売元	運営主体			基本ダイヤ		基本路線 ▲：目的地限定 ■：迂回型			運行エリア		車輛サイズ				車輛台数	運賃			対象者			利用者登録
				自治体	商工会	社会福祉協議会	あり	なし	あり	なし		全域	一部	中型ORに型バス	小型	ジャンボタクシー	セダン型タクシー		均一制	ゾーン制	制限なし	自治体住民限定	65歳以上限定	必要
1. 山形県川西町	非IT型	配車シート手渡方式	—	●			●			なし		●					●	3						●
2. 広島県安芸太田町	非IT型	配車シート手渡方式	—	●			●		■			●					●	8				●		●
3. 滋賀県東近江市	非IT型	タクシー無線活用方式	—	●			●		■			●					●	4				●		
4. 和歌山県みなべ町	非IT型	タクシー無線活用方式	—	●			●		■			●					●	2						
5. 山形県高畠町	IT活用型	配車シート手渡方式	A社		●		●			▲		●					●	3	●					●
6. 長野県飯綱町	IT活用型	配車シート手渡方式	B社	●			●			なし		●					●	4	●		●			●
7. 島根県斐川町	IT活用型		C社	●			●			なし		●					●	4		●	●			●
8. 茨城県神栖市	IT活用型		C社		●		●			▲			●				●	9	●		●			●
9. 宮城県女川町	IT活用型	配車情報通信方式	D社		●			●		なし		●		●				5		●			●	●
10. 福島県南相馬市	IT活用型	配車情報通信方式	D社	●			●			なし		●			●			4	●		●			●
11. 福島県只見町	IT活用型	配車情報通信方式	D社			●	●			なし		●					●	4			●		●	●
12. 千葉県酒々井町	IT活用型	配車情報通信方式	D社	●			●			なし			●				●	4			●			●
13. 群馬県前橋市（大胡・宮城・柏川地区）	IT活用型	配車情報通信方式	E社	●			●			なし			●				●	4			●			●

出典：国土交通省総合政策局（2009）

(迂回型)と，基本路線を持たないが起終点は決まっているタイプ(セミ・ダイナミック型)，そして基本路線も起終点も定めていないタイプ(ダイナミック型)が存在する。表 9.6 の中では，基本路線も起終点も決まっておらず，かつ基本ダイヤもない酒々井町と前橋市がより完全なダイナミック型であると考えられる。基本路線(あるいは限定された目的地)の有無と IT の活用状況とを対比させてみると，基本路線(あるいは限定された目的地)を持たないすべての事例が IT 活用型となっていることがわかる。例外はあろうが，基本的に定時定路線に近い運行形態であればあるほど非 IT 型がふさわしく，路線や時刻表に縛られないより自由な運行形態であればあるほどIT 活用型がふさわしいものと考えられる。

　運行エリアについては，市町村の全域をカバーするものと，市町村内の一部地域をカバーするものとがある。

　車両のサイズは，中型もしくは小型(乗車定員 11 名以上)のバス車両を使用するケースや，ジャンボタクシーを使用するケース，セダン型タクシーを使用するケース，これらを組み合わせて使用するケースがある。

　運賃は，均一制を採用するところと，ゾーン制を採用するところがある。

　また，対象者に制限を設けるケースと，設けないケースがある。前者には当該自治体の住民のみが利用できるケースや，65 歳以上の高齢者のみが利用できるケース，65 歳以上かつ当該自治体の住民が利用できるケースがある。

　最後に利用者登録の欄を見ると，会員制(登録有)としている事例が多いことがわかる。なお，運営主体，運行エリア，車輌サイズ，運賃，対象者，利用者登録の有無と IT の活用との関連性は不明確である。

2.5　DRT の運行に関する費用

　DRT の運行にあたっては，様々な費用が発生する。表 9.7 は，DRT の運行に関する費用を，代表的な IT 活用型システムと，非 IT 型とに分けて整理したものである。

表9.7 DRTの運行に関する費用

車載器	運行計画配車情報	開発元	導入例	システム関連費用	システム関連以外の費用
IT活用型 あり	運行計画自動作成，配車情報を通信	東京大学	三条市内全域（人口10.5万人，面積432km²）基本ダイヤなし（一部例外有）郊外の2地区：自宅〜市内各所のバス停間 三条市街地：市内各所のバス停間 平日のみ運行	5年間合計 8,640千円 システムのレンタル代 3,640千円 車載器7台のレンタル代 5,040千円（システムのランニングコストである保守費と通信費は上記レンタル代に含まれる）	初期投資として受付センターの整備費や，車両関連費，広報関連費等が発生する場合あり。ランニングコストとして運行委託費やオペレータの人件費等が発生する場合あり。
IT活用型 あり	運行計画非自動作成，配車情報を通信	NTT東日本	酒々井町全域（人口2.1万人，面積19km²）基本ダイヤなし DtoD 平日のみ運行	5年間合計約32,600千円 システムへの初期投資 22,626千円（一括買取）車載器（4台）の費用を含む 初期データ投入費が別途発生（額不明）システムのランニングコスト（保守費と通信費）10,000千円	
IT活用型 あり	運行計画非自動作成，配車情報を通信	NTT東日本	只見町のほぼ全域（人口0.5万人，面積748km²）基本ダイヤあり DtoD 平日のみ運行 2009年12月現在，南相馬市（小高区）等全国50市町村が導入	5年間合計約22,300千円 システムへの初期投資 10,088千円（一括買取）車載器（4台）の費用を含む 初期データ投入費が別途発生（額不明）システムのランニングコスト（保守費と通信費）8,750千円	
IT活用型 あり		パイオニアナビコム	飯綱町全域（人口1.2万人，面積75km²）基本ダイヤあり DtoD 平日のみ運行	5年間合計約11,238千円 システムへの初期投資 22,626千円（一括買取）車載器（4台）の費用を含む 初期データ投入費が別途発生（額不明）システムのランニングコスト（保守費と通信費）1,150千円	
IT活用型 なし	運行計画非自動作成，配車シートを手渡し	システムオリジン	斐川町全域（人口2.8万人，面積81km²）基本ダイヤあり，DtoD 平日のみ運行	5年間合計 5,909千円 システムへの初期投資 5,159千円（一括買取）5年分の保守費を含む システムのランニングコスト（通信費）750千円	
IT活用型 なし		システムオリジン	神栖市全域（人口9.2万人，面積147km²）基本ダイヤあり DtoD 平日のみ運行	5年間合計 9,800千円 システムへの初期投資 7,690千円（リース）（一括買取の場合の試算額は6,856千円）初期データ投入費約1,000千円は別途 システムのランニングコスト（保守費と通信費）2,120千円	
非IT型 なし	運行計画は非自動作成，タクシー無線やシートの手渡しで配車		東近江市，みなべ町ほか全国に多数事例あり	システムを持たないか，またはExcel等の汎用ソフトウェアの利用にとどまるため，システム関連費用はほぼゼロである。既存のタクシー無線を活用すれば通信費もほぼゼロとなる	ランニングコストとして燃料費などの運行経費やオペレータの人件費等が発生する場合あり。

注1：NTT東日本社のシステムの更新が5年毎に行われるため，ここでは5年間の合計額を示している。また，5年間の合計額は，関係者へのヒアリングを踏まえ，一定の前提をおいた上で試算したものである。
注2：只見町では，縁辺部に位置する三つの小字を，運行距離が長く運行時間内の配車ができないとの理由でサービス区域外としている。表の人口と面積は，町全域の数値である。
注3：DtoD＝ドアツードア
出典：国土交通省総合政策局（2009）をもとに作成。

非IT型では，車載器は使われず，運行計画も自動作成されない。配車情報についてはシートの手渡しによって行う場合や，タクシー無線を活用する場合がある。非IT型はシステムを持たないか，持ったとしてもExcel等の汎用ソフトウェアの利用にとどまるため，システム関連費用は基本的に発生しない。システム関連以外の費用として，燃料費等の運行経費やオペレータの人件費などが発生する場合がある。

IT活用型には，車載器ありのものと，なしのものがある。また，運行計画が自動作成され，通信によって配車情報を運転手に知らせるもの（東京大学），運行計画は自動作成されないが，配車情報の配信は通信によって行うもの（NTT東日本），運行計画を自動作成せず，配車情報はシートの手渡しによって行うもの（パイオニアナビコム，システムオリジン）というように，様々なタイプがある。

IT活用型DRTの運行に関する費用を図9.3に示す。IT活用型では，専用ソフトウェアや車載器，配車情報の通信システム等のための「システム関

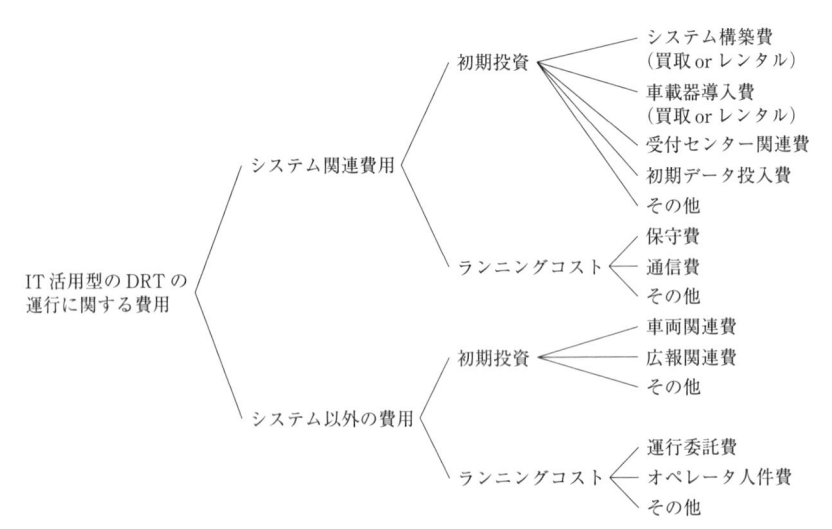

```
IT活用型のDRTの     ┬ システム関連費用 ┬ 初期投資 ┬ システム構築費（買取orレンタル）
運行に関する費用    │                  │          ├ 車載器導入費（買取orレンタル）
                    │                  │          ├ 受付センター関連費
                    │                  │          ├ 初期データ投入費
                    │                  │          └ その他
                    │                  └ ランニングコスト ┬ 保守費
                    │                                     ├ 通信費
                    │                                     └ その他
                    └ システム以外の費用 ┬ 初期投資 ┬ 車両関連費
                                        │          ├ 広報関連費
                                        │          └ その他
                                        └ ランニングコスト ┬ 運行委託費
                                                           ├ オペレータ人件費
                                                           └ その他
```

注：システム関連のランニングコストがシステム構築費や車載器導入費に含まれる契約形態もある。

図9.3　IT活用型DRTの運行に関する費用

連費用」が必要となる。システム関連費用は，数年毎の更新が必要となる場合があり，その際にはその都度更新費が必要となる。東京大学のシステムとNTT東日本のシステムとではシステム関連費用に大きな差があるが，これは前者が共通のサーバーを利用しており，システム更新も基本的に不要となっていることによる。また，システム関連以外の費用として，受付センターの整備に関する費用や，オペレータの人件費などが発生する場合がある。表9.7に掲載された事例の費用面での優劣は，人口分布や地形等の地域特性や，車両の台数，運行頻度等によって異なるため一概には比較できない。いずれにせよ，ITシステムの導入にはそれなりの費用を要するため，必要性については慎重な検討が不可欠である。全国のDRTの中には利用者がわずかであるにもかかわらず数千万円のITシステムを導入し，維持管理にも多額の経費をかけている事例が見られる[8]。地域の実態に即した交通システムを実現するためには，例えば予約・配車にITを活用する代わりに，ノウハウや無線を持つタクシー事業者に運行を委託することも考えられるし，サービス改善のためのデータをITで蓄積する代わりに，利用者に簡単なアンケートを配布したり運転手に感想を聞いてサービス改善に活用することを考えてもよいであろう。また，予約件数が日に数件であれば，わざわざ専用の受付センターを置くことなく，市町村や交通事業者の職員等が他の業務の傍らで対応することもできるだろう。さらにいうならば，運行経路（ルート）や時刻表（ダイヤ）を定めることができないほど需要の少ない地域に，DRTを含めた公共交通サービスが必要かどうか，STSの導入やタクシー券の配布で解決できないか，移動販売車の導入による買い物機会の確保など交通手段の確保以外による対応についても検討することが望ましい[9]。財政負担額の圧縮が目的であるならば，定時定路線運行のまま，隔日運行化や土休日の運行休止を行う方法もあろう。

---

8 元田・宇佐美（2007）。
9 中部地域公共交通研究会編著（2009）pp.96-97。

2.6 DRT の運行費用に関する契約方法

　DRT の運行費用に関する契約方法としては，運行費用定額補助（利用時間借上方式）と欠損補助，タクシーメーター方式の三つの方法が一般的である（表 9.8）。これらのうち，運行経費定額補助は，岩手県雫石町や福島県南相馬市など，多くの地域で導入されている。経費は稼働率を想定して算出されるが，既に導入されている地域では，稼働率を概ね 60％〜80％程度としており，時間あたりの契約額は 2000 円（関市）や 1470 円（高畠町。運行開始当初は 2000 円であった）など様々である。運賃等の収入が交通事業者の収益となるため，事業者の自助努力を促すことができるとともに，行政などの運営主体にとっては負担額が一定で予算計画を立てやすいという長所がある。一方，交通事業者は運賃収入等が想定より少ない場合のリスクを負うことになる。

　欠損補助は，交通事業者に運行を委託し，運行経費と収入額の差額を支払う方式であり，前橋市などで導入されている。この方式の場合，欠損額を全て補助するため　交通事業者にはほとんどリスクが発生しないが，一方で交通事業者の自助努力を促すことが難しく，結果として行政などの運営主体の負担が増加する可能性が出てくる。

　こういった欠損補助方式の短所を補うべく，欠損補助額を定額としたり，補助額に上限を設ける，一定額以上の収入を交通事業者の取り分とする，といった仕組みを導入することにより，交通事業者の自助努力を促している例がある。これはインセンティブ型欠損補助方式というべきものであり，みなべ町等で実施されている。

　タクシーメーター方式は，滋賀県米原市や熊本県菊池市などで導入されている。この方法は，空車で待機している車両を活用する方法である。利用者は決められた運賃を運転手に支払い，タクシーメーターとの差額については行政などの運営主体が負担することとなる。この方式は実費を精算する方式であるため，交通事業者には大きな利益も出ないが，リスクも発生しない。

表 9.8 DRT の運行費用に関する契約方法と長短

契約方法	代表的な考え方	長所	短所	事例
運行費用定額補助（利用時間借上方式）	・稼働率を想定（予約のあったときのみの運行となるため、概ね60%から80%程度）して予想利用時間を算出し、これに時間あたりの契約額を乗じて定額補助額とし、交通事業者へ支払う ・収入額は補助額算定の対象外 ・時間あたりの契約額は、2000円（関市）、1470円（高畠町）等 ・運賃等の収入は交通事業者の収益となる	・運賃等の収入が交通事業者の取り分となるため、事業者の自助努力を促すことができる ・負担が一定のため、行政などの運営主体が予算計画を立てやすい	・一定額の補助となるため、交通事業者は運賃収入が想定より少ない場合のリスクを負う	女川町、雫石町、南相馬市、只見町、酒々井町、高畠町、神栖市、川西町、関市、安芸太田町
単純な欠損補助	・交通事業者に運行を委託し、運行経費と収入額の差額を欠損補助として支払う	・欠損額を全て補助するため交通事業者にはほとんどリスクが発生しない	・交通事業者の自助努力を期待しにくい ・行政などの運営主体の負担が増加する可能性がある	前橋市、飯綱町、斐川町
インセンティブ型欠損補助	・交通事業者に運行を委託し、運行経費と収入額の差額を欠損補助として支払う ・ただし、欠損補助額を定額としたり、補助額に上限を設ける、一定額以上の収入を交通事業者の取り分とする、といった工夫により、利用者増（収入増）のインセンティブとする	・交通事業者の自助努力を促すことができる ・行政などの運営主体の負担が一定以下のため、予算計画を立てやすい	・一定額以下の補助となるため、交通事業者は運賃収入が少ない場合のリスクを負う ・補助額が大きすぎると交通事業者の自助努力に結びつかない	みなべ町（定額補助）
タクシーメーター方式	・利用者は決められた運賃だけを運転手に支払い、タクシーメーターとの差額を行政などの運営主体が負担する	・実費を精算するため交通事業者は大きな利益もないがリスクもない	・必要経費が変動するため、行政などの運営主体は予算計画を立てづらい	東近江市、米原市、菊池市

注：運行費用定額補助や欠損補助の場合、車両を行政などの運行主体が保有するケースと、交通事業者から借り上げるケースがある。
出典：国土交通省総合政策局（2009）参考資料編をもとに作成。

一方、必要経費が変動するため、行政などの運営主体は予算計画を立てづらい。

このように、DRT の各種運行契約方法には、それぞれ特色がある。導入地域の特性に応じて、適切な運行契約方式を選択することが望まれる。

3. 地域公共交通と運行委託

　市町村等がDRTや定時定路線のコミュニティバス等を運行しようとする場合に，重要となるのが運行委託先の選定である。

　道路運送法は，「一般旅客自動車運送事業（筆者注：一般的なバスやタクシーのこと）を経営しようとする者は，国土交通大臣の許可を受けなければならない」と規定している（第4条）[10]。こういった「旅客輸送のプロ」としての許可を，市町村や一般住民が取得し，自らハンドルを握ってバスを走らせることは容易なことではない。

　したがって，一般的なバスやタクシーによる地域交通サービスの運行を目指す場合には，専業であり安全性の確保にも長けている既存のバス事業者やタクシー事業者への運行委託をまず考えることとなる[11]。また，他業種から新規参入してきた事業者や，他地域の事業者への委託も選択肢の一つとなり得る。運行委託先とメリット，デメリットを表9.9に整理する。

　なお，先に述べた自家用有償旅客運送制度（福祉有償運送，過疎地有償運送，市町村運営有償運送）に則った運送であれば，運転手には第二種自動車運転免許保有の義務がない（ただし代替講習を受けなければならない）など，一般住民等が自らハンドルを握り対価を取って運送するためのハードルがやや低くなっている。

4. おわりに

　この章では，過疎地域や地方小都市といった低需要地域を中心に導入が進められているDRTについて，長所や短所，形態，具体例，運行費用，契約方法，運行委託先の順に議論した。

10　「他人の需要に応じ有償で，自動車を使用して旅客を運送する事業」を旅客自動車運送事業という。このうち，特定の者の需要に応じ，一定の範囲の旅客を運送する「特定旅客自動車運送事業」以外のもの，すなわち一般的なバスやタクシーが一般旅客自動車運送事業に該当する。
11　中部地域公共交通研究会編著（2009）p.103。

表 9.9　コミュニティバス等の運行委託先とメリット・デメリット

運行委託先	メリット	デメリット
既存のバス事業者	・地域の実情に明るい ・バス停やバス車庫等が利用できる ・既存バス路線との整合性が図りやすい ・バスの運行に関するノウハウを有している ・従業員数や車両台数が豊富であることが多く，積み残し発生時や事故時の対応等がスムーズである	・運行経費は高い場合が多い ・サービス向上の意識が高くない事業者も見られる
他地域から進出してきたバス事業者	・バスの運行に関するノウハウを有している ・従業員数や車両台数が豊富であることが多く，積み残し発生時や事故時の対応等がスムーズである ・運行経費面で工夫を期待できる ・サービス向上の高い意識を期待できる	・地域の実情には明るくない場合がある ・バス停やバス車庫等を利用できない場合がある ・既存バス路線との整合性が取れない場合がある
タクシー事業者やトラック事業者等を母体とした新規参入バス事業者	・運行経費は安い場合が多い ・従業員教育に力を入れるなどサービス向上の意識が高い事業者も見られる ・伝統的なバス事業者にはない創意工夫を期待できる場合がある	・従業員数や車両台数において，既存バス事業者より少ない場合がある ・安全で安定的に路線バスを運行するノウハウでは劣る場合がある
タクシー事業者	・地域内の事業者は地域の実情に明るい ・タクシー車庫や営業所，オペレータ，タクシー無線等を活用できる ・タクシー車両を用いた乗合タクシーに対応できる（乗合許可の取得が条件） ・施設の玄関前や集落の奥深くまでなど，ドア・ツー・ドア型の運行を行いやすい	・事業者に複数の予約を受け付け，効率よく巡回するように配車する能力があるかどうかを見極める必要がある ・既存バス路線との整合性が取れない場合がある
地域住民や自治会，NPO法人等	・地域の実情に極めて明るい ・地域住民が実際の運送にも関わることで，地域の足の確保に向けた意識が高まることが期待される	・一般乗合旅客自動車運送事業の場合，これらの組織は道路運送法に基づく許可を取得しなければならない ・無償運行の場合は道路運送法上の許可は不要となる。しかし地域住民から徴収した協力金なども有償と見なされる恐れがある ・限られた人員の中では安全運行管理体制の確立が難しく，後継者問題などが発生する可能性もある ・既存バス路線との整合性が取れない場合がある ・バス停やバス車庫等を利用できない場合がある

出典：魚津市提供資料「NPOへの運行委託について」および中部地域公共交通研究会編 (2009) pp.104-106 をもとに作成。

本章では DRT を中心に扱ったが，DRT 化だけが低需要地域における地域公共交通問題の解決法なのではない．例えば，バス・タクシー事業者が存在しない過疎地であれば，市町村が主宰する運営協議会での手続きを経て，過疎地有償運送（マイカーを用いた会員制の有償運送）を行うこともできる．

本章第1節で述べたように，地域公共交通体系は様々な手段で構成されている．定時定路線型コミュニティバスありき，DRT ありきではなく，タクシー券の配布や，STS での対応，スクールバスの活用なども含めた総合的な検討が不可欠である．

参考文献

秋山哲男・吉田樹編著（2009）『生活支援の地域公共交通 ―路線バス・コミュニティバス・ST サービス・デマンド型交通―』学芸出版社

宇佐美誠史・元田良孝・倉内文孝・中村文彦（2007）「デマンドバスの経営，運行実態について」『土木計画学研究・講演集，Vol.35』（CR-ROM）

国土交通省（2009）「市町村運営有償運送の申請に対する処理方針について」（http://www.mlit.go.jp/common/000040668.pdf）

国土交通省総合政策局（2009）「地域公共交通に関する新技術・システムの導入促進に関する調査業務報告書」

竹内龍介・大蔵泉・中村文彦（2003）「運行特性を踏まえた DRT システムのコスト分析に関する研究」『土木計画学研究・論文集』第 20 巻第 3 号，pp.637-645

中部地域公共交通研究会編著（2009）『成功するコミュニティバス ―みんなで創り，守り，育てる地域公共交通―』学芸出版社

辻本勝久（2009）『地方都市圏の交通とまちづくり ―持続可能な社会をめざして』学芸出版社

東北運輸局（2006）「道路運送法等の一部を改正する法律 乗合旅客運送に係る規制の適正化と自家用有償旅客運送制度の創設」（http://wwwtb.mlit.go.jp/tohoku/ks/bus-h02-1.pdf）

長岡市（2009）「有償化の方策について」（http://www.city.nagaoka.niigata.jp/kurashi/koutu2/traffic-oguni/h21-02_01.pdf）

中村文彦（2006）『バスでまちづくり ―都市交通の再生をめざして―』学芸出版社

元田良孝・宇佐美誠史（2007）「バス 110 番と自治体の公共交通問題」『土木計画学研究・講演集，Vol.35』（CR-ROM）

10章
福祉有償運送の現状と課題

1. 高齢化と移動手段

　わが国では平均寿命が伸び，定年後20～30年の余生を送ることが一般的になっている。高齢化率は，1990年の12.1%から2000年には17.4%，2010年には23.1%と推移しており，2015年には26.9%，2025年には30.5%にまで高まると予測されている[1]。

　わが国の障がい者数（身体・知的・精神の各障がいの合計。施設入所者を含む）はおよそ744万人であり[2]，総人口約1億2776.8万人（2005年国勢調査）に占める割合は約5.8%である。つまり今や約17人に1人が何らかの障がいを有する者となっている。

　わが国では今後，人口が減少する中で高齢者や障がい者の割合がさらに高まるものと考えられる。そのような中で高齢者・障がい者が活力を保ち，健康で文化的な生活を享受し続けるためには，物的な面での充足もさることながら，社会参加することによって多様な人々や文化と接触を持つことで精神

1　国立社会保障・人口問題研究所（2010）。
2　内閣府（2011）。元データは厚生労働省の「身体障害児・者実態調査」（2006），「社会福祉施設等調査」（2006, 2005），「知的障害児（者）基礎調査」（2005），「患者調査」（2008）等である。

面の充足を図っていくことが必要である[3]。

　高齢者や障がい者であっても，病院通いや日用品の買い物を繰り返すだけが人生ではあるまい。人間らしい生活を送るためには，ちょっとお洒落をしての買い物や飲食に出かけたり，趣味や自己研鑽のためのイベントに出かけたり，レジャーを楽しんだり，友人と交流するといった機会も重要であろう。

　天皇陛下ご即位二十年に際し，かしこくも皇后陛下が記者会見でお答えになられたように，長生きを寿ぐ気持ちを持って，高齢社会に向けた様々な対策を打ち出すことが望まれる[4]。

　しかしながら，前章までで述べてきたように，地域公共交通の経営を取り巻く状況は厳しい。公共交通手段に恵まれない地域の移動制約者[5]にとって，移動のためにとられる時間や費用は大きく，家族や友人・知人に同乗させてもらう場合にも気兼ね等の精神的負担が伴い[6]，高額の謝礼が支払われている場合も見受けられる。このような中では，外出機会の制約と，社会活動や買い物，趣味などの機会の逸失が懸念される。移動制約者に配慮した交通手段の不足は，ケアのための各種負担の増大となって，非移動制約者にもデメリットをもたらすであろう[7]。

　事業者や自治体という二つのセクターに頼った交通手段の維持が難しくなる中で，もう一つのセクターである地域住民[8]がより主体的に関わった形での交通手段維持の重要性が高まってきている。地域住民参画のもとで，高齢者と障がい者の外出機会増を実現するために有用と考えられるのが，福祉有

3　まちづくりと交通プランニング研究会（2004）p.92。
4　宮内庁（http://www.kunaicho.go.jp/okotoba/01/kaiken/kaiken-h21-gosokui20.html）。
5　秋山（2003b）によれば，移動制約者は広義の概念であり，外出する際になんらかの困難を伴う人の総称である。
6　和歌山県白浜町において高齢者の行動特性や自動車同乗時の意識の把握を試みた川西・三星（2001）は，家族の人数が少なくなるにつれて，同乗する際の精神的負担が多くなることを示している。
7　例えば吉田（2003）p.44。
8　組織化されていない取り組みも含めて議論するため，NPOではなく，地域住民と表記している。なおNPOの基本的な要件は，①ボランタリー・アソシエーション（人々の自発的な意志によって形成され，政府から独立した組織であること），②社会的使命，③非配分原則であるとされる。谷本・唐木（2004）pp.13-14。

償運送である。福祉有償運送は，NPO法人や社会福祉法人などが，障がい者や要介護者・要支援者など，1人での外出が困難な人を，定員11人未満の自家用車を用いて，非営利の範囲の対価（おおむねタクシー運賃の半額以下）をとって運送する会員制のサービスであり，STS（Special Transport Service）の一つに数えられる。本章では，福祉有償運送の意義や課題を論じる。

2. 様々な個別輸送手段と福祉有償運送の特徴

2.1 福祉有償運送とは

　福祉有償運送とは「タクシー等の公共交通機関によっては要介護者，身体障害者等に対する十分な輸送サービスが確保できないと認められる場合において，特定非営利活動法人等が，実費の範囲内であり，営利とは認められない範囲の対価によって乗車定員11人未満の自家用自動車を使用して当該法人等の会員に対して行う原則としてドア・ツー・ドアの個別輸送サービス」[9]である。「営利とは認められない範囲の対価」とは，おおむねタクシー運賃の半額以下とされている。タクシーやバス等との棲み分けの観点から，利用者は1人での外出が困難な高齢者や障がい者のうち会員となった者に限られ，発着地の制約も設けられている。

2.2 地域住民の公共交通への参画と福祉有償運送

　福祉有償は地域住民参画型公共交通の一種である。ここで，地域住民の公共交通へのかかわり方について整理しておこう。

　公共交通への地域住民のかかわり方には，①交通サービスのあり方の提唱，②運行組織に対する金銭的援助，③運行組織の構成員としての活動，の

9　国土交通省自動車交通局（http://www.mlit.go.jp/jidosha/jidosha_tk3_000012.html）。

三つの場合が考えられる[10]。

①は，地域住民が，事業者や行政に対して改善策の提言や陳情活動を行う形で関わる場合であり，わが国においてはこれまで最も一般的な形態であった。

②には寄付や金券類の購入を通じた支援，積極的な利用による支援が該当する。回数券購入を通じた住民参加事例には，青森県鰺ヶ沢町における乗合バス運行への住民参加がある[11]。

③は，地域住民自らが運行組織の構成員となる，最も積極的な関わり方であって，個別交通機関としての性格の有無で2種類に分類できる[12]。個別交通機関の代表例は，NPO法人や任意の住民団体が運行主体ないし運行受託者となり，自家用車を用いて行う無償あるいは有償[13]のボランティア輸送サービスである（これを③-1とする）。この種の輸送サービスは，利用者を高齢者や下肢不自由者などに厳しく限定したサービス（③-1-1）と，そうでないサービス（③-1-2）とに分類でき，前者がSTS[14,15]である。

地域住民が運行組織を構成する非個別交通機関（③-2）の事例としては，京都市の醍醐コミュニティバスや三重県の生活バス四日市などがある[16]。地域住民による交通サービスへのかかわり方は以上のように分類できるが，福祉有償運送はこれらのうち③-1-1（STS）の一つに位置づけることができる。

---

10 NPOの交通サービスへの関わりについて谷本・唐木（2004）は，①サービス提供の主体として，②オルナタティブな交通サービスのあり方を提唱する主体として，の二つに分類している。本章ではこの分類を参考にしながら，運転者としての活動に代表される直接的な関与と，回数券購入や資金援助等の間接的な関与を明確に仕分けすべく，①〜③に細分類した。
11 例えば湧口（1999）p.118。
12 移送サービスによる乗合バスの代替可能性を富山県内の事例をもとに検討した青木（2003）の分類を参考にした。青木は大量交通機関と個別交通機関に分類しているが，本章では個別交通機関と非個別交通機関に分類した。
13 国土交通省（2004）によると，ガソリン代程度など「好意に対する任意の謝礼にとどまるものと解されるもの」も無償運送範疇に入る。また，会費は一般的には輸送の対価とは解されない。
14 移送サービスという呼び方もあるが，これは「福祉・保険関連の用語で，STSの日本的な呼び方でほぼ同義語である」（秋山，2003a，p.35）。移動サービスと呼称されることもある。
15 わが国におけるSTSのニーズや運行実態を扱った先行研究は近年多く見られる。紙幅の都合で列挙にとどめるが，例えば香川ら（2002），森山・藤原・杉恵（2002），大塚・三星・宇高（2000），阿部・青島・古澤（2003），海外事例研究として藤井ら（2003）がある。
16 非営利組織によるバス運行については高橋（2004）が，醍醐コミュニティバスについては岩井・中村・中川（2004）が詳しい。

2.3 様々な個別輸送手段と福祉有償運送

このような福祉有償運送は，一般のタクシーや福祉タクシー，介護タクシーといった他の個別輸送手段に比べ，どのような特色を有しているだろうか（表10.1）。

1) 一般のタクシー

まず，一般のタクシーは，誰でも，いつでも，どこへでも利用可能であり，セダン型と呼ばれる一般的な車両で運行されることが多い。タクシー運転手は第二種自動車運転免許証を有する「運転のプロ」であるが，一般的には福祉分野の専門知識を持ち合わせていない。また，運賃は路線バスと比べ

表10.1 個別輸送手段とその特徴

種類	運賃	その他の特徴
一般のタクシー	初乗 1800m まで 600 円，以後 338m 毎 80 円（和歌山市，小型の一例）	・誰でも，いつでも，どこへでも利用可能 ・車両は普通型（「セダン」と呼ばれる） ・運転手の多くは福祉の専門知識を持たない
福祉タクシー	一般のタクシーと同様の運賃	・誰でも，いつでも，どこへでも利用可能（福祉限定タクシーの場合は障がい者等のみが利用可能） ・バリアフリー型の車両 ・運転手は福祉の専門知識を持つことが多い
介護タクシー（介護保険適用時）	介護報酬片道 300 円（内サービス料 200 円），タクシーメーター1000 円を超えた料金は実費（和歌山市の某社の場合）	・介護認定（要介護1〜5）を受けている人が，ケアマネを通し，通院に限って利用できる（和歌山市の某社の場合） ・バリアフリー型の車両が一般的 ・運転手は福祉の専門知識を持つ
介護タクシー（介護保険非適用時）	一般のタクシーと同様の運賃	・福祉限定タクシーとして，障がい者等のみが利用可能 ・車両や運転手は同上
福祉有償運送	一般のタクシーの半額以下で実費の範囲内（つまり，非営利）	・会員制，予約制。ほぼどこへでも利用可能 ・会員は1人での外出が困難な人に限定 ・和歌山市のように福祉有償運送運営協議会未設置の市町村はサービス対象外 ・車両はバリアフリー型が基本だが普通型も可。マイカーを活用するが対人対物保険完備 ・運転手は2日間程の講習を受けたボランティア

て高めに設定されており，例えば和歌山市域・小型の場合では初乗 1800m まで 600 円，以後 338m ごとに 80 円である．

２）福祉タクシー

福祉タクシーは，「福祉タクシーとは，道路運送法第 3 条に掲げる一般乗用旅客自動車運送事業を営む者であって，一般タクシー事業者が福祉自動車を使用して行う運送や，障害者等の運送に業務の範囲を限定した許可を受けたタクシー事業者が行う運送のことをいう」[17]．福祉自動車，つまりリフトなどを備えたバリアフリー対応の車両を用いて運行されるタクシーである．一般のタクシー事業者がバリアフリー対応の車両を用いて運行する場合には，誰でも，いつでも，どこへでも利用可能である（福祉車両を用いた一般のタクシーであるから）．一方で，「一般乗用旅客自動車運送事業（福祉限定）」という，障がい者等の運送に業務の範囲を限定した許可を受けたタクシー事業者が運行する場合には，利用者が障がい者，要介護者，要支援者，単独では移動困難な者，ストレッチャーを使用する者，およびその付添人に限定される．福祉タクシーの運転手は「運転のプロ」であると同時に，多くの場合，各種の福祉関係資格を有する「福祉のプロ」でもある．運賃は概ね一般のタクシーと同一であるが，ストレッチャーを利用する場合などには別途料金が発生する．

わが国のバリアフリー基本方針では 2010 年度に福祉タクシーを 1 万 8000 台用意することが目指されている．しかしながら，2008 年度末の達成状況は 1 万 1147 台（2007 年度末は 1 万 929 台）[18]であり，このままでは目標達成が難しい情勢である．1 万 1147 台という水準は，75 歳以上の後期高齢者 1176 人に 1 台の水準ということであるが，需要が通院時間帯に集中することと，非高齢の障がい者も利用することを考慮すれば，まだまだ大幅に不足しているといわざるを得ない．

---

17 国土交通省自動車交通局（http://www.mlit.go.jp/jidosha/jidosha_tk3_000007.html）．
18 国土交通省総合政策局（http://www.mlit.go.jp/sogoseisaku/barrierfree/index.html）．

3）介護タクシー

　介護タクシーとは，狭義には介護保険を利用するタクシーのことを指す（制度上の名称は訪問介護の一つである通院等乗降介助）[19]。基本的にバリアフリー型の車両を用いるが，介護福祉士，訪問介護員等の資格者が乗務する場合にはセダン型を利用してもよいこととされている。運転手は第二種自動車運転免許に加え，福祉の専門知識も有している。通院等乗降介助は，指定訪問介護事業所の訪問介護員（ホームヘルパー）等が，自らの運転する車両への乗車または降車の介助を行うとともに，乗車前もしくは降車後の屋内外における移動等の介助または通院先もしくは外出先での受診等の介助を行うものである。あくまでも乗降介助のための制度であり，移送中は介護の対象にならないため本来であればタクシー料金がそのまま加算されることになるが，介護タクシー事業者の多くは独自の割引料金を設定している。これは，事業者にとって通院等乗降介助は，介護保険料（通常1000円・地域により異なる）を得ることができるなど一定の収入源となっているためである。

　介護保険適用のもとで介護タクシーを利用すれば，利用者の負担額は割安なものとなる。例えば，ある地域で介護タクシーを利用すると，片道300円（タクシーメーターで1000円を超えた部分は実費）という運賃と介護保険1割負担額（100円）の合計額で利用可能となる。つまり，片道3000m強までの移動であれば，利用者の負担額は300円＋100円＝400円である。この地域で小型タクシーに3000m強乗ると料金は980円であるから，半額以下の負担で利用できることになる。

　しかしながら，介護保険の適用を受けて介護タクシーを利用できる人や場合は厳しく限定されている。具体的には，介護認定（要介護1～5）を受けている人が通院等の目的でケアマネージャーを通した上で申込んだ場合に限って介護保険適用となる[20]（表10.2）。「通院等」に含まれるのは日常生活上

---

19 「介護タクシーとは」(http://kaigo-taxi123.seesaa.net/) および春日井市（2007）。前者は某タクシー会社の訪問介護部門で管理者兼訪問介護員を担当している著者が，介護タクシーの制度や料金体系などを詳しく解説したサイトである。

表10.2 保険適用で介護タクシーを使える人と場合

こんなとき	どんな手段で動く？
要介護の認定を受けている人が，通院や日常生活上必要な買い物等をするとき ※保険適用で介護タクシーを使えるのはこの場合に限られる。	・ケアマネージャーを通し，介護タクシーを使えば，介護保険の適用となって往復数百円〜の個人負担ですむ。
要介護の認定を受けている人が，日常生活以外の買い物をするときや，趣味の教室へ通うとき，あるいはちょっと洒落をしてレストランへ行くとき ※要介護になっても趣味もしたいし美容院にもいきたいし，お洒落もしたいだろう。	・タクシー（一般，福祉，介護）でもいいが介護保険適用外のため，一般的なタクシー運賃を払わねばならない。 ・かといってバスは使いにくい。駅も遠い。 ・知人や家族，親戚に送迎を頼むと気兼ねする。……困ったな。
要介護認定は受けていないが，身体や精神，内部などに障がいを持つ人が，通院，買い物，レジャー等をするとき	・同上。……困ったな。
要支援（要介護Ⅰの一歩手前）の認定を受けているなど，1人では外出が困難な人が通院，買い物，レジャー等をするとき	・同上。……困ったな。
1人で元気に外出できるが高齢者が通院，買い物，レジャー等をするとき	・バスや徒歩，自転車等を自力で利用できる ・しかしバスがない場合や，急坂の場合もある……困ったな。
障がいを持たない妊産婦，元気な子どもなどが通院，買い物，レジャー等をするとき	・同上。……困ったな。

必要な買い物や預貯金の引き出し，介護保険施設の見学，公共施設における申請・届出，選挙権の行使までである。レジャーや日常生活以外の買い物，飲食，理美容，習い事，墓参などが目的では介護保険適用とはならず，一般のタクシー運賃と同等の運賃を支払う必要が出てくる。介護保険適用の場合と非適用の場合とで利用者の負担額を比較すると，図10.1のようになる。

また，要介護認定は受けていないが，身体や精神，内部などに障がいを持つ人が，通院，買い物，レジャー等をするときにも，介護保険の適用とならず，一般的なタクシー運賃を払う必要がある。鉄道やバスを使うこともできるが，ドア・ツー・ドアやバリアフリー，便数等に難点があるかもしれな

---

20 他に，自宅で生活している，担当ケアマネージャーが決まっているなどの条件がある。

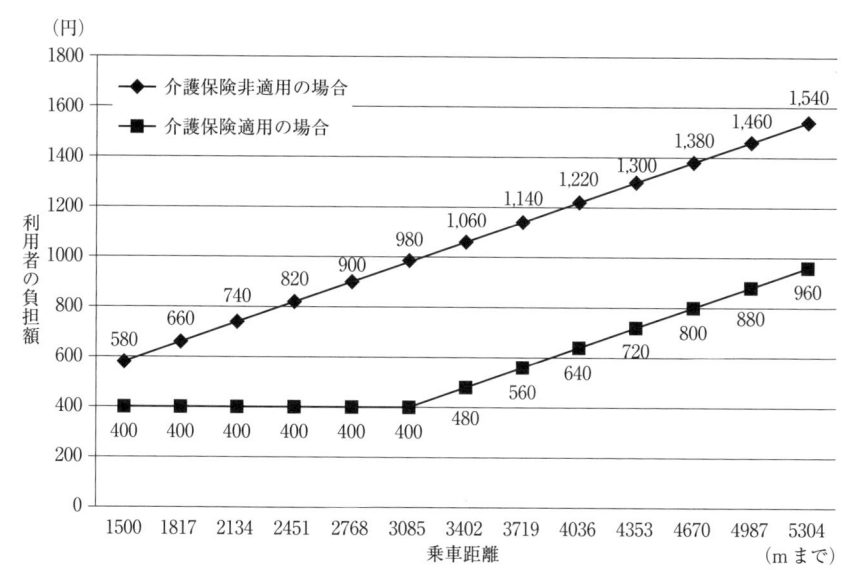

図 10.1 介護タクシーと利用者負担

注：介護保険適用時の利用者負担額は，介護保険1割負担（100円）と介護保険利用者用の割引タクシー料金（3085mまで300円，以後317mごとに80円ずつ加算）の合計値である。介護保険非適用時の利用者負担額は，小型タクシー料金（初乗り1500mまで580円，以下317mごとに80円ずつ加算）である。ストレッチャー付き車両を使用する場合等には別途料金が発生する。
出典：「介護タクシーとは」(http://kaigo-taxi123.seesaa.net/) に掲載されているデータを元に作成。

い。要介護の一歩手前である要支援の認定を受けているなど，1人では外出が困難な人が通院，買い物，レジャーなどをするときも同様である。

4) 福祉有償運送への期待

以上のように，一般のタクシーや福祉タクシーは路線バスなどに比べて運賃が高い。少なくとも年金暮らしの高齢者が気軽に利用できるような運賃とはいえないであろう。介護タクシーを介護保険適用のもとで利用すれば，一般のタクシー運賃よりも割安に移動することができるが，保険適用となる人や場合は厳しく限定されている。鉄道や路線バスの運賃はタクシーよりも安いが，駅やバス停までの移動や，段差，便数，運行経路などが問題となる。さらに，福祉タクシー車両は75歳以上の後期高齢者1176人に1台しか用意されていない。

表10.3　福祉有償運送への期待

こんなとき	どんな手段で動く？
要介護の認定を受けている人が，通院等するとき	・ケアマネージャーを通し，介護保険の適用を受け，介護タクシーを使えば往復数百円からでOK。
要介護の認定を受けている人が，日常生活以外の買い物をするときや，趣味の教室に通うとき，あるいはちょっとお洒落をしてレストランへ行くとき	・タクシー（一般，福祉，介護）でもいいが介護保険適用外のため，一般的なタクシー運賃を払わねばならない。 ・かといってバスは使いにくい。駅も遠い。 ・知人や家族，親戚に送迎を頼むと気兼ねする。 ・福祉有償運送なら，一般的なタクシーの半額以下でOK。ただし会員制や予約制など制約有
要介護認定は受けていないが，身体や精神，内部などに障がいを持つ人が，通院，買い物，レジャー等をするとき	・同上
要支援（要介護Ⅰの一歩手前）の認定を受けているなど，1人では外出が困難な人が通院，買い物，レジャー等をするとき	・同上 ・ただし「1人では外出が困難な」の解釈は各市町村で微妙に違うことも。
1人で元気に外出できる高齢者が通院，買い物，レジャー等をするとき	・福祉有償運送の会員になれない ・バスや徒歩，自転車等を利用し自力で動くことが基本となる
障がいを持たない妊産婦，元気な子どもなどが通院，買い物，レジャー等をするとき	同上

（福祉有償運送でこういった人々を救うことが可能／こういった人々には別の手段で対応）

　このような中で期待されるのが，福祉有償運送である（表10.3）。また，福祉有償運送に運転者等として参加することにより，生き甲斐づくりの効果を期待することもできる。

3. 福祉有償運送の現状と課題

　福祉有償運送は，2006年10月の道路運送法改正により，他の自家用有償旅客運送（過疎地有償運送，市町村運営有償運送）とともに法定化された。2009年3月現在，全国の数多くの市町村（あるいは府県をいくつかに分けたブロック）には，福祉有償運送実施の前提となる「福祉有償運送運営協議

会」が設置され，そのもとで2327のNPO法人や社会福祉法人等が福祉有償運送を展開している（2007年3月比+27）。ただし，福祉有償運送運営協議会の設置状況には地域格差がある。例えば大阪府や三重県では全域で設置され，活動団体数はそれぞれ151，84となっているが，隣接する和歌山県では30市町村中5市町村での設置にとどまり，活動団体数は14となっている（2009年3月現在）。

　長きにわたる「グレーゾーン（違法状態）」時代を経て，ついに道路運送法の中で明確に位置づけられた福祉有償運送であるが，NPO法人等の活動が困難になる事例が各地で発生するなど，岐路に立たされてもいる。福祉有償運送を行うNPO法人等の数はここ2年間横ばいであり，18都府県では減少すらしている。この背景には事務作業量が多く，かつ煩雑であることや，通院利用が主であるため利用時間帯が重複し運転手の確保が困難となっていること，運送距離が細切れで迎車回送のロスが大きいなど採算がとりにくいことなどがあり，「事務局機能の維持が困難で活動休止したり，運転者を含む人件費負担で赤字が増大している団体が殆どという現状である。持続可能な活動を保障できない制度設計」[21]という批判も出ている。

　さらに，一部の福祉有償運送運営協議会においては，厳しい「地元ルール」が存在し，このことも活動の広がりに影響を与えている[22]。福祉有償運送運営協議会は，バスやタクシーの事業者と労働組合，住民代表，利用者代表，自治体職員等で構成されている。NPO法人等が福祉有償運送を行おうとする場合には，必ず運営協議会の協議を経た上で運輸支局への登録を申請しなければならない。登録は2年に1度更新せねばならず，その際にも協議会での合意が必要となる。このような大きな力を持つ運営協議会の一部では，乗員の年齢，車両の車検頻度などについて，本来の登録要件に上乗せする形で独自の「地元ルール」を設け，NPO法人等を締め付けているのである。例えば福島県いわき市では，あるNPO法人の登録更新に運営協議会が

21　NPO法人全国移動サービスネットワーク「交通基本法検討会に向けての提言」。
22　地元ルール問題に関しては，「日本経済新聞」2010年2月26日付朝刊記事を参照した。

反対し，この法人はガソリン代程度の実費だけを受け取る実質無償運送に切り替えざるを得なくなり，赤字に苦しむこととなった。また，富山県射水市では，運営協議会がNPO法人に対し，足腰に問題のない知的障がい者の送迎に車いす用の福祉車両を使うことを求めた。

4．今後の展望

　福祉有償運送を取り巻く諸問題の解決に向けて，各地では様々な取り組みが進められている。東京都杉並区では，福祉有償運送への助成金投入や利用者向け移動ガイドブックの発行を行った。同区では，三つのNPO法人に年額500万円の助成金を投入したほか，これらの法人間の連絡会を設置するなど，活動団体と利用者の双方を支援している[23]。群馬県高根沢町では，町が要介護高齢者に福祉タクシー券を支給し，タクシーと福祉有償運送の双方で利用可能としている[24]。福島県本宮市では，重度心身障がい児の養護学校への通学費用を半額補助することで，福祉有償運送を活用した通学を実現し，保護者が自由な時間をつくったり働きに出たりできる環境を整えている[25]。また，四日市市では，障がい者による障がい者の送迎事業を実施している。この事業では失語症や肢体不自由の人が運転ボランティアを務めており，雇用確保にもつながっている。高い安全性が求められることから，半年ごとに運行状況などを詳しく運営協議会に報告するルールとしている[26]。宮城県大崎市では，営利企業であるタクシー事業者がNPO法人を立ち上げ，福祉有償運送を実施している[27]。さらに，活動団体が運転者講習の主催者となることで，活路を見いだそうとしている事例も各地にある。草津市のNPO法人は，「1日に20件以上の利用がないと，福祉有償運送だけでは運営は難し

23　「日本経済新聞」2009年10月29日付記事。
24　「下野新聞」2010年5月25日付記事。
25　「朝日新聞」2010年2月27日付記事。
26　「中日新聞」2010年1月27日付朝刊記事。
27　「河北新報」2010年1月23日付記事。

い。いまは　県からの緊急雇用対策の補助金で人件費の一部をまかなっているが，2年後の補助金の期限までに，運転者講習を主催するなど運営の形を新たに作りたい」としている[28]。

　2011年には交通基本法の成立が見込まれている。福祉有償運送は，鉄道，路線バス，コミュニティバス，タクシーなどで構成される地域交通体系の重要な一要素である。健康で文化的な最低限度の生活を送るために必要な移動の権利の保障に向け，各交通手段との最適な役割分担の姿を見極めつつ，NPO法人等への助成金交付等の支援措置も含めた取り組みを計画的に進めることが必要になるものと考えられる。また，福祉有償運送運営協議会においては，「移動権確保」の総論に立った議論を望みたい。

参考文献

青木亮（2003）「福祉移送サービスにおける乗合バスサービスの代替可能性」『交通学研究』第46号，pp.141-150

秋山哲男（2003a）「わが国の高齢者・障害者交通の展望　諸外国の比較を通して」『土木学会誌』第88巻第6号，pp35-37

秋山哲男（2003b）「タクシー・STサービスの交通政策・交通システム」『第27回土木計画学研究発表会講演集』論文番号173

阿部祐介・青島縮次郎・古澤浩司（2003）「地方都市におけるNPO移送サービスの実態分析」『土木学会第58回年次学術講演会』pp.601-602

岩井義男・中村隆行・中川大（2004）「住民主体型交通サービスの実現とNPOの役割をめぐって」『運輸と経済』2004年8月号，pp.4-12

大塚祐司・三星昭宏・宇高司（2000）「大阪府におけるスペシャル・トランスポート・サービスの運行実態に関する研究」『土木学会第55回年次学術講演会』pp.182-183

香川直博・大塚祐司・三星昭宏・岡本英晃（2002）「要介護高齢者の福祉移送サービス需要に関する一考察」『土木計画学研究・論文集』第19巻第4号，pp.707-714

春日井市（2007）「通院等のための乗車又は降車の介助の手引き」（http://kaigo.city.kasugai.aichi.jp/tmp/kaigoinfo/i00000169.pdf）

川西宏・三星昭宏（2001）「地方部における高齢者のモビリティ確保に関する研究　―和歌山県白浜町を事例として―」『土木学会第56回年次学術講演会』pp.288-289

国土交通省（2004）「患者等の輸送サービスを行うことを条件とした一般乗用旅客自動車

---

[28]「京都新聞」2010年4月30日付記事。

運送事業の許可等の取扱いについて」
国立社会保障・人口問題研究所（2010）「人口統計資料集 2010 年版」
高橋愛典（2004）「非営利組織によるバス運行の展望　―日本における先駆的事例の分析を通じて―」『交通学研究』第 47 号，pp.89-98
谷本寛治・唐木宏一（2004）「NPO と社会サービス―交通サービスを提供する NPO を中心に」『運輸と経済』2004 年 8 月号，pp13-20
内閣府（2011）『障害者白書』平成 23 年度版
藤井直人・秋山哲男・沢田大輔・高橋万由美（2003）「高齢者・障害者の移動と交通へのフィンランド・スウェーデンでの対応」『第 27 回土木計画学研究発表会講演集』論文番号 175
まちづくりと交通プランニング研究会（2004）『高齢社会と都市のモビリティ』学芸出版社
森山昌幸・藤原章正・杉恵頼寧（2002）「高齢社会における過疎集落の交通サービス水準と生活の質の関連性分析」『土木計画学研究・論文集』第 19 巻第 4 号，pp.725-732
湧口清隆（1999）「交通サービスの自発的供給は可能か？―理論的フレームワーク―」『交通学研究』第 42 号，pp.111-120
吉田浩（2003）「高齢社会における交通社会資本の整備のあり方」『運輸と経済』2003 年 7 月号，pp.38-45

11章
強毒性新型インフルエンザと交通事業の持続可能性
―鉄軌道における伝播防止策のあり方を中心に―

1. はじめに

　わが国では，JR西日本福知山線列車脱線事故などを受け，2006年に鉄道事業法が改正され，鉄軌道事業者には安全統括管理者の選任や安全管理規程の作成など，輸送の安全確保を第一とする事業運営が義務づけられるようになった。このような中で，鉄軌道の事故防止や地震対策，テロ対策といった「目に見える」あるいは「比較的取り組みやすい」安全対策については一定の進展が見られる。しかし，「目に見えない」あるいは「未知の」危機への対策は進んでいない。その最たるものが，強毒性新型インフルエンザ対策の不足ないし欠如である。

　新型への変異が懸念される高病原性鳥インフルエンザの感染者数はアジアを中心に増加を続けている。H5N1型鳥インフルエンザの毒性は，1918～1919年のスペイン風邪（世界中で4000万人が死亡したが，致死率は数％であった）とはまったく比較にならないほど激烈であり，致死率は60％にも達し，大流行時の国内の死者数は17万～64万人に上ると推計されている（厚生労働省推計）。

　スペイン風邪流行時のわが国では，一村丸ごと全滅に至った例が存在す

る¹。このように恐ろしい病ではあるが，国立感染症研究所によると，スペイン風邪の流行時において，積極対策をとった市とそうでない市の死亡率には大差が見られたという²。

わが国は都市圏が帯状に連なるなど，鉄軌道を比較的利活用しやすい国土を形成している。鉄軌道における新型インフルエンザ伝播防止策のあり方の提示は，持続可能な国土形成の観点からも非常に重要である。

本章は，主として強毒性の「H5N1型鳥インフルエンザ」を念頭において取りまとめたものである。したがって，2009年3月にメキシコを基点として世界的に流行した「新型インフルエンザ（H1N1）（いわゆる豚インフルエンザ。これは弱毒性である）」を念頭においたものとはなっていない。なお，H5N1型鳥インフルエンザや新型インフルエンザ（H1N1）等に関する具体的な伝播防止策等については国からの指示に従い，本章の内容はあくまで参考程度とすべきである。

2. 新型インフルエンザとは

インフルエンザウイルスにはA，B，Cの三つの型がある。ヒトに感染するウイルスはA型とB型であり，前者は10〜40年に1回の割合で，それまでヒトの間で流行していたインフルエンザウイルスとはまったく異なる抗原性を持つ，別の亜型のウイルスとなる³。このうち，ヒトからヒトへの効率のよい伝播力を持つようになったウイルスを「新型インフルエンザウイルス」とよび，このウイルスの感染による病気，またはその流行を「新型インフルエンザ」とよぶ⁴。ほとんどのヒトは，この新しいウイルスに免疫を持たないため，暴露されれば感染し発症する可能性が高く，過去の免疫記憶が

1　速見（2006）。
2　「読売新聞」2007年4月5日付記事。
3　A型インフルエンザでは，過去120年間に，新型インフルエンザが約27年に1回という頻度で5回出現してきた。インフルエンザウイルスは，ヒトが1000万年かかっておこす遺伝子の変異をたった1年で遂げてしまう。岡田・田代（2007）p2およびp.49。
4　岡田・田代（2007）pp.1-3。

ないために重症化しやすい。1700年以降300年間にわたってインフルエンザの世界的流行が7回起こっているが，1889年以前に起こったインフルエンザの世界的流行の周期は平均53.3年であったが，1889年以降の周期は平均26.3年と明らかに短くなってきている。世界人口の増加，都市化による人口密度の増加，食生活の近代化に伴う家畜の飼育の質的変化と量的増大といったことが流行周期の短縮に影響を与えている可能性が考えられる[5]。

ヒトの間で毎年流行しているインフルエンザの死亡率は0.1％以下であり，1918年から翌年にかけて世界中で流行し，4000万人が死亡した「スペイン風邪」でさえ感染箇所は呼吸器系に限局され，パンデミック時の死亡率は2.5％程度という弱毒型であった。

これに対して，鳥のインフルエンザウイルスの中には，脳を含む全身の臓器で増殖し，致死率が100％に至る強毒株が存在する。これまで分離された強毒株はすべてH5あるいはH7の亜型であり，1997年に香港でヒトに感染したH5ウイルス（H5N1型）もニワトリを100％殺す強毒株であった[6]（表11.1）。

このH5N1型鳥インフルエンザに感染したヒトの致死率は，現在，60％である。臨床的特徴を通常のインフルエンザと比較して表11.2に示す。感染すると，多臓器不全や，ウイルス感染への過剰生体反応である「サイトカイン・ストーム」といった重篤な病態が予想される。生体防御応答は，代謝や免疫活動などが旺盛な若年成人において特に強く起こるため，サイトカイン・ストームが誘導されやすいと推定されている。そのため小児や若年成人に患者，死亡例が非常に多い。大流行時の日本での死亡者数は，厚生労働省の推計で17万～64万人とされているが，210万人とする海外のシンクタンクもある。また，米国保健省が2007年はじめに報道関係を対象として行った机上訓練では，致死率を20％と推定しており，これを日本に当てはめると400万人以上の死者数ということになる[7]。

5　山本（2006）pp.22-23。
6　岩附（堀本）・河岡（2008）pp.101-105。

表 11.1 低病原性と高病原性鳥インフルエンザ

	低病原性鳥インフルエンザ (Mild Pathogeinic Avian Influenza：MPAI)	高病原性鳥インフルエンザ (High Pathogenic Avian Influenza：HPAI)
タイプ	弱毒	強毒
潜伏期間	3〜7日	1日〜2週間
ニワトリの死	ニワトリの死亡はない	100％のニワトリが死亡
感染様式	呼吸器と腸管の局所感染	全身感染
ニワトリの症状	鼻腔・気管炎 下痢 産卵率の低下	全身臓器の出血（肉冠・肉垂のチアノーゼや出血及び壊死） 活気消失の沈鬱等の神経症状 下痢，食欲不振等の消化器症状
特記事項	放置でウイルスが強毒化する可能性	カモなど野生の鳥類やトラなどネコ科動物，そしてヒトにも感染し，殺傷する能力を保有

出典：岡部・岩崎監修（2007）p.19。

　2004年3月にWIIOは，各国の専門家約100名で構成される新型インフルエンザ専門家会議を開催し，表11.3に示す6項目について合意がなされた。この合意にあるように，新型インフルエンザの出現阻止は不可能であり，ある程度の犠牲は避けられないが，できるだけの事前準備と対応計画の策定と実施によって，その規模を少しでも小さくし，健康被害や社会の混乱を最小に抑えることが大事である。

　インフルエンザウイルス粒子は直径1万分の1mmほどの大きさの粒径ないしその数倍の長さを持つ糸状の形態である。このウイルスは，患者の咳やくしゃみなどと一緒に飛沫として排出され，それが周りの人の呼吸器に達することによって感染する（飛沫感染）[8]。飛沫は1〜2mの範囲に飛散するが，

7　岡田・田代（2007）pp.6-32。
　　ただし，H5N1型鳥インフルエンザウイルスがヒト型に変化する場合には，病原性が低下し，致死率は大幅に低下するであろうという予想がある。致死率の高い新型インフルエンザウイルスに感染した場合には，ほとんどの患者は寝込んで外出できないまま死亡するため，ウイルスを社会にまき散らす可能性が減り，大流行が生じにくくなるかも知れないからである。こういったことから，新型インフルエンザウイルスが大流行を起こすためには，何らかの突然変異によって，病原性や致死率がある程度低下することが必要との意見がある　岡田・田代（2007）p.89。
8　飛沫に曝露される三大機会は，咳，くしゃみ，そして会話である。

表11.2 通常インフルエンザと鳥インフルエンザのヒトでの臨床的特徴

通常インフルエンザ	鳥インフルエンザ（H5N1）
1. 晩秋から早春に流行 （近年遅い流行時期） 2. タイプAとタイプBの2種類 3. 死亡者の多くが65歳以上 4. 感染者は、幼・小児や高齢者（集団施設），免疫の減弱している人 5. 38℃以上の発熱と感冒様症状 全身症状（頭痛，発汗・悪寒，全身倦怠感）	1. 流行の季節性はない 2. 人々の免疫はないが，感染率は低い 3. 青年層に高い致死性 4. 感染鳥との濃厚接触により感染の危険性が大 5. 突然の高熱，咳などの呼吸器症状あるいは重篤な肺炎で発症

出典：岡部・岩崎監修（2007）p.22。

表11.3 WHO新型インフルエンザ専門家会議における合意事項

1. 新型インフルエンザの出現を阻止することは不可能であり、近い将来に起こる新型インフルエンザ、世界を席巻する大流行となる。
2. その際には、世界同時に感染爆発が起こり、またすべての人が免疫を持たない感受性者であるので、大きな健康被害が出る。
3. 健康被害の程度を以下に最小にとどめることができるかは事前準備に左右される。
4. このための準備期間を以下に稼ぐかが現時点での課題であり、大流行の開始を少しでも遅らせるための努力が必要である。
5. この稼いだ時間に、新型インフルエンザへの事前準備と対応計画を確立し、少しでもその実施を図る。
6. さらに、多数の人が一斉に罹患することに起因する社会機能の破綻・崩壊を防ぐ必要がある。すなわち、社会機能を維持して、個々の安全で健康な生活を確保するための危機管理対応が必要となる。

出典：岡田編（2006）pp.163-164。

　小さな飛沫の一部は落下中に水分を失って飛沫核となり、長時間空気中に漂い、広範囲に感染を広げる（飛沫核による空気感染）。学校における集団感染は、飛沫核による空気感染がその要因の一つと考えられている。さらに、直接あるいは間接的な接触による感染も起こる（接触感染）。このようにインフルエンザウイルスは、飛沫感染、空気感染、接触感染を起こし、主に上気道で増えるために、咳、くしゃみや通常の会話などによって、多数のヒトへ容易に伝播する。

　インフルエンザは、自覚症状がない状態で感染源となる点でも厄介な存在である。インフルエンザウイルスの潜伏期間は平均3日といわれ、この間は発熱などの自覚症状はないが、この間にも感染源となりうるのである。ま

た，症状が出はじめてからも3〜7日間はウイルスを排出することから，熱が下がっても数日はウイルスをヒトにうつす可能性がある[9]。こういったことから，鉄軌道においては，自覚症状のない者にも原則，マスクの着用等を義務づけることが必要と考えられる。

3. 新型インフルエンザ対策

　新型インフルエンザ対策の主軸はワクチンと抗ウイルス薬といった医薬品である。パンデミック時（世界中で感染が伝播している状態：表11.4，表11.5）にはこれに公衆衛生学的対策（患者の隔離，学校の閉鎖，公共交通の運転休止など）や個人防御（手洗い，マスク着用，備蓄など），国境での水際対策などを組み合わせることで，医療機能や社会機能などの破綻が防止され，結果として被害を最小化できる可能性がある（表11.6）。このような考え方をmitigation strategy（被害軽減）といい，患者の発生をある程度コントロールすることによって被害を最小限に抑えることを目的としている。

　例えば，図11.1のように，公共交通対策等によって患者発生のピークを遅らせることができれば，ワクチン生産等のための時間稼ぎができる。また，流行の規模を小さくしたり，ピークを平準化することによって医療機能や社会機能の破綻を防ぐことができる。

　米国等の大規模な疫学モデルを使ったシミュレーションでは，①患者の自宅隔離と早期の抗ウイルス薬による治療，②接触者（特に家庭内での接触者）の自宅待機と抗ウイルスの予防投与，③学校閉鎖・集会の制限などにより感染機会を減らすこと（いわゆるsocial distancing），④ワクチンの接種，⑤国境での検疫の強化などを組み合わせて実施することで，被害をかなりの程度抑制できることが示されている。

9　これに対して，2003年に流行したSARSは発症前にウイルスをばら撒かず，発熱後も5日間はウイルスの増殖がなく，他人に感染を拡げる可能性が低かった。したがって発症直後であれば，感染者との接触歴などからみて感染が疑われる患者を隔離することで流行の拡がりを防ぐことができた。岡田編（2006）。

このように，公共交通機関における運行休止や，乗車人員の抑制，接触感染の防止といった対策は，社会的に見れば決して新型インフルエンザ感染防止の抜本的対策とはならないものの，ワクチン製造のための時間を稼ぐ等の点で重要な対策となるものと考えられる[10]。

表11.4 WHOによる新型インフルエンザの警戒レベル

フェイズ1	ヒトから新しい亜型のインフルエンザウイルスは検出されていないが，ヒトに感染する可能性がある亜型のインフルエンザウイルスが，動物で検出されている。動物で検出されても，ヒトへの感染や発症のリスクは低いと考えられる。
フェイズ2	ヒトから新しい亜型のインフルエンザウイルスは検出されていないが，動物内で発生している亜型のインフルエンザウイルスが，ヒトに感染する可能性が高い。
フェイズ3	新しい亜型のインフルエンザウイルスによる，動物からヒトへの感染が見られる。ヒトからヒトへの連続した感染伝播はないが，非常にまれに，密接な接触者への感染が見られる。
フェイズ4	ヒトからヒトへの連続した感染は見られるが，ウイルスがヒトへ十分順応していないため，小さく限られた地域・集団内の感染に止まっている。
フェイズ5	より大きな地域・集団内でのヒトへの連続した感染が見られるが，感染の広がりは依然として限られている。ウイルスがよりヒト型に近づきつつあることが認められるが，まだ完全にはヒト間での感染伝播は確立していない。パンデミック発生のリスクが高まる。
フェイズ6	パンデミックの発生。世界中での感染伝播。

出典：岡田・田代（2007）p.81。

表11.5 感染症の流行形態

エンデミック	一定の地域に一定の罹患率で，または一定の季節的周期でくりかえされる常在的な状況。予測することができる。
エピデミック	一定の地域に通常の罹患率を超えて罹患する，またはこれまでは流行がなかった地域に感染症がみられる予期せぬ状況。予測は困難。
アウトブレイク	エピデミックの規模が大きくなった状況。
パンデミック	エピデミックが同時期に世界の複数の地域で発生すること

出典：矢野（2009）pp.112-114。

---

10 パンデミック下では「外出の自粛」あるいは「自宅への籠城」が重要との見解もある。岡田は，パンデミック時には仮に感染しても，まず電話などで流行の状況，周囲の状況，病院に関する情報を得て，重症でなければ保健所・病院に問い合わせて指示をもらい，できるかぎり自宅で療養に努めるべきだとしている。岡田によると，米国でも保健局長が「国民よ，ベッドの下に粉

表11.6 パンデミックに対して考えられる対策とそれぞれの対策に期待される効果と問題点

対策	期待される効果	問題点
ワクチン	1. ある程度の感染阻止効果 2. 重症化阻止	1. 感染阻止効果の程度は不明 2. ワクチン生産に少なくとも数ヶ月かかる（第1波には間に合わない）[注1] 3. 全国民をカバーする量のワクチンを生産する能力がない 4. ワクチン接種に伴う副反応の可能性
抗ウイルス薬	1. 感染者への治療効果 2. ハイリスクグループの感染予防	1. 薬の不足 2. 投与対象者をどう決めるか 3. 薬の公平かつ安全な分配 4. 重症例での治療効果 5. 耐性ウイルス出現の可能性
患者の隔離	1. ウイルスの拡散のスピードを抑える	1. 隔離施設の不足 2. 封じ込めには無効
学校の閉鎖・集会の制限など	1. ウイルスの拡散のスピードを抑える	1. どの程度の効果があるかは不明[注2] 2. 社会生活への影響
個人防御（手洗い・うがい・マスクの使用など）	1. ある程度の感染防御効果	1. どの程度感染を防げるかという科学的根拠がない[注3] 2. 完全には感染を防げない
国境での水際対策	1. 初期に感染者の流入を制御できる	1. ある程度感染が国内で拡散してからは無意味 2. 感染者をすべて国境で見つけることは不可能[注4]

注1：インフルエンザワクチンの製造には発育鶏卵が用いられる。そのためにはニワトリの雛を数ヵ月前から準備しなければならず，発育鶏卵の供給次第では，国民全体への供給には1年半も要することが予想される。発育鶏卵のかわりに培養細胞を用いたワクチンの開発が進められており，これによってワクチンの製造期間が大幅に短縮されることが期待できる。鈴木・松本編（2009）p.87。
注2：押谷は，「日本では欠席者数がある一定の割合に達したときに学校閉鎖・学級閉鎖を行っているが，その時点では感染拡大を阻止するためには遅すぎると考えられる。感染拡大を抑えるためには，都道府県や市といったレベルで最初の感染者が確認された時点で学校を閉鎖するといった対応が必要になる。すべての学校を閉鎖しても子供同士が一緒になる。また，学校を閉鎖しても子供同士が一緒になる機会が別に存在すると学校閉鎖の効果は限定的なものになることが示されており，生徒が自宅にとどまるようにするということも重要になる。さらに効果を上げるためには，保育園や幼稚園も同時に閉鎖することが必要になるがその場合，小さな子どものいる親が子どもの面倒をみるために家に留まらなくてはいけないということになり，労働力がさらに減少するという問題もある。感染者の家庭内隔離（home quarantine）および接触者の自宅隔離（home isolation）は感染拡大を抑えるためには有効な対策であることが示されているが，日本で感染者に対し自宅に留まることを徹底できるのかということは大きな問題である。また，この場合，感染者に抗インフルエンザなどの医療品をどう配布するかということも考えておく必要がある」としている。
注3：押谷は「手洗い，咳エチケット，マスクの着用などの個人レベルでの対策もある程度の効果は期待できるが，個々の対策についてどの程度インフルエンザに効果があるかという科学的な根拠は十分に得られていない」としている。
注4：押谷は「90％近い達成率でスクリーニング等の水際対策を行っても流行を2～3週間遅らせられるだけだとする疫学モデルの結果もある」としている。

出典：押谷（2008）。

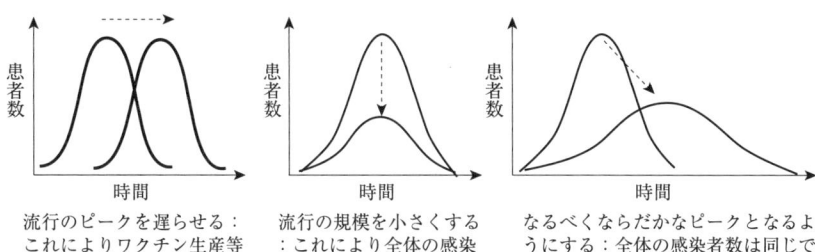

流行のピークを遅らせる：これによりワクチン生産等のための「時間稼ぎ」が可能となる	流行の規模を小さくする：これにより全体の感染者数を抑えることとともにピークの医療・社会機能等の破綻を防ぐ	なるべくならだかなピークとなるようにする：全体の感染者数は同じでもピークが小さくなる分，医療・社会機能等の破綻が防げる

出典：押谷（2008）p.52。

図11.1 新型インフルエンザの被害軽減策（Mitigating Strategy）

4. 新型インフルエンザの一般的な感染予防策

　先述のように，新型インフルエンザ対策の柱はワクチン接種や抗ウイルス薬の投与といった医学的対策であるが，これらと患者の隔離，個人防御といった非医学的対策を組み合わせて実施することで，医療機能や社会機能の破綻を防ぐことができ，被害をかなりの程度抑制できるものと考えられる。以下では，個人防御等の感染予防策に焦点を絞り，述べていく。

　感染症から身を守るためには，「標準予防策」と「感染経路別予防策」を理解し実行することが有用であるとされる。その要点は表11.7の通りである。

　以上のほかの感染予防策として，うがい，免疫力の維持（日常の健康管理），保温・保湿，換気があげられる（表11.8）。

ミルクとビスケットを備蓄せよ」として10日分の食糧備蓄を呼びかけて流行時の行動制限策を公表し，イギリスも同様のガイドラインを示している。岡田は2〜3週間ほど自宅へ「籠城」できるだけの日用品や食糧品の備蓄を推奨している。岡田編（2006）pp.188-189。

表 11.7　標準予防策と感染経路別予防策

標準予防策		・1996 年に CDC が発表 ・血液と体液，分泌物，汗以外の排泄物，損傷のある皮膚，粘膜，は感染の可能性があるものと考える ・感染源がどこにあるかがわかっている状態に封じ込め，そこから外へ拡げないことを目的とする考え方 ・病原体と個人の間に，物理的，機械的，化学的なバリヤーを設ける考え方 ・病原体の種類によらず適用できる
	手洗い	・最も重要な要素 ・触れたらすぐ，手袋を脱いだら直ちに，時間ではなく「万遍なく」が重要，1 人への処置が終わればすぐに（ワンケア・ワン手洗） ・手指は衣服から露出し，様々なところに触れるため，多くの病原体に曝露されている可能性がある。インフルエンザウイルスは凹凸の多くない表面では 24〜48 時間，紙や衣類のような凹凸の多い表面では 8〜12 時間生存し，これらの表面からヒトの手へと伝播する[注1]。インフルエンザウイルスはヒトの皮膚で数時間生存できるため，ウイルスの付着した手指が目や鼻腔の粘膜に触れると，感染が成立する。ヒトは無意識のうちに鼻や目の粘膜に触れており，講演の聴衆が鼻や目に触れる頻度を研究した結果によれば，1 時間の講演中に聴衆の 3 人に 1 人が無意識のうちに自分の鼻の粘膜に指に触れ，2.7 人に 1 人が目を擦る[注2]。 ・手洗いの方法は，次の通りである[注3]。
		普通石けんや抗菌石けんと流水による方法 ・流水による手洗いは 15 秒以上，できれば 30 秒かけて液体石けんなどでよく洗い，流水できれいに洗い流し，残った水分を素早くペーパータオルなどでぬぐい，手指を乾燥させる ・手は濡れていると病原体を移動させやすくなるため，充分に乾燥させる[注4]。指と指の間までしっかりと拭き取らないと，そこが感染経路になる可能性が出てくる ・手拭きのタオルが感染源になることがあるので注意する ・石けんは管理が不十分であると緑膿菌等に汚染することがあるので，適切な管理が必要である
		アルコールなどの消毒薬を使用する方法 ・アルコールを含有する噴霧式，ゲル式の手指消毒薬は病院内の感染予防対策としてきわめて有効とされる ・普通石けんと流水の組み合わせよりも，消毒力が格段に強い ・アルコールは速乾性が強いため，「濡れた手による病原体の移動」が生じにくい ・石けんと流水による手洗いは，手が肉眼的に汚れた場合や蛋白性物質に汚染した場合におこない，基本的にアルコールよる手指消毒を行うとよい
		手洗いに加えて，手指が頻繁に触れるドアノブや，水道の蛇口などを洗剤やアルコールで十分ふき取りすることも，接触感染の減少には効果的である

11章　強毒性新型インフルエンザと交通事業の持続可能性

標準予防策	手洗い（続）	・なお，床が感染源になることはほとんどないとされる[注5]。したがって，スリッパへの履き替え等は感染対策上意味がない。駅構内や車両内においても，「手指の高頻度接触表面」への対応が感染対策上重要となる
	個人防御器具（PPE）	・マスクや手袋など，「感染性物質に対する防御のため職員によって着用される，特殊な衣服や器具」のこと ・これらは単に装着すればよいというものではなく，適切に装着して，使用後には適切に廃棄することが重要である
		新型インフルエンザのPPE[注6] ・マスク（N95マスク，高機能マスク） ・手袋（インナー・アウター，ゴム手袋：非滅菌） ・防護服（長袖の袖口のついた防水性ガウン） ・プラスチックエプロン（血液や体液が飛散するとき） ・目の保護具（ゴーグル，バイザー，フェイス，シールド） ・キャップ（エアロゾル予測時） ・長靴 ・ガムテープによる補強（手袋と防護服の間） ・PPEを装着すべき人は， 　・患者のケアに直接携わるすべての医療者 　・医師，看護師，レントゲン技師，臨床検査技師など 　・患者搬送などの救援者 　・消防・警察隊員，検疫職員 　・患者周辺の職員 　・看護助手，清掃員，サプライ室職員 　・家族と見舞い客 新型インフルエンザの患者を施設内で移動させる場合 　・患者にマスクとガウンを着用，搬送に関わる全職員は，PPEを着用する 新型インフルエンザの患者を施設外へ移動させる場合 　・患者にマスクとガウンを着用，搬送に関わる全職員は，PPEを着用する。アイソレータは不要。70％アルコールで拭いて消毒・除染する 患者搬送に必要な器材 　・N95マスク：搬送従事者の数×2 　・サージカルマスク：適宜（搬送患者用） 　・手袋：1箱 　・フェイスシールドまたはゴーグル，ガウン：搬送患者数×2 　・手指消毒用アルコール製剤：1個 　・次亜塩素酸ナトリウム水溶液：1本 　・清拭用資材（タオル，ガーゼ等），感染症廃棄物処理容器 　・その他，ビニールシート等
		・PPEの着用の順序は，"Gown First & Gloves Last" 　・まずガウン（Gown First） 　・マスクあるいはレスピレータ[注7] 　・ゴーグルあるいはフェイスシールド 　・手袋（Gloves Last）

標準予防策	個人防御器具（PPE）（続）	・外す順序は，"Gloves First & Mask Last" 　・まず手袋（Gloves First） 　　自分自身が汚染されないよう，次の手順で取り外す 　　　①手袋をした反対側の手で手袋の外側をつかんで取り外す 　　　②手袋をした手で脱いだ手袋を掴み込む 　　　③手袋を外した手の指を手袋をした手の手首のところで滑り込ませる 　　　④最初の手袋の上にその手袋を脱いで被せる 　　　⑤廃棄箱に手袋を捨てる 　・ゴーグルまたはフェイスシールド 　・ガウン 　　表面に付着している病原体を他の部分に移動させないよう，次の手順で取り外す 　　　①結び目を外す 　　　②首及び肩の部分からガウンを取り外す 　　　③ガウンの外側を内側にしてくるむ 　　　④ひとまとめにして捨てる 　・マスク，またはレスピレータ（Mask Last） 　　患者飛沫や飛沫核から身を守るため，患者のいる部屋から退室し，扉を閉めてから取り外す ・安全な使用法 　・手袋した手は顔から離しておく 　・他のPPEに触ったり，それを調整したりしない 　・破れたら手袋を外す 　・新しい手袋を着用する前に手指衛生を行う 　・触る表面・器具を限定する ・PPEを外す場所 　・入り口で，病室を離れる前，または前室で 　・マスク，レスピレータは部屋の外で，ドアを閉めた後に外す 　・必要とされる場所に，手洗い設備（シンクや擦式アルコール剤）が使用できること ・手指衛生 　・PPEを外した後は，すぐに手指衛生を行う 　・PPEを外すときに手が目に見えて汚染したなら，手を洗ってから，他のPPEを外す 　・石鹸と流水で手を洗うか，擦式アルコール消毒薬を使う 　・必要とされる場所に，手洗い設備（シンクや擦式アルコール剤）が使用できること ・手袋の使用：Do と Don't 　・「清潔から不潔へ」と作業する 　・「接触汚染」の機会を限定する 　　→自分自身，他の人，そして環境を守ること 　・汚れた手袋で顔に触れない，PPEを調節しない 　・ケアの途中，必要なとき以外には環境表面に触れない 　・使用中に破れたり，非常に汚れたとき（同じ人に使用中の時でも）1人の人に使用した後で直ちに，手袋を交換する 　・適切なゴミ箱に廃棄する 　・使い捨て手袋は洗って再使用しない 　・手袋は手洗いの代用にはならない

11章 強毒性新型インフルエンザと交通事業の持続可能性

感染経路別予防策		・次の三つの感染経路をとる感染症において，感染経路の遮断を目的として，標準予防策に加えて行うオプション 　空気感染（飛沫核感染） 　飛沫感染 　接触感染
	空気感染 予防策	・もっとも怖くて厄介 ・設備的に防御態勢をとるか，予防接種をするか，小さい内（子どもの頃）に掛かってしまうのかのいずれかしかない ・空気感染予防策 　・フェイスシールドが，ゴーグル＋外科用マスク 　・結核の危険があれば，N95マスクか，レスピレーター 　・未感染のものは入室しない 　・ドアは閉める 　・患者居室内陰圧と外界への換気 　・感染者の移動が必要なら，外科用マスクをさせる
	飛沫感染 予防策	・1回の咳やくしゃみで約10万〜200万個のウイルスが放出されるといわれており，直径1万分の1mmほどのウイルスに水分やほこりが付着して直径1万分の5mm以上の飛沫となる。これによる感染が飛沫感染であり，通常1〜3m以内に密接して接触した場合に生じる ・自己防衛 　・感染者に1メートル以内に接近する場合にはマスクをする 　・換気の良い場所に位置取りをする 　・使い捨てのマスクを再利用しない 　・人混みには入らない ・感染者等への対人処置 　・感染者の移動が必要なら，外科用マスクをさせる 　・ドアは開けておいても差し支えない 　・特別な換気システムは不要 ・咳エチケット（Redpiratory Etiquette） 　・すべての呼吸器感染症（経気道感染症）の伝播を防ぐために，感染の兆候や症状のある者が行うべき事項 　・咳やくしゃみをするときには鼻と口を塞ぐ 　・咳やくしゃみがよく出るときには，マスクをする（咳をするときにはその上から手で押さえる） 　・鼻汁や痰などの気道分泌物は，ティッシュに保持し直ちに蓋付ゴミ箱へ沈める 　・気道分泌物やそれに汚染された物に触れたときは，直ちに手を洗う
		1. 従業員，利用者，来訪者の教育 2. 利用者，来訪者の教育は，わかりやすい言葉で実施 3. 感染源の制御対策を行う 　・咳のあるときにはティッシュペーパーにて口と鼻を覆い，使用したティッシュペーパーは迅速に廃棄し，咳をしている人には外科用マスクを装着させる。これらは感染者が呼吸器分泌物を空気中に拡散させないようにするための措置 　・厚生労働省は個人の新型インフルエンザ対策として，8週間分（20枚〜25枚）のマスク備蓄を推奨している。マスクなしでの外出は自殺行為と考え，必ず装着する 　・公共交通事業者は，ティッシュペーパー等の迅速な廃棄がで

感染経路別予防策	飛沫感染予防策（続）	きるよう，措置を講ずる必要がある ・公共交通事業者は，マスクを適切に装着していない者の利用を断る等の措置を講ずる必要がある。マスクの自動販売機の設置も一考に値する 4. 呼吸器分泌地物に触れたあとには手指衛生を行う ・マスク装着のみでは咳エチケットとは言わない。手指衛生が徹底されて初めて咳エチケットが実践されたことになる ・公共交通事業者は，可能であれば車内や駅構内等にアルコール消毒のできる設備を設けるか，液体石鹸とペーパータオルを設置する ・公共交通事業者は，吊り革，握り棒などの手指接触表面について，こまめに消毒を行う 5. 呼吸器感染のある人から空間的距離を空ける ・1m 未満に接近すると飛沫感染の危険性が増大するので，感染していない人と感染者の距離を理想的には 1m 以上確保する ・マスク ・マスクは口と鼻腔を覆い防護するもので，これを着用することでせきやくしゃみによるウイルスの飛沫感染をある程度制御できるほか，手で口や鼻を触れる機会を減少させるため接触感染の制御にも有用と考えられる。さらに，口腔，鼻腔，咽頭の乾燥予防効果や，冬の冷気を直接気道内に吸引することを回避できるという点でも有用である ・マスクには二つの意味がある 1. （未感染の）自分が飛沫感染を受けないため 2. 感染者が飛沫を外に撒き散らさないため 飛沫は大きく湿っているので，薄い紙のマスクでもトラップできる。咳やくしゃみの風圧を抑えるよう，手で押さえないと隙間から飛沫が漏れる ・マスクには，広く市販されているガーゼマスクや，医療現場で使用されるサージカルマスク（外科用マスク）と N95 マスクがある。おのおのの特徴は次の通りである[注8]。 {{TABLE}}

ガーゼマスク	・花粉やほこりに対しては有効だが，飛沫感染の予防には不十分 ・インフルエンザウイルスの感染経路は飛沫感染が主体であることから，ガーゼマスクでは感染防止には不十分である
サージカルマスク（外科用マスク）	・装着している人の呼吸器分泌物が空中に散布されるのを防ぐ目的でデザインされたマスク。装着した人が咳やくしゃみをしたとき に排出する飛沫や飛沫核が大気中に拡散するのを防ぐために使用されるもの ・飛沫感染の予防は可能だが，空気感染の予防には不十分 ・ただしインフルエンザウイルスの感染経路は飛沫感染が主体であることから，サージカルマスクでも十分である
N95 マスク	・着用している人が呼吸時の空気をフィルターするようにデザインされたマスク。「病原体が浮遊している外気」から「マスクを装着する人」を守るために使用されるものである

11章　強毒性新型インフルエンザと交通事業の持続可能性

感染経路別予防策	飛沫感染予防策（続）	N95マスク（続） ・0.1～0.3μmの微粒子を95％以上除去できるため，飛沫感染の予防も，空気感染の予防も可能。 ・ただし，適切に使用しなければ効果は激減する。医療関係者以外の一般人がN95マスクの適切な装着方法を理解・実施した上で外出することはかなり難しいものと考えられる ・「フィットテスト」や「使用者シールチェック」による装着の適切さの確認が不可欠 ・接触感染防止の観点から使い捨てにする ・粉塵や水分等でマスクのフィルターを閉塞させない（閉塞していると空気がマスクの周囲から流れ込む） ・咳や呼吸困難のある患者にN95マスクを適切に装着させると呼吸が苦しくなる ・適切に装着していると小走りもできないほど息苦しい ・インフルエンザウイルスが空気感染する可能性はあるが，主な感染経路は飛沫感染であることや，適切な装着の難しさ等を考慮すれば，サージカルマスクの装着が実際的である
		マスクを使用する際には，マスクが濡れないよう十分注意すべきである。マスクが濡れていると，マスクのフィルターが水分で詰まってしまい，空気流がフィルターを通過せずにマスクの周囲から流れ込んでしまうため，効果が激減する。この弱点は，ガーゼマスク，サージカルマスク，N95マスクのすべてに共通する[注9]。
	接触感染予防策	・部屋に入るときは，その前に使い捨ての手袋を着用 ・血液や体液に触れた後は手袋を換える ・部屋を出る前に手袋を外す ・手袋を外したら，殺菌性洗剤かアルコール系手指消毒薬で手洗い ・感染者と接触が予想される場合，失禁や下痢や開放創がある場合には，ガウンを着用 ・部屋を出る前にガウンを放す ・感染者の移動はできる限り制限する ・器具は感染者専用にする。できなければ消毒

注1：矢野（2009）p.110。原典はBean. B. et. al.（1982）"Survival of influenza viruses on environmental surfaces," *The Journal of Infections Diseases*, Vol.146, pp.47-51.
注2：矢野（2007）p.11。
注3：矢野（2007）pp.113-117および矢野（2009）pp.20-22を参考に作成。
注4：タオルで10秒間手を拭き取ったり，エアータオルにて20秒間手指を乾燥すると，皮膚，食物，器具に付着する細菌数は，濡れた手によって移動する菌量に比較して，それぞれ99.8％，94％，99％減少する。矢野（2009）pp.43-44。原典はPatrick, D.R., Findon, G. Miller, T.E.（1997）"Residual Moisture Determines the Level of Touch-contact-associated Bacterial Transfer Following Hand Washing," *Epidemiology Infection* Vol.119 pp.319-325.
注5：矢野（2007）p.13。原典はCDC（2003）"Guideline for Environmental Infection Control in Healthcare Facilities" およびCDC（1999）"Gudeline for Prevention of Surgical Site Infection".
注6：岡部・岩崎監修（2007）pp.40-41。
注7：レスピレータとは，医療従事者が5μm未満の大きさの空気感染性微生物に吸入曝露することを防ぐために装着する個人防護具のことで，使い捨てのN95微粒子（空気清浄用）レスピレータ，N-99およびN-100微粒子レスピレータ，高性能フィルター装備の電動ファン付き空気清浄レスピレータ等がある。Siegel, J. D. et al., 矢野訳（2006）。
注8：矢野（2007）pp.113-117。矢野（2009）pp.20-22を参考に作成。

注9：原典は CDC（2003）"Guidelines for Infection Control in Dental Health-care Settings"．
出典：松田（2008）pp.15-19 および矢野（2009）pp.72-75。

表11.8　その他の感染防止策

うがい	うがいには，口腔内に侵入した病原体の除去や，粘膜乾燥防止の効果がある。水道水のみによる方法と，ポビドンヨード等の薬剤を使用する方法があるが，意外にも前者のほうが優れている。これは，水道水に含まれる塩素がなんらかの効果を発揮することや，ポビドンヨードがのどに常在する細菌叢を壊してウイルスの侵入を許したり，のどの正常細胞を傷害したりする可能性が指摘されている。 かぜの原因となるウイルスが気道粘膜上皮に接着してから細胞内に取り込まれるまでの時間は数分から数十分であるため，1日に複数回のうがいを行うことが重要となる。ただし，うがいには咽頭粘膜のウイルスを減少させる効果はあるが，鼻腔粘膜のウイルスは減少できないため，うがいの効果は限定的となる可能性がある。 以上のことから，かぜ予防には，水道水によるうがいを，外出後，人込みや乾燥した環境下での作業後，就寝前などに1日複数回行うことが推奨される。 　　外出後のうがいの方法注1 　　　外出後は，うがいと手洗いを行う 　　　うがいは1回約20mlの水道水を含み下記の方法で実施する 　　　1回目：口腔内の食物残渣を除くために口に含んで強くうがいする 　　　2回目：上方を向き，のどの奥まで水が届くように約15秒間うがいをする 　　　3回目：2回目と同様に，再度約15秒間うがいする
水分補給	十分な水分補給は，のどの粘膜（気道粘膜）の線毛運動を活発にして，ウイルスや細菌の体外への排出を助ける。
栄養，睡眠	日ごろから栄養バランスの取れた食事をとることは正常な免疫反応を保つための基本である。 睡眠不足などで不規則な生活をつづけると，疲労が蓄積し，免疫力が低下し，かぜにかかりやすくなる。 強いストレスにより，副腎皮質ステロイドホルモンが過剰状態となり，リンパ球機能を抑制して免疫力を低下させる可能性がある。なるべくストレスをためないような心がけが重要である。
保温，保湿	低温・低湿度となると，ウイルスの多くが長時間生存できるだけでなく，気道粘膜の血管が収縮して機能が低下するためにウイルスが侵入しやすくなる。従って，車内や駅構内を冬期には22～25℃前後に保ち，加湿器の使用等によって湿度を上げることが有効となる。
その他	換気が不十分だと，ウイルスに接触する可能性が高まり，大人数がいるほど感染の危険性は高くなる。Moser MR, et al.（1979）によると，54人が搭乗（うち1人は明らかにインフルエンザに罹患していた）したジェット機が離陸時のエンジン不調で3時間地上で待機していたところ，72時間以内に72%の搭乗者が咳，発熱，倦怠感，頭痛，咽頭痛，筋肉痛の症状を呈し，22人の発症者のうち20人に感染の血清学的エビデンスがみられるなど，空気感染を示す証拠が見つかった。待機時間中，飛行機の換気システムは作動しておらず，これが高い発病率に関連した可能性がある注2。 インフルエンザウイルスは空気感染する可能性も皆無ではないため，1日数回は換気を行い，大気中のウイルス量を減少させることが重要となる。

注1：細川・藤枝・脇口（2008）pp.113-114。
注2：矢野（2009）p.140．原典は Moser, M.R., et al.（1979）"An Outbreak of Influenza Aboard a Commercial Airliner," *American Journal of Epidemiology* Vol.110, pp.1-6.

5. 鉄軌道における感染対策

　鉄軌道において想定される新型インフルエンザ対策は幅広いが，おおむね表11.9のように整理できる。これらの対策のうち，以下では感染対策に限定して述べる。

　鉄軌道における感染対策は，感染経路別に飛沫感染対策，接触感染対策，空気感染（飛沫核感染）対策に分けることができる。このうち，飛沫感染対策として有効と考えられる乗車人員の抑制に関するシミュレーションを，国土交通政策研究所が実施している。

　国土交通政策研究所のこの調査研究の重点は，「飛沫感染」の防止，特に

表11.9　鉄軌道において想定される新型インフルエンザ対策

1. 新型インフルエンザが鉄軌道事業に及ぼすリスクの評価 　・脅威の特性に関する整理 　・鉄軌道事業に影響を及ぼすリスクの列挙 　　・乗客の減少（流行中，流行後）と収入減 　　・多数の従業員の同時欠勤 　　・特殊な技能を持つ従業員の欠勤 　　・流行下における特殊業務の発生 　　・業務委託先の機能低下　　など 　・影響の度合いの見積もり 2. 新型インフルエンザ危機対処計画の策定 　・国，沿線自治体，鉄軌道業界，関連業界，自社・自局，海外の対策状況 　・自社局における対策費用の見積もりとその効果の分析 　　（流行前，流行中，流行後） 　・対策の優先順位づけと危機対処計画の策定 　・流行前におけるマニュアル策定，訓練，備蓄，利用者への「咳エチケット」等の周知など 　・流行中における情報収集，指揮命令系統の確立と維持，車内や施設内での感染防止（飛沫，接触，空気），各機関との連携，車内等での発病者への対処，リスクコミュニケーション[注]　など 　・流行後における需要回復策，パンデミック第2波への準備，「今回の危機で学んだこと」の記録など

注：「リスクコミュニケーション（広義）は，リスク情報を個人，機関，社会の間で共有し，その情報を適時・適切に管理し，危機を未然に防いだり被害を最小限に限定する，双方向的な情報や意見の交換と定義されている。この情報にはリスクに直接関係する情報や，それに関連して伝えられる情報も含まれる。何を情報として伝えるかは，専門家のみが決定するのではなく，個人や社会の受け手側のニーズによっても決定される。何が知りたいのかを正確に把握し，情報の伝達をしなければならない。このニーズの把握には，リスク専門家と受け手側の一般の人々だけでなく，メディアやNGO等の環境・市民団体の中間的な存在の役割が重要視されている」。岡部・岩崎監修（2007）p.9。

出典：岡部・岩崎監修（2007）pp.30-41を参考に作成。

乗車人員の抑制による飛沫感染防止に置かれている。図11.2は，同研究所による研究ステップを示したものであるが，この図からもシミュレーションが乗客間の間隔やその実施のタイミングに絞り込まれていることがわかる。厚生労働省の新型インフルエンザ対策ガイドライン（表11.10）では，インフルエンザの主な感染経路として飛沫感染と接触感染をあげており，国土交通政策研究所の調査研究の重点が飛沫感染防止に置かれていることには一定の合理性が認められる。

ただし，券売機，吊革，握り棒など，鉄軌道の施設内は不特定多数の人の手指が頻繁に接触する表面であふれている。「飛沫感染」と並ぶインフルエンザの主な感染経路である「接触感染」に関する対策は重要と考えられる。消防庁がまとめた「消防機関における新型インフルエンザ対策検討会報告書」（表11.11）でも，救急車内の対応として「手が頻繁に触れる部位については，目に見える汚染がなくても清拭・消毒を実施する」とされていることから，公共交通車両内や施設内においても不特定多数の人の手指が頻繁に接触する箇所については接触感染予防のための対策が不可欠であると考えられる。

また，インフルエンザウイルスは，飛沫感染と接触感染が主でありながら，空気感染もするウイルスである。国立感染症研究所ウイルス第三部の小渕・田代[11]も「学校における集団感染は，飛沫核による空気感染がその要因の一つと考えられている」としている。原・渡邉[12]は「温帯地域では気温・湿度の低下する冬ほど飛沫核ができやすくなるため，距離の離れたところでの飛沫感染が成立しやすくなり，冬に大きな流行がみられるものと考えられる。しかし，通年が高温・高湿度の熱帯・亜熱帯地域では飛沫核ができにくいため，至近距離での飛沫感染，または接触感染が主となり，流行に季節性はみられなくなるのではないかと考えられている」としている。さらに，Moser, M.R., et al. によると，54人が搭乗（うち1人は明らかにインフルエ

---

11 小渕・田代（2008）p.21。
12 鈴木・松本編（2009）p.21。

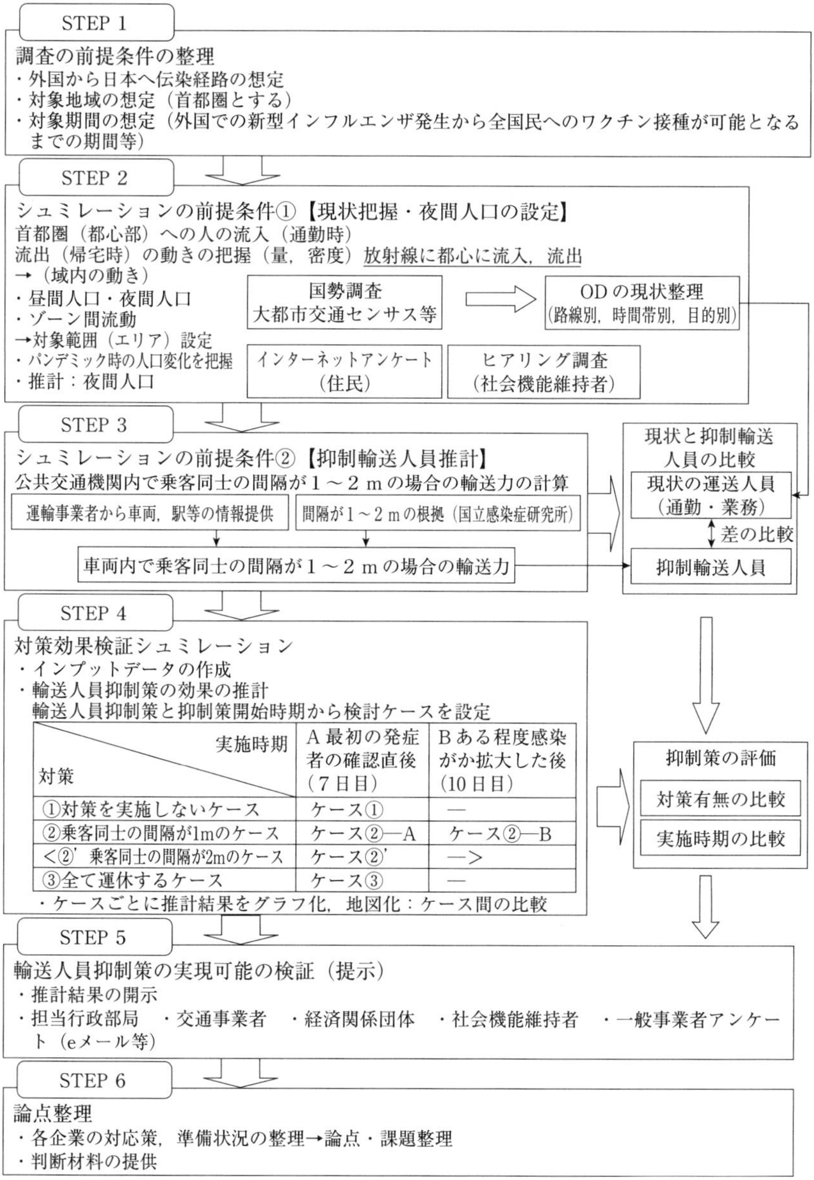

11章　強毒性新型インフルエンザと交通事業の持続可能性　205

STEP 1
調査の前提条件の整理
・外国から日本へ伝染経路の想定
・対象地域の想定（首都圏とする）
・対象期間の想定（外国での新型インフルエンザ発生から全国民へのワクチン接種が可能となるまでの期間等）

STEP 2
シュミレーションの前提条件①【現状把握・夜間人口の設定】
首都圏（都心部）への人の流入（通勤時）
流出（帰宅時）の動きの把握（量，密度）放射線に都心に流入，流出
→（域内の動き）
・昼間人口・夜間人口
・ゾーン間流動
→対象範囲（エリア）設定
・パンデミック時の人口変化を把握
・推計：夜間人口

国勢調査
大都市交通センサス等
→ ODの現状整理（路線別，時間帯別，目的別）

インターネットアンケート（住民）
ヒアリング調査（社会機能維持者）

STEP 3
シュミレーションの前提条件②【抑制輸送人員推計】
公共交通機関内で乗客同士の間隔が1～2mの場合の輸送力の計算

運輸事業者から車両，駅等の情報提供
間隔が1～2mの根拠（国立感染症研究所）
↓
車両内で乗客同士の間隔が1～2mの場合の輸送力

現状と抑制輸送人員の比較
現状の運送人員（通勤・業務）
↕ 差の比較
抑制輸送人員

STEP 4
対策効果検証シュミレーション
・インプットデータの作成
・輸送人員抑制策の効果の推計
輸送人員抑制策と抑制策開始時期から検討ケースを設定

対策 \ 実施時期	A 最初の発症者の確認直後（7日目）	B ある程度感染が拡大した後（10日目）
①対策を実施しないケース	ケース①	
②乗客同士の間隔が1mのケース	ケース②—A	ケース②—B
<②' 乗客同士の間隔が2mのケース	ケース②'	—>
③全て運休するケース	ケース③	—

・ケースごとに推計結果をグラフ化，地図化：ケース間の比較

抑制策の評価
対策有無の比較
実施時期の比較

STEP 5
輸送人員抑制策の実現可能の検証（提示）
・推計結果の開示
・担当行政部局　・交通事業者　・経済関係団体　・社会機能維持者　・一般事業者アンケート（eメール等）

STEP 6
論点整理
・各企業の対応策，準備状況の整理→論点・課題整理
・判断材料の提供

出典：国土交通政策研究所（2008）

図11.2　国土交通政策研究所による調査研究の流れ

表 11.10　厚生労働省のガイドラインにおけるインフルエンザ感染経路に関する記述

インフルエンザの主な感染経路は，飛沫感染と接触感染であると考えられている。 (中略) 飛沫は，空気中で1～2m以内しか到達しない。通常のインフルエンザウイルスは飛沫感染することから，新型インフルエンザウイルスの場合も，飛沫感染すると考えられている。 (中略) 患者の咳，くしゃみ，鼻水などに含まれるウイルスが付着した手で環境中（机，ドアノブ，スイッチなど）を触れた後に，その部位を別のヒトが触れ，かつその手で自分の眼や口や鼻を触ることによって，ウイルスが媒介される。 (中略) (4) 個人や事業者が実施できる具体的な感染予防策 ①ヒトとの距離の保持 〈効果〉 通常，飛沫はある程度の重さがあるため，発したヒトから1～2メートル以内に落下する。つまり，2m以上離れている場合には感染するリスクは低下する。 〈方法〉 感染者の2m以内に近づかないことが基本となる。不要不急の外出を避け，不特定多数の者が集まる場には極力行かないよう，業務のあり方や施設の使用方法を検討する。

出典：厚生労働省（2007）。

表 11.11　消防庁による救急車内の感染対策

・救急車内の対応として，以下いずれかの対応が考えられる。 　・運転席の部分と，患者収容部分を仕切る。仕切りがない場合には，ビニルなどの非透水性の資材を用い，一時的にカーテン状に囲い運転席側への病原体の拡散を防ぐ。 　・特に仕切ることなく，運転席も含め，換気扇の使用や窓を開放するなどにより，換気を良好にする。 ・消毒等行う前に，まず，十分に救急車を開け放し，換気をよくする。可能であれば，患者を降ろした後，ドアを閉めてしまうことなく，十分な換気を図る。 ・患者搬送後の消毒については，可能であればストレッチャーを外に出し，車内スペースを広くし，目に見える汚染に対して次亜塩素酸ナトリウム水溶液またはアルコールにより清拭・消毒する。ただし，手が頻繁に触れる部位については，目に見える汚染がなくても清拭・消毒を実施する。 ・なお，患者搬送後の消毒は，患者搬送時に使った感染防護具を外し，手洗い又は手指消毒を行ったあと，改めてサージカルマスクや手袋等の感染防護具を着用して行うことが望ましい。

出典：総務省消防庁救急企画室（2009）pp.41-42。

ンザに罹患していた）したジェット機が離陸時のエンジン不調で3時間地上で待機していたところ，72時間以内に72％の搭乗者が咳，発熱，倦怠感，頭痛，咽頭痛，筋肉痛の症状を呈し，22人の発症者のうち20人に感染の血清学的エビデンスが見られるなど，空気感染を示す証拠が見つかった。待機時間中，飛行機の換気システムは作動しておらず，これが高い発病率に関連した可能性がある[13]。このように，インフルエンザウイルスは空気感染する

可能性も皆無ではない。換気が不十分だと，ウイルスに接触する可能性が高まり，大人数がいるほど感染の危険性は高くなる。列車内や駅待合室，駅務室等において，換気を頻繁に行い，大気中のウイルス量を減少させることが重要となる。消防庁の報告書（表11.11）にも，救急車内の対策として「消毒等行う前に，まず，十分に救急車を開け放し，換気をよくする。可能であれば，患者を降ろした後，ドアを閉めてしまうことなく，十分な換気を図る」といった，空気感染の可能性を意識した記述が見られる。

一方で，低温・低湿度のもとではインフルエンザウイルスが長時間生存でき，またヒトの気道粘膜の血管が収縮して機能が低下するため，ウイルスが侵入しやすくなる。したがって，車内や駅構内を冬期には22～25℃前後に保ち，加湿器の使用等によって湿度を上げることがウイルス対策上有効となる。

以上より，空気感染の防止策も必要と考えられるが，そのためには現行の換気システムや，ドアの開閉とそれに伴う人の流れ等でウイルスが充分排出されるかどうかを検証し，場合によっては換気能力や換気頻度を高める措置を講ずることが必要となるだろう。また，同時に，冬季には換気によってウイルスの好む低温・低湿度な条件が形成されないよう注意すべきと考えられる。このあたりのバランスが空気感染予防のためには重要となってこよう。

6. 鉄軌道における新型インフルエンザ対策の現状

わが国の鉄軌道事業における新型インフルエンザ対策の現状把握を目的として，2008年9月にアンケート調査を実施した。
・調査対象　　：わが国の全183鉄軌道事業者（貨物鉄道を除く）
・調査時期　　：2008年9月
・配付回収方法：郵送で配付し，郵送またはメールで回収

13　矢野（2009）p.140。原典は Moser, M.R., et al. (1979) "An Outbreak of Influenza Aboard a Commercial Airliner," *American Journal of Epidemiology* Vol.110 pp.1-6.

・回答社局数　：63社局（回収率34.4％）

　　　　　　　※「回答を差し控えたい」との趣旨の回答を除く

回答下さった鉄軌道事業者（順不同）

明知鉄道，丹後海陸交通，大阪高速鉄道，嵯峨野観光鉄道，流鉄，井原鉄道，伊勢鉄道，六甲摩耶鉄道，大井川鐵道，土佐くろしお鉄道，和歌山電鐵，信楽高原鐵道，阿佐海岸鉄道，沖縄都市モノレール，南阿蘇鉄道，真岡鐵道，上田電鉄，青い森鉄道，首都圏新都市鉄道，仙台空港鉄道，由利高原鉄道，函館市交通局，スカイレールサービス，大山観光電鉄，鹿児島市交通局，長野電鉄，えちぜん鉄道，近江鉄道，錦川鉄道，平成筑豊鉄道，三陸鉄道，財団法人青函トンネル記念館，筑波観光鉄道，野岩鉄道，長崎電気軌道，くま川鉄道，上毛電気鉄道，熊本電気鉄道，松浦鉄道，紀州鉄道，熊本市交通局，四国ケーブル，大竜浜名湖鉄道，由利高原鉄道，北越急行，愛知高速交通，遠州鉄道，伊賀鉄道，いすみ鉄道，しなの鉄道，養老鉄道，福岡市交通局，東京地下鉄，水間鉄道，若桜鉄道，肥薩おれんじ鉄道，神戸市交通局，名古屋ガイドウェイバス，名古屋鉄道，湘南モノレール，阿武隈急行，智頭鉄道，富山ライトレール

調査結果は次の通りである。

まず新型インフルエンザ対策のマニュアルを作成済みあるいは作成中の社局は6社局であった。30社局がマニュアル作成予定としているが，26社局にはマニュアル作成の予定がないことがわかった（図11.3）。

なお，「マニュアルを作成中」または「マニュアルを作成予定」とした31社局のうち，半数以上の17社局が2009年度中の策定を予定している。2008年度内に策定予定とした7社局と合わせ，77.4％に相当する24社局が2009年度までの策定を予定している（図11.4）。

次に，新型インフルエンザ対策の広報については，63社局中，56.5％に相

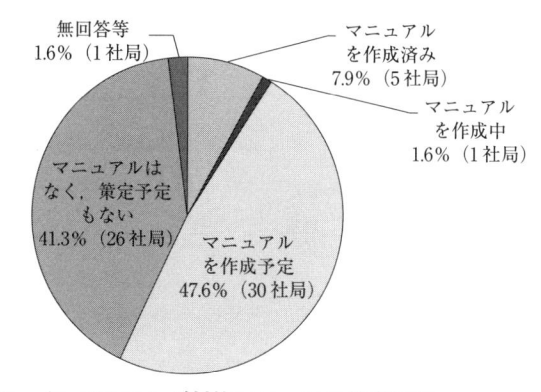

図 11.3 インフルエンザ対策マニュアル作成状況

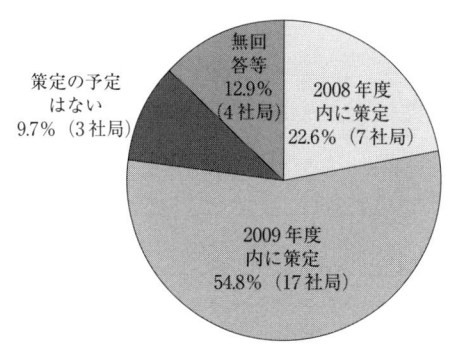

図 11.4 インフルエンザ対策マニュアル未作成の社局のマニュアル策定予定

当する 35 社局が，平時には新型インフルエンザ対策の広報を行っていない（あるいは行うことを考えていない）．

平時に広報を行っている社局のうち，12 社局が駅や車内掲示のポスターでの広報を行っており（あるいは行うことを考えており），「その他」との回答社局の中にもポスターやビラの活用を示唆する内容が 6 件見られる．

社局の中には，Web ページの活用（6 社局．「その他」との回答社局にも Web 活用を考えているものが 1 社局あり）や，車内放送による広報をしている（あるいはすることを考えている）ものも見受けられる（図 11.5，表

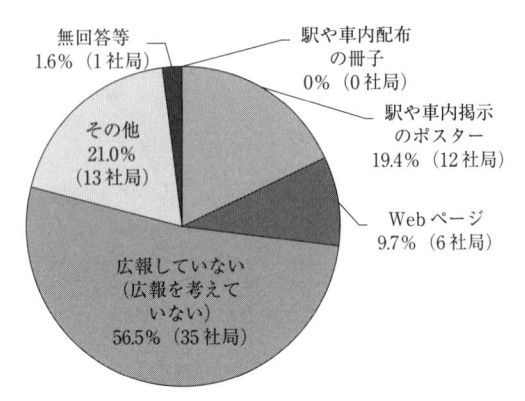

図 11.5 平時における新型インフルエンザ対策の広報

（円グラフ内訳）
- 無回答等 1.6%（1社局）
- 駅や車内配布の冊子 0%（0社局）
- 駅や車内掲示のポスター 19.4%（12社局）
- Webページ 9.7%（6社局）
- 広報していない（広報を考えていない）56.5%（35社局）
- その他 21.0%（13社局）

表 11.12　各社局の広報内容

項目	回答内容（抜粋）
広報への掲示	・広報に掲示している
駅や車内掲示のポスター・ビラ等	・自社で広報を行う体力はない。通常，国交省及び鉄道協会等から配布されるポスターを掲出するが，本件に関しての該当物等は来ていない ・事業規模・特徴としてパンデミック時地域封鎖と成り得ると思われるので，その前段で駅（3駅）張りのビラ掲示となると思われる ・ポスター提出等の要請があれば各駅等に掲出し，周知したい ・広報はポスター等を車内掲示することで検討中。時期は国，県，市，マスコミ等の情報による
車内放送による広報	・都度，車内放送で広報に努めている
ポスターやビラ等の掲示（掲示場所不明）	・政府等で作製したポスター等の提出について協力する。国交省からの情報通報等により，情報の収集に努めている ・利用者に周知すべき事項の発生の都度，ポスター，Webページ等により広報の予定
Webページ	・利用者に周知すべき事項の発生の都度，ポスター，Webページ等により広報の予定（再掲載）
その他	・今後，市と協議していく中で検討したい ・現在作成済マニュアルについては，第1段階であり国の最終版が確定した際に再度見直しを行う予定である ・策定するマニュアルに沿って対応する予定 ・現在広報は行っていないが，今後本市の感染症対策を実施する部局や国の関係機関からの指示や要請を踏まえ，広報を行っていきたい（駅や車内での放送，印刷物の掲示，配布など） ・マニュアル作成検討段階のためどのように広報するか検討中

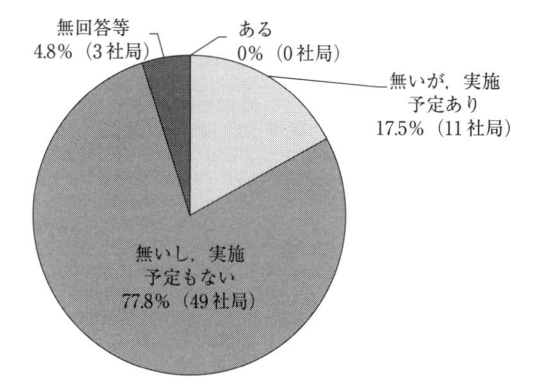

11章　強毒性新型インフルエンザと交通事業の持続可能性　211

図11.6　新型インフルエンザ発生に対応した
社内訓練実施の有無

（無回答等 4.8%（3社局）、ある 0%（0社局）、無いが，実施予定あり 17.5%（11社局）、無いし，実施予定もない 77.8%（49社局））

11.12)。

　社内訓練の実施については63社局中，77.8%に相当する49社局が，新型インフルエンザの発生に対応した社内訓練の実施経験を持たず，かつ実施予定もないとしている。実施経験のある社局は皆無だが，実施予定を持つ社局は11社局ある（図11.6）。

　今後はこれら先駆者の訓練方法や訓練結果などをデータベース化するとともに，新型インフルエンザ対応訓練の実施社局拡大に向けて取り組む必要があるものと考えられる。

　また，新型インフルエンザ対策のマニュアルを作成済み，作成中あるいは作成予定とした36社局（図11.3）に，マニュアルに盛り込んでいる（あるいは盛り込む予定の）項目を問うたところ（図11.7），「新型インフルエンザの発生や流行状況の従業員への周知」を選択した社局が最も多く，22社局（63.9%）となっている。つづいて「従業員配付用のマスクや手袋など衛生用品の備蓄」「従業員が社内で発症した場合の対処法」「従業員の感染予防」といった，鉄軌道の従業員向け対策を選択した社局が5割を越え，上位に並んでいる。

　一方，利用者間の感染防止策を選択した社局は，車両内が33.3%，駅構内

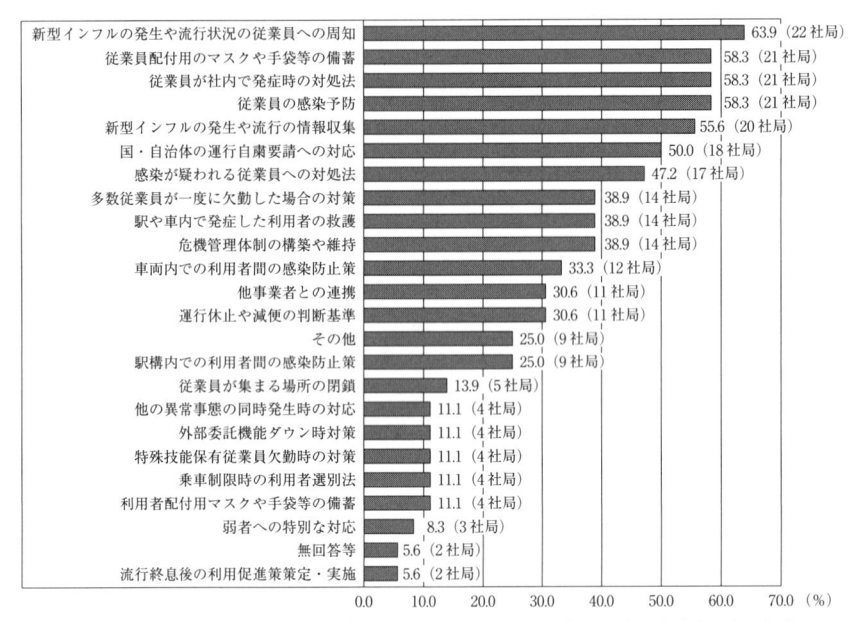

項目	%	(社局数)
新型インフルの発生や流行状況の従業員への周知	63.9	(22社局)
従業員配付用のマスクや手袋等の備蓄	58.3	(21社局)
従業員が社内で発症時の対処法	58.3	(21社局)
従業員の感染予防	58.3	(21社局)
新型インフルの発生や流行の情報収集	55.6	(20社局)
国・自治体の運行自粛要請への対応	50.0	(18社局)
感染が疑われる従業員への対処法	47.2	(17社局)
多数従業員が一度に欠勤した場合の対策	38.9	(14社局)
駅や車内で発症した利用者の救護	38.9	(14社局)
危機管理体制の構築や維持	38.9	(14社局)
車両内での利用者間の感染防止策	33.3	(12社局)
他事業者との連携	30.6	(11社局)
運行休止や減便の判断基準	30.6	(11社局)
その他	25.0	(9社局)
駅構内での利用者間の感染防止策	25.0	(9社局)
従業員が集まる場所の閉鎖	13.9	(5社局)
他の異常事態の同時発生時の対応	11.1	(4社局)
外部委託機能ダウン時対策	11.1	(4社局)
特殊技能保有従業員欠勤時の対策	11.1	(4社局)
乗車制限時の利用者選別法	11.1	(4社局)
利用者配付用マスクや手袋等の備蓄	11.1	(4社局)
弱者への特別な対応	8.3	(3社局)
無回答等	5.6	(2社局)
流行終息後の利用促進策策定・実施	5.6	(2社局)

図11.7 新型インフルエンザ対策のマニュアルに盛り込む（予定の）内容

が25.0％，衛生用品の備蓄が11.1％となっている。また，弱者への特別な対応については8.3％である。このように，現段階では，利用者向けの対策よりも，自社局の従業員向け対策に重点が置かれているようである。

また，「いったん自家用車等に転換した旅客を，流行終息後に鉄軌道へと呼び戻すための方策の策定や実施」については2社局（5.6％）がマニュアル化を実施あるいは予定しているに過ぎない。新型インフルエンザ流行時の移動手段としては，密室性の高い自家用車が選好されるものと考えられるが，対策を誤ると流行終息後の客足の戻りが鈍くなり，鉄軌道の経営に悪影響を及ぼすことも考えられる。とりわけ経営基盤の脆弱な事業者にとっては致命的な結果となることも考えられるため，流行前・流行中の対策に加えて，流行後の対策についてもあらかじめ考えておく必要があるだろう。

なお，自由記述には，「国からの資料によると，列車で移動する人々が感染拡大に大きく寄与するそうです。しかし，感染がはじまった段階（アンケ

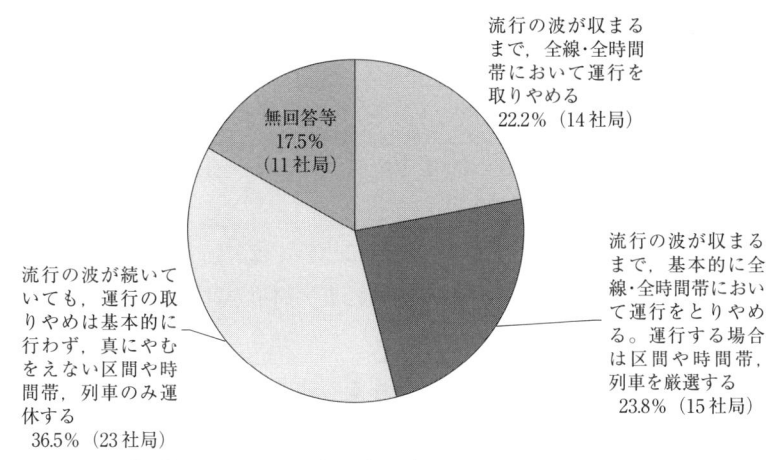

11章　強毒性新型インフルエンザと交通事業の持続可能性

図11.8　新型インフルエンザがパンデミック期に入った場合の運行方法

- 流行の波が収まるまで，全線・全時間帯において運行を取りやめる　22.2%（14社局）
- 流行の波が収まるまで，基本的に全線・全時間帯において運行をとりやめる。運行する場合は区間や時間帯，列車を厳選する　23.8%（15社局）
- 流行の波が続いていても，運行の取りやめは基本的に行わず，真にやむをえない区間や時間帯，列車のみ運休する　36.5%（23社局）
- 無回答等　17.5%（11社局）

ート設問にあるパンデミック期は更に後の段階と思いますが）では，列車の運行を停止することの効果は薄いとあります。パンデミック期よりかなり早い段階である『流行初期の早い段階』で2週間列車の運行を停止すると，感染のピークを1週間程度遅らせる効果があるとしています。こういったことや電車を利用する場合のお客様に守っていただく予防措置等や責任の所在が事前に社会的に認知されるか否かによって，回答が変わります。仮に認知されているとすれば回答は『新型インフルエンザの発生や流行状況の従業員への周知』とします」「策定の必要性は認識しており，今後本市感染症対策を実施する部局（危機管理室，保健福祉局）の指示のもと，他の交通事業者とも連携を図りながら検討していきたいと考えているが，現時点では具体的な内容について検討を行っていないため，回答を差し控えさせていただきたい」などがあった。

　新型インフルエンザがパンデミック期（WHOフェーズ6）に入った場合，列車内での感染を防ぎ，かつ，社会機能の維持という使命を果たすための運行方法について問うたところ（図11.8），「基本的に運行継続し，真にやむをえない区間や時間帯，列車のみ運休」が23社局（36.5％）と最多であ

るが,「基本的に全線・全時間帯において運休し,運行する場合は区間や時間帯,列車を厳選」が15社局（23.8％),「流行終息まで全線・全時間帯で運行取りやめ」が14社局（22.2％),そして「無回答」も11社局（17.5％）あり,パンデミック期の運行方法に関する63社局の回答はまさに四分されているといえよう。

車内での利用者同士の感染を防ぐ措置については,国土交通省の国土交通政策研究所が新型インフルエンザ発生時に乗客同士が間隔を置いて乗車した場合の影響を把握すべく地下鉄車両を使った実証テストを行い,鉄道の運行を維持しつつ感染拡大を防ぐには,首都圏の朝ラッシュ時の乗車人数を平常時の2割まで減らす必要があるとの試算を示している。

このように国土交通省では,乗客間の間隔を空ける措置に力点を置いた研究が進められている。しかし,本アンケートでは,38社局中,「乗客と乗客との間の空間を1m以上に拡げる措置を講ずる」としたのは1社局にとどまっている。

38社局中,39.5％に相当する15社局が「利用者の自己判断に任せる」としている。これに比較的緩やかな乗車制限である「厳密な選別は行わず,咳,全身倦怠感,38度以上の発熱といったインフルエンザ様症状の無い者のみに乗車を認める」を合わせると,57.9％に相当する22社局となる。

先述のように,インフルエンザは感染から発症までに平均3日を要し,潜伏期間中であっても自覚症状なきままウイルスをばらまく恐れがある。したがって,運行するのであれば,「利用者の自己判断」への過剰な期待は禁物であろう。特に流行初期の段階では,厳格な乗車制限を行うか,場合によっては完全に運休して「ワクチン供給等の医学的対策の準備が整うまでの時間稼ぎ」に貢献することが重要と考えられる。また,「マスクなしでの外出は自殺行為である」「マスクの正しい装着方法はこうである」「流行中には他人と1mないし2m以上の間隔を空ける」といったことを平時から積極的に周知すべきではないだろうか。

自由回答には「検討中」との回答が多く,他には「利用者の自己判断しか

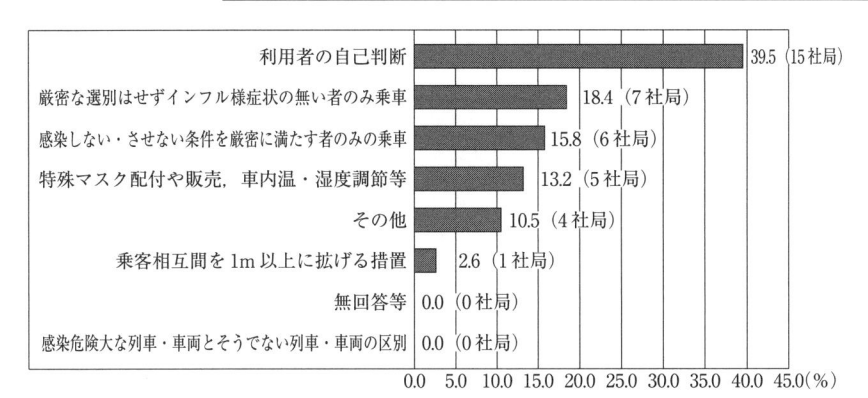

11章　強毒性新型インフルエンザと交通事業の持続可能性　215

項目	割合(%)
利用者の自己判断	39.5（15社局）
厳密な選別はせずインフル様症状の無い者のみ乗車	18.4（7社局）
感染しない・させない条件を厳密に満たす者のみの乗車	15.8（6社局）
特殊マスク配付や販売，車内温・湿度調節等	13.2（5社局）
その他	10.5（4社局）
乗客相互間を1m以上に拡げる措置	2.6（1社局）
無回答等	0.0（0社局）
感染危険大な列車・車両とそうでない列車・車両の区別	0.0（0社局）

注：「流行の波が収まるまで，基本的に全線・全時間帯において運行をとりやめる。運行する場合は区間や時間帯，列車を厳選する」「流行の波が続いていても，運行の取りやめは基本的に行わず，真にやむをえない区間や時間帯，列車のみ運休する」を選択した38社局の回答。

図11.9　車内感染を防ぐ措置

考えられない」「現実的に出来ることは，マスクの装着をしていれば乗車可能とする，と思います。そして，マスクをしていても，感染防止機能の程度や途中で外したりすることを管理することは不可能で，事業者が責任を持つことは不可能と考えます。なので，回答は『感染しない・させない条件を厳密に満たす者のみ乗車』と『利用者の自己判断』です」「当記念館のケーブルカー（網索鉄道）は移動手段としてではなく観光（見学）目的としての利用となりますので利用者の自己判断。今後検討」「基本的には利用者の自己判断に任せるが，掲示等により注意と協力を求める。また，国土交通省等行政機関からの指示に従う」「乗客が感染者であるか否かも判断できない立場にあり，鉄道会社が独自に方針を打ち出すのは難しいと思われます。『感染者は乗車しないよう』との呼びかけはできますが乗車規制については国が方針を示すことを望みます」「観光目的の旅客は乗車しないと考える。若干名の通勤・通学が予想されるので特殊マスク装着者以外は乗車させない」などがあった。

乗客相互間を1m以上に拡げる措置としては，具体的には表11.13の措置があげられた。

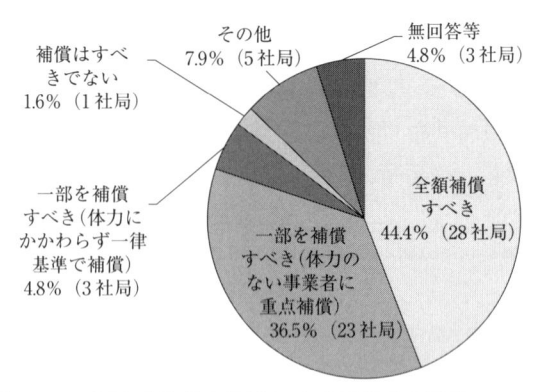

図 11.10　国や自治体の要請による運休時の補償について

表 11.13　乗客相互間を 1m 以上に拡げる措置

内　容	社局数	割合（％）
抽選による機械的選別	0	0.0
生年月日や定期券の番号等による機械的選別	1	100.0
特別料金の上乗せ徴収	0	0.0
整理券等による先着順の乗車	0	0.0
増便や増結等による供給量の拡大	0	0.0
時差出勤の要請などによる需要の分散	0	0.0
その他	0	0.0
無回答等	0	0.0
計	1	100.0

　国や自治体の要請によって運休を強いられた場合の補償については，63社局中 28 社局が「全額補償すべき」としている。また，23 社局は「一部を補償すべき（体力のない事業者に重点補償）」を選択している。「その他」等の自由記述には，「特に検討していない」「地方鉄道は，運休を強いられなくとも輸送人員が減少し，経営が深刻な状況に陥ると思います。気持ちとしては『全額補償すべき』です」「事業者としては，事業継続のため補償は必要であるが，社会的な緊急性等により，判断されるものであると考える」などがあげられた。

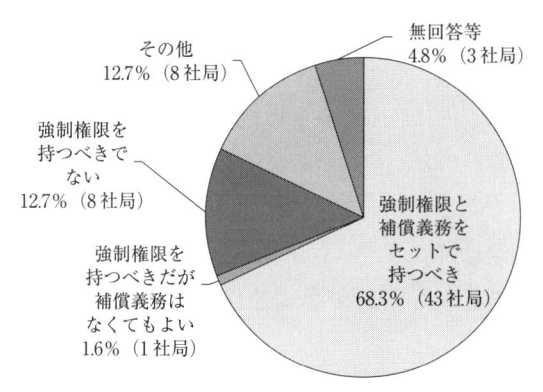

11章　強毒性新型インフルエンザと交通事業の持続可能性　217

図 11.11　新型インフルエンザの大流行が起こった場合，国や地方自治体は，交通事業者に対し，運行停止や減便などの措置を強制する権限を持つべきか

- 強制権限と補償義務をセットで持つべき　68.3%（43社局）
- 強制権限を持つべきだが補償義務はなくてもよい　1.6%（1社局）
- 強制権限を持つべきでない　12.7%（8社局）
- その他　12.7%（8社局）
- 無回答等　4.8%（3社局）

　新型インフルエンザの大流行が起こった場合，国や地方自治体は，交通事業者に対し，運行停止や減便などの措置を強制する権限を持つべきか（現行法上，国や地方自治体は，民間事業者に対し，運行の自粛や減便を要請することしかできない），という問いに対しては，図 11.11 の通り回答された。

　新型インフルエンザ大流行時に，国や地方自治体が交通事業者に対して運行停止や減便等の措置を強制する権限を持つべきかどうか。この点について，63社局中，68.3%に相当する43社局が，「強制権限と補償義務をセットで持つべき」と考えている。一方，「強制権限を持つべきでない」を選択した社局も8社局（12.7%）ある。

　「その他」等の自由記述には，「現行のままでよい」「利用者個々の事情があり，現実運行停止は困難である」「公共交通の運休を鉄道事業者が個々に自由に判断することにはならないと思います。予め国民にインフルエンザへの対応を予告し，定められた感染状況になったら手順に沿って淡々と対策を進められるようにしておかないと，感染予防上にも効果がありません。強制権限というのかわかりませんが，国と鉄道事業者で予めルール（補償も含め

て）を決める必要があると思います」「列車内のマナーとして，ティッシュペーパー等のゴミについては排出者が持ち帰ることが基本であり，またスペースが限られる列車内に数多く廃棄物箱の設置は現実的ではない」「事業者としては，事業継続のため補償は必要であるが，社会的な緊急性等により，判断されるものであると考える」「権限は要請に留まるが，要請に応じた事業者への補償義務は持つべきであると思う」「事業者としては，事業継続のため補償は必要であるが，社会的な緊急性等により，判断されるものであると考える」などがあった。

「咳エチケット」では，咳をティッシュペーパーで受け，すぐに蓋付きの廃棄物箱に捨てることが推奨されている。駅や車内における，蓋付き廃棄物箱の設置状況や，同等の効果が見込まれる対策の実施状況について尋ねたところ，表11.14のような回答が得られた。

最後に，新型インフルエンザ対策上，最も困っていることや，大学との共同研究を希望するテーマを尋ねたところ，結果は表11.15の通りであった。

7. おわりに

本章では，鉄軌道における新型インフルエンザの伝播防止策に関する萌芽的な研究結果を示した。

わが国では，2008年度から国土交通省が新型インフルエンザ対策として「都市交通輸送人員抑制策の有効性検討と実態シミュレーションに関する調査研究」を開始しているが，この調査研究の主なターゲットは「大都市」の「大手鉄道事業者」であり，また新型インフルエンザ発生時の「輸送人員抑制の有効性」に限定したものでもある。

新型インフルエンザ発生時における「地方都市」の「中小鉄道やバス」を対象とした，「地方の実情に応じた対策」のあり方に関する調査研究が待たれる。

11章　強毒性新型インフルエンザと交通事業の持続可能性

表 11.14　「咳エチケット」対策としての蓋付き廃棄物箱の設置状況

対策の状況	主な回答内容
設置・対策なし (41社局)	・特になし ・予定なし ・蓋付き廃棄物箱は設置しておらず，特にその他の対策も実施していない ・当社は無人駅が多く廃棄物箱の設置はできそうもない。山間地であり流行した場合は非常に心配だが，中小私鉄では，対策にも費用的に問題があると思う ・ほとんど未設置 ・現行では蓋なしゴミ箱のみ ・テロ対応もあり，ゴミ箱はオープン型を基本としている ・当社の駅は無人駅が殆どでゴミ箱の設置はあるが，蓋付きはない。車内にはゴミ箱の設置はない ・テロ対策等との指導をみながらの対応となる ・ゴミ箱は部外からの持ち込みを防ぐため撤去を基本としている。(57駅中50駅が無人駅) 今回の場合は，お客さま各自で容器を携帯していただきたい。
設置なし・対策検討 (6社局)	・当社は，基本的にゴミ箱を設置していませんが，駅女性専用トイレ内には生理用品処理として蓋付き廃棄物処理箱が設置してあります。今後は，蓋付きのゴミ箱設置を考えていきたいと思います ・これから蓋付きの廃棄物箱を設置していく ・現在は未配置であり，今後勉強してゆく予定 ・現在は設置無し。マニュアル作成検討段階のため対策については検討中
設置済み (9社局)	・車両に蓋付きのゴミ箱を設置している。これで不足でしたら新しく設置することも検討しなければならないと考えている ・各駅には設置してあるが，車内の設置はない ・テロ対策等でゴミ箱の撤去の指導もあるが各駅一箇所として設置している ・廃棄物箱は各駅に設置してあるが車内にはない ・駅待合所内では蓋付きのゴミ箱があるが構外はオープン箱である ・現在，利用客用の蓋付き廃棄物箱は，1ヶ所のみ設置してある。蓋付きの廃棄物箱については，テロ対策等の関係上設置は難しいと思われる ・現在は設置無し。マニュアル作成検討段階のため対策については検討中 ・回転蓋式のゴミ箱は設置
その他	・厚生労働省がわが国としてのガイドラインを公表しているのであれば，国土交通省において交通事業者のガイドラインを検討していると思うが，情報が伝わってこない

表 11.15　新型インフルエンザ対策上最も困っていること等

項目	回答内容（抜粋）
経費面	・経費のかかる対策等については実施が不可能に近い状態である ・新型インフルエンザ対策の重要性は理解しているが，弊社の事業規模にみあった具体的に取り組むべきことが分からず困っている ・上にも記入しましたが，費用面であると思う ・対策に関わる経費の確保 ・中小事業者としては，対策にかける費用も限られており，現状では，近鉄をはじめとする大手事業者の動静を見守るべきだと認識している
マニュアルの策定	・会社規模，地域環境にみあったマニュアル作成 ・マニュアル策定の圧力が強まっているが，その策定方法，専門知識，用語の理解に苦慮している

		・「公共交通機関」といわれるとはいえ，実態は中小民間企業 　国による休業補償や強制権限にある視点と共に，（公共交通機関としての）役割とインフルエンザ対策としての行動計画をどのように策定していくのか検討中である ・不特定多数の利用者があり，対応に苦慮する事業であることから，慎重に対応マニュアルを作成することで検討を進めている
利用者の意識啓発		・個人個人が他人に迷惑をかけないよう考えるしかないと思う。ワクチンを開発してほしい
国や大手事業者のリーダーシップ		・一交通事業者が対応を検討し，対処することは困難であり，国として交通事業者の統一した対応指針等を示してほしい ・情報のすみやかな提供と基本的，統一的な対策マニュアル等の策定
最新情報の入手		・当社の場合25名乗りの懸垂型の交通機関なのでインフルエンザを蔓延させる密室となる。各方面からの運行自粛（当然後手に回るでしょう）以前に自社の判断での運行自粛も視野に入れる必要もあろうかと思われる。やはり，判断のための最新情報がどの様に入手できるか，後は，その後事業が継続できるかが問題 ・新型インフルエンザがどのようなものなのか未知であり，知識不足で情報収集するのに時間がかかる ・現実的にどのようになるか予想できない ・窓口接客，廃棄物処理等当社の業務に対応した感染防止方法等の正しい情報を速やかに収集するためにはどのようにしたらよいかが懸念事項である
従業員の確保		・当社は観光鉄道のため通勤通学客は皆無なので，基本的には全面運休も可能な位で，従業員の確保が問題となる他は深刻に考えてない ・インフルエンザ流行時には，運転士も感染により運行に必要な要員を確保できない可能性が大きい。必然的に運行を縮小せざる得ないのではないだろうか ・当社では限られた社員数で運営をしているため，社員が感染してしまうことが最大の不安である
その他		・特になし ・感染者（体調が悪い人）がどうしても利用しなければならないという施設ではないので，対策についても検討中 ・まだ対応については検討してない ・「公共交通機関」といわれるとはいえ，実態は中小民間企業 　国による休業補償，強制権限の視点と共に，（公共交通機関としての）役割とインフルエンザ対策としての行動計画をどのように策定していくのか検討中である

参考文献

岩附（堀本）研子・河岡義裕（2008）「新型インフルエンザ」『からだの科学』第259号，pp.101-105

岡田晴恵編（2006）『強毒性新型インフルエンザの脅威』藤原書店

岡田晴恵・田代真人（2007）『新型インフルエンザ H5N1』岩波書店

岡部信彦・岩崎恵美子監修（2007）『新型インフルエンザ対策におけるリスクの管理とコミュニケーション』診断と治療社

押谷仁（2008）「日本との世界の新型インフルエンザ対策の現状　―国際的ガイドラインと国内対策―」，岩崎恵美子監修・佐藤元編『新型インフルエンザ　―健康危機管理

の理論と実際―』東海大学出版会,pp.46-57
小渕正次・田代眞人（2008）「インフルエンザにかかる仕組み」『からだの科学』第259号,pp.21-24
国土交通政策研究所（2008）「新型インフルエンザ・パンデミック対策としての都市交通輸送人員抑制策の有効性の検討及び実施シミュレーションに関する調査研究について」(http://www.mlit.go.jp/pri/adobaizari/pdf/adobaizari080930_5.pdf)
厚生労働省（2007）「事業者・職場における新型インフルエンザ対策ガイドライン」(http://www.mhlw.go.jp/bunya/kenkou/kekkaku-kansenshou04/pdf/09-11_0001.pdf)
鈴木宏・松本慶蔵編（2009）『インフルエンザの最新知識Q&A2009』医薬ジャーナル社
総務省消防庁救急企画室（2009）「消防機関における新型インフルエンザ対策検討会報告書」(http://www.fdma.go.jp/neuter/topics/houdou/2102/210227-1_2.pdf)
速見融（2006）『日本を襲った新型インフルエンザ』藤原書店
細川卓利・藤枝幹也・脇口宏（2008）「家庭での予防対策」『からだの科学』第259号,pp.112-116
松田信治（2008）「感染症対策」平成20年度和歌山県立医科大学大学院資料
山本太郎（2006）『新型インフルエンザ世界がふるえる日』岩波書店
矢野邦夫（2007）『ねころんで読めるCDCガイドライン ―やさしい感染対策入門書―』メディカ出版
矢野邦夫（2009）『もっとねころんで読めるCDCガイドライン ―やさしい感染対策入門書2―』メディカ出版
Siegel, J. D. et al.（2006）*Management of Multidrug-Resistant Organisms In Healthcare Settings*；矢野邦夫訳（2006）「CDCガイドライン 医療環境における多剤耐性菌の管理 2006年」(http://www.maruishi-pharm.co.jp/med/cdc/)
NHK「最強ウイルス」プロジェクト（2008）『NHKスペシャル 最強ウイルス ―新型インフルエンザの恐怖―』日本放送出版協会

索　引

欧文

BRT（Bus Rapid Transit）……………70
DRT（Demand Responsible Transport）
　………………………………………154
IT 活用型 ……………………………161
K-V 曲線 ………………………………98
LTP（Local Transport Plan）………55
NPO の基本的な要件 ………………174
PDCA サイクル ………………………20
STS（Special Transport Service）…155
WCAN 貴志川線分科会 ……………131

あ　行

青森県平賀町……………………………10
アクセシビリティ………………………59
アテンダント……………………………18
いちご電車……………………………133
一般乗合旅客自動車運送事業………152
移動権……………………………………31
移動制約者……………………………174
移動販売車………………………………7
医療費……………………………………9
インセンティブ型欠損補助方式……168
迂回型…………………………………159
運行費用定額補助……………………168
営利とは認められない範囲の対価…175
小野小町………………………………131
オムニバスタウン………………………70

おもちゃ電車…………………………133
温室効果ガスの 25％削減 ……………15

か　行

介護タクシー…………………………179
介護認定………………………………179
介護保険…………………………………9
カーシェアリング……………………156
貸切バス…………………………………1
過疎市町村………………………………1
過疎地有償運送………………………155
学校の統廃合……………………………6
観光資源化……………………………21
感染経路別予防策……………………195
貴志川線………………………………128
貴志川線運営委員会…………………137
貴志川線再生整備計画協議会………147
貴志川線地域公共交通総合連携計画…147
貴志川線の未来を"つくる"会………143
技術的外部効果………………………25
共　………………………………………26
区域運行………………………………152
空気感染………………………………191
空気感染予防策………………………199
群馬県高根沢町………………………184
経営改善インセンティブ……………121
経済活力の維持・向上…………………4
欠損補助………………………………168
公　………………………………………26

公共交通移動円滑化設備整備費補助……72
交通基本法………………………………23
交通空白輸送………………………… 152
交通事故………………………………… 5
交通事故防止便益…………………… 113
交通需要管理……………………………44
交通政策白書……………………………56
交通と社会的排除に関する報告書……59
高病原性鳥インフルエンザ………… 187
公有民営型上下分離化…………………72
高齢化率……………………………… 173
国土交通省地域公共交通活性化・再生優良
　団体………………………………… 148
国連気候変動首脳会合…………………14
個人防御器具（PPE）……………… 197
固定型………………………………… 159
コミュニティサイクル……………… 156
コミュニティバス…………………… 151
コミュニティ・ファイナンス……… 139
コンセッション方式………………… 121

さ 行

財政負担の最適化………………………17
サイトカイン・ストーム…………… 189
三者一体感…………………………… 131
自家用有償旅客運送………………… 152
事業者便益…………………………… 114
しすいふれ愛タクシー……………… 162
システム関連費用…………………… 166
事前算定方式……………………………76
持続可能な発展………………………… 4
市町村運営有償運送………………… 152
市町村福祉輸送……………………… 152
自動車運送事業の安全・円滑化等総合対策
　事業……………………………………70

地元ルール…………………………… 183
社会環境の安定的維持………………… 4
社会資本整備総合交付金………………73
社会的阻害………………………………10
社会的費用便益費…………………… 116
住民参画型検討体制……………………32
障がい者数…………………………… 173
所要時間節約便益…………………… 106
新型インフルエンザ………………… 188
数値目標化………………………………44
スクールバス……………………………73
優れた達成目標の条件…………………47
スペイン風邪………………………… 189
生活交通サバイバル戦略………………73
生活交通ネットワーク計画……………77
生活習慣病の予防……………………… 8
生物多様性………………………………16
咳エチケット………………………… 218
接触感染……………………………… 191
接触感染予防策……………………… 201
セミ・ダイナミック型……………… 160
ゼロエミッション………………………16
騒音軽減便益………………………… 110
総合的な交通まちづくり………………51
総論賛成，各論反対……………………35
ソーシャル・エクスクルージョン・ユニット
　ト……………………………………59

た 行

大気汚染物質抑制便益……………… 108
大規模災害………………………………13
第三種生活路線…………………………70
ダイナミック型……………………… 160
第二種生活路線…………………………70
多機能化…………………………………20

タクシー……………………………… 177
タクシーメーター方式………………… 168
たま……………………………………… 134
玉津島神社……………………………… 131
たま電車………………………………… 133
地域間幹線路線…………………………76
地域公共交通………………………… 1, 24
地域公共交通確保維持改善事業………73
地域公共交通活性化・再生事業………72
地域公共交通総合連携計画……………33
地域公共交通調査事業…………………74
地域公共交通の活性化及び再生に関する法律……………………………………30
地域公共交通バリア解消促進事業……74
地域交通…………………………………24
地域内フィーダー路線…………………77
地球温暖化の防止………………………14
地球温暖化防止便益………………… 107
地球環境の保全………………………… 4
地域の宝………………………………… 1
地方バス路線維持費補助制度…………70
通院等乗降介助……………………… 179
手洗い………………………………… 196
定時定路線………………………… 154, 157
定住自立圏制度…………………………73
等価騒音レベル……………………… 110
東京都杉並区………………………… 184
道路運送法……………………………… 2
ドクターカー…………………………… 8
ドクターヘリ…………………………… 8

な 行

乗合タクシー………………………… 154
乗合バス………………………………… 1

は 行

バイクシェアリング………………… 156
バリアフリー基本方針……………… 178
パンデミック………………………… 192
非IT型………………………………… 161
東日本大震災……………………………14
飛沫感染……………………………… 190
飛沫感染予防策……………………… 199
標準予防策…………………………… 195
費用対効果分析…………………………89
費用便益分析……………………………90
複合結節点………………………………10
福祉タクシー………………………… 178
福島県本宮市………………………… 184
福祉有償運送………………………… 175
福祉有償運送運営協議会…………… 182
フルデマンド方式…………………… 160
フレックス方式……………………… 160
歩道設置率……………………………… 6
ボランティアツーリズム………………17

ま 行

宮城県大崎市………………………… 184
モビリティ・マネジメント……………44

や 行

要介護………………………………… 179
要支援………………………………… 181
予約運行……………………………… 151

ら 行

リスクコミュニケーション………… 203
利用時間借上方式…………………… 168
旅客輸送機関の二酸化炭素排出原単位…15

路線定期運行……………………… 152
路線バス……………………………… 1
路線不定期運行…………………… 152

わ　行

和歌山県那智勝浦町………………… 6
和歌山県橋本市……………………… 80
わかやま小町……………………… 131

和歌山市民アクティブネットワーク
　（WCAN）……………………… 139
和歌山電鐵株式会社……………… 131
和歌山電鐵貴志川線地域公共交通活性化再
　生協議会………………………… 147
和歌山都市圏交通まちづくり基本計画…65
わかやまの交通まちづくりを進める会
　………………………………… 131

著者紹介

辻本　勝久（つじもと　かつひさ）

- 1971年5月　三重県名張市生まれ
- 1990年　　三重県立名張西高等学校卒業
- 1994年　　広島大学総合科学部卒業
- 1999年　　広島大学大学院国際協力研究科博士課程後期修了
  　　　　　博士（学術）（広島大学）
- 2000年　　広島大学経済学部附属地域経済システム研究センター
  　　　　　講師（研究機関研究員）
- 2001年　　和歌山大学経済学部講師
- 2003年　　和歌山大学経済学部助教授
- 2007年　　和歌山大学経済学部准教授
- 2011年4月　和歌山大学経済学部教授　現在に至る

〈主要業績〉

『地方都市圏の交通とまちづくり　―持続可能な社会をめざして―』学芸出版社，2009年

『地域再生への挑戦　―地方都市と農村村の新しい展望―』（分担執筆）日本経済評論社，2008年

『空間の社会経済学』（分担執筆）日本経済評論社，2003年

『グリーン共創序説　―循環型社会をめざして―』（分担執筆）同文舘，2002年

交通基本法時代の地域交通政策と持続可能な発展	和歌山大学経済学部
―過疎地域・地方小都市を中心に―	研究叢書　21

平成23年10月6日　初版発行

著　者　辻　本　勝　久

発行者　大　矢　栄　一　郎

発行所　株式会社 白桃書房
　　　　〒101-0021　東京都千代田区外神田5-1-15
　　　　☎03-3836-4781　📠03-3836-9370　振替00100-4-20192
　　　　http://www.hakutou.co.jp/

Ⓒ Katsuhisa Tsujimoto　2011　Printed in Japan　ISBN978-4-561-76191-4　C3065　シナノ

本書のコピー，スキャン，デジタル化等の無断複製は著作権法上での例外を除き禁じられています。本書を代行業者等の第三者に依頼してスキャンやデジタル化することは，たとえ個人や家庭内の利用であっても著作権法上認められておりません。

[JCOPY]〈(社)出版者著作権管理機構　委託出版物〉

本書の無断複写は著作権法上での例外を除き禁じられています。複写される場合は，そのつど事前に，(社)出版者著作権管理機構（電話03-3513-6969，FAX03-3513-6979，e-mail：info@jcopy.or.jp）の許諾を得てください。

発刊のことば

和歌山大学経済学部研究叢書

　学問の世界のきびしさ。それはいまさら説くまでもない。一刻、一刻が精進であり、ある困難な問題ととり組んだとき、文字どおり寝食をも忘れた生活である。この修練に耐えうるのは、一つには、研究の成果をまとめて公けにする、という喜びがあるからである。ところが、出版の世界では学問の世界においてとは別な、営利の法則がきびしく支配している。学問的価値と営利的価値とは、必ずしも一致しない。「9年間お前の机の中に蔵っておけ nonum prematur in annum」ということは、ローマ人には通用しても、動きの早い今日の時代では、これを望むことは無理なことである。この矛盾を解決して、研究への熱意をあおり立てようというのが、本叢書発刊の主な理由である。

　あたかも、ことしの秋、われわれの学園では、和歌山大学開学10周年と、その経済学部の前身である和歌山高等商業学校の創立35周年とを記念して、祝典があげられることになっている。そのさい、酒を酌んで喜びを分ちあうことも、たのしいことである。それと併せて、この叢書の刊行により新たな礎石を加えることによって、将来の発展をもたのしみたいのである。

　　　　昭和34年10月
　　　　　　和歌山大学経済学部研究叢書刊行委員会代表

　　　　　　　　　　　後　藤　　　清